U0781358

華東師範大學985工程項目

子藏

名家部

鄧析子卷

1

華東師範大學「子藏」編纂中心編

總編纂　方勇

副總編纂　吳平

國家圖書館出版社

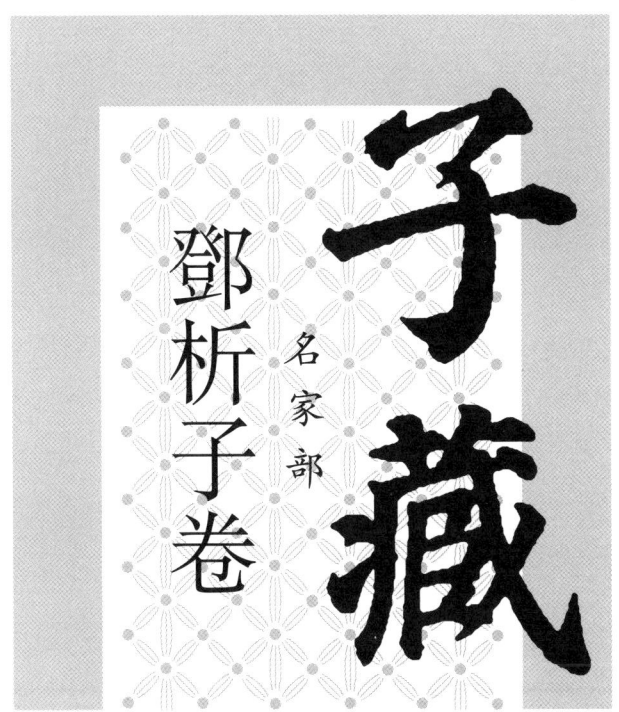

圖書在版編目(CIP)數據

子藏 ·名家部·鄧析子卷:全二册/方勇編纂.—北京:國家圖書館出版社,2016.4

ISBN 978-7-5013-5799-4

Ⅰ.①子… Ⅱ.①方… Ⅲ.①先秦哲學—研究 ②《鄧析子》—研究 Ⅳ.①B220.5②B225.15

中國版本圖書館 CIP 數據核字(2016)第 063760 號

書　　名	子藏 ·名家部·鄧析子卷(全二册)
著　　者	方　勇　編纂
責任編輯	張愛芳　靳　諾
封面設計	敬人書籍設計工作室 呂敬人+呂旻
出　　版	國家圖書館出版社(100034　北京市西城區文津街7號) (原書目文獻出版社　北京圖書館出版社)
發　　行	010-66114536　66126153　66151313　66175620 66121706(傳真)　66126156(門市部)
E-mail	btsfxb@nlc.gov.cn(郵購)
Website	www.nlcpress.com→投稿中心
經　　銷	新華書店
印　　裝	三河弘翰印務有限公司
版　　次	2016年4月第1版　2016年4月第1次印刷
開　　本	787×1092(毫米)　1/16
印　　張	69.75
書　　號	ISBN 978-7-5013-5799-4
定　　價	1200.00圓

子藏

《子藏》總序

方勇

宇宙綿邈，喈高才之陵替；時世移易，惟百家之代興。信乎諸子之爲顯學也！方今海内右文圖治，操觚懷鉛之士，希風前秀，争崇國學，穿穴百氏，出入九流，不惟後生小子，皆翕然從風，抑或百工商賈，亦欣然景慕矣。乃華東師範大學，敢以振興文教自任，啓動《子藏》工程，搜天下之遺籍，極百家之大觀，其霑溉子學，嘉惠來兹，蔑以加矣。今值是書成編，撰以古例，用製序文，以弁簡端云爾。

昔周道既微，諸侯放恣，上下失序，九流並作。孔丘祖述堯舜，憲章文武，修《春秋》，闢私學，哀其遺言，是爲《論語》。孟軻聞其風，慕而悦之，私淑有得，斯有《孟子》。老聃絶聖棄智，絶仁棄義，知雄守雌，知白守辱，因有《老子》。莊周以虚遠之説，恣縱之言，巵之寓之，重之覆之，遂成《莊子》。墨翟用夏政，倡兼愛，崇節儉，而《墨子》出焉。荀況尊孔氏之學，採衆家之長，而《荀子》備焉。若斯之儔，後先接踵，皆英才特達，奮其智慮，騰口舌以競辯，著文章以立説，乃中土學術之源頭，華夏文化之瑰寶也。

逮嬴政即位，滅典禁學，惟韓非、李斯，相繼鳴高，而百家競唱，頓失聲響。漢承秦政，亦鄙文事，然經世致用之學，廷議對策之文，實因君主望治，固已應運而生。若賈誼《過秦》《治安》，晁錯《賢良》《貴粟》，不讓戰國之縱横；陸賈《新語》、賈氏《新書》，比美諸子之盛藻。方是時也，文帝、竇后，推尊黄老，風被草上，士臣效焉。淮南劉安，廣致門客，纂成《鴻烈》，思以『統天下，理萬物』（《淮南子·要略》），旨近老莊，而博採孔、墨、陰陽、申、韓，黄老之學，至此而集大成。洎漢武改運，一尊儒術，諸家之説，悉摒弗用。迨元、成以還，揚雄著《法言》，王充成《論衡》，發論煌煌，復振子學。漢季士尚横議，王符作《潛夫》，荀悦張《申鑒》，踵武前修，經綸天下，無愧百家，諸子於是乎騰聲，著述以此而增價。

爰及魏晉，士習荀安，虚慕玄遠，爲學空追柱下，博物不離七篇。何晏、王弼之倫，依傍老聃，啓玄風之溟溟；嵇康、阮籍之儔，寄情莊周，避世情之炎炎。向秀、郭象之輩，雖乏奇藻，惟雅尚《莊子》，自有會心；司馬、崔譔之徒，咸有根柢，訓詁《莊》書，類多可述。凡此皆道家之餘響，俗世之殊韻也。嗣後南北懸隔，王道淪失，百家之書，學者未遑，非力有不逮，實世風之日替。然中流有在，綿綿若存，若葛洪《抱朴》，意新辭茂；元帝《金樓》、之推《家訓》、佚名《劉子》，皆識見非凡，不讓前秀。

李唐尊佛老，崇釋道，收士人之心，廣開科第，《老》《莊》《列》《文》，並駕六經，治子之風日盛，注述彬彬而出。然此爲梯進之媒，實非中心好之，固與魏晉玄士有間矣。趙宋謀國，權術是依，承安三教，意非進取。太宗、徽宗，寄心道流，而名士荆公、子瞻之倫，皆助瀾推波。是以老莊復興，闡述者衆，若陳景元、呂惠卿、王元澤、林希逸、褚伯秀，咸有可述。然正議格辯，亦復高漲。呂公著上書請禁，以爲：『主司不得出題老、莊書，舉子不得以申、韓、佛書爲學。』（《宋史·呂公著傳》）葉適則謂：『蓋周之書，大用於世者再，其極皆爲夷狄亂華、父子相夷之禍，然則楊、墨、申、韓之害，曾不若是之遠已！』（《水心先生别集·莊子》）固知老、莊、楊、墨、申、韓之跡未替，與儒學並世而異流矣。

明正德以還，王守仁高張宗旨，與朱子殊科。其後天下從風，若楊慎、焦竑、李贄、方以智者，天資既非尋常比，而筆底風雲，或以佛老通義理，或由莊周自照心，老莊浸盛，一時沛然不可禦者矣。而傅山力倡『經子不分』（《雜記三》），以爲『有子而後有作經者也』（同上），持論高曠，足以動俗。其於《老子》《莊子》《列子》《管子》《墨子》

《公孫》《鄧析》《荀子》《鬼谷》《亢倉》《尹文》《鶡冠》《商君》《淮南》，靡所不究，豈非近代子學之先聲耶！

清帝右文，但嚴於防備，爲政多忌，禁網重罹。故士憚不意之殃，下筆謹慎若寒蟬，放言之未敢，豈高論之煌煌！全身之計，惟耽樸學，此不得不然。高士若盧文弨、王念孫、洪頤煊、俞樾之儔，姚文田、江有誥、馬國翰、孫馮翼之輩，皆智在上人，學通四部，咸矻矻於辨音，肆意於考訂，孜孜於鉤韻，窮年於輯佚，無分經、子之畛域，一視而同仁。子學駸駸，同並經史，樸學實與有力焉。至於辭章之士，貝錦於百家，妙析文理，齗之不已。若林雲銘、宣穎、胡文英、劉鳳苞皆其儔也。清社既屋，政體更易，國運殊艱，禁網難張，兼以西學東漸，觀念開放，論述恣縱，橫議隨心，亦勢所必然。如章炳麟、劉師培、聞一多、錢穆、馮友蘭、于省吾、王叔岷、陳奇猷諸公，或以其襟抱之寬博、氣度之恢奇，或以其視界之宏遠、思維之深邃，奮書申志，遥接華夏學術之慧命；鋪議精義，大明九流乎西學湯湯之時；提振子學，百家之説洋洋乎大興，厥功偉矣。

清季新學肇興，民智大張，承學之士，皆思撰述，或倡『西學源於諸子』之論，務欲張揚國粹。鄒伯奇以泰西科技、宗教、文字濫觴於《墨子》，薛福成以西洋電學、化學權輿於《莊子·外物》，張自牧以西人算學、重學、數學、聲學、熱學、光學、電學、化學、醫學、天文學、氣象學、地理學、機械學、測量學、植物學出自《墨子》《關尹》《淮南》《亢倉》《論衡》。鄧實《古學復興論》則謂：『墨荀之名學，管商之法學，老莊之神學，計然、白圭之計學，扁鵲之醫學，孫吳之兵學，皆卓然自成一家言，可與西土哲儒並駕齊驅者也。』如斯之類，皆有激於時，持論雖偏，無補於學術，然推挹九流，用昭萬邦，用心可謂良苦矣。

百年以來，地不愛寶，逸文故書，時有出土，關乎諸子者，在在而有。若敦煌之《老》《列》《莊》，黑水城之呂惠卿《莊子義》，馬王堆之《老子》，定州之《文子》，銀雀山之《孫子》《孫臏》《六韜》《尉繚》，雖殘損不完，亦可補上古文獻之不足，訂傳世文書之訛誤，其爲用也亦大矣。

觀夫百家競聲，流溉無已，至於近世，新境別開，動人心魄。其形諸文字，足以充棟，於六藝以外，蔚爲大國，而於中土文化，影響至鉅，且至深也。歷世通才碩學，或嗜古耽文者，豈能自外於此乎？

昔者莊周，慨百家衆技之蜂起，憫道術將爲天下裂，乃奮著《天下》之篇，放眼古今學問，歷敘其淵源之所自，風流之所及，舉凡墨翟、禽滑釐派，宋鈃、尹文派，彭蒙、田駢、慎到派，關尹、老聃派，莊周派，惠施、桓團、公孫龍派，靡不較論，褒貶偏至，歸宿大道。評較諸子，此爲濫觴。荀況明道，著爲《解蔽》，深譏諸子之偏弊，以爲『墨子蔽於用而不知文，宋子蔽於欲而不知得，慎子蔽於法而不知賢，申子蔽於勢而不知知，惠子蔽於辭而不知實，莊子蔽於天而不知人』，雖見機穎，未必服人；復爲《非十二子》之論，大類訶詈，皆有所激，難稱持平。惟其評騭諸子，流别部居，區分學派，若它囂、魏牟派，陳仲、史鰌派，墨翟、宋鈃派，慎到、田駢派，惠施、鄧析派，子思、孟軻派，仲尼、子弓派，臚陳列示，類多可徵，振響莊周之後，宜乎與《天下》並傳。其門人韓非，著《解老》《喻老》，融法入老，變混宗旨，曲柱下以非其義，意未深接，難免有狂躁之譏。然治老之作，實導乎此也。

炎漢司馬談，著爲《要指》，範圍學藝之名實，綜陰陽、儒、墨、名、法、道德六家，司判得失，先秦學術，大體粗定。劉歆復撰《七略》，增益縱横、農、雜、小説，定爲十家。此百氏分合之歸宿，家數定稱之厥初也。班固《藝文志》深探本源，論定諸子皆起於『王官』，曲承莊周《天下》『古之道術有在於是者』之論緒，觀流索源，惟義説爛漫而無可徵信。然於儒術得令之際，敢次列儒家於諸子之間，足見學術公論，不爲利禄所淹殺也。孟堅詮敘諸家，雖辟猶水火，然相滅亦相生，誠見理識。至於書録，儒家五十三，道家三十七，陰陽家二十一，法家十，名家七，墨家六，縱横家十二，雜家二十，農家九，小説家十五，統四千三百二十有四篇。十家著述載録，蓋云備矣。百世之下，班《志》所述，稽古猶須賴焉。

典午以後，簿録雲構，鄭默《中經》、荀勗《新簿》、王儉《七志》、阮孝緒《七録》、劉遵《梁東宫四部目録》，多承前志，别類各殊，然大勢所趨，則合爲四部，所謂甲、乙、丙、丁是也。迨《隋志》修纂，參酌先例，定名經、史、子、集，以代甲、乙、丙、丁，後世式焉。其子部則併班《志》諸子略、兵書略、術數略、方技略，所謂儒、道、法、名、墨、縱横、雜、農、小説、兵、天文、曆數、五行、醫方諸類是也。爾後簿録相承，遞爲損益，見備《四庫》，若儒家、兵家、法家、農家、醫家、天文演算法、術數、藝術、譜録、雜家、類書、小説家、釋家、道家咸歸子部，所謂『自六經以外立説者，皆子書也』（《四庫全書總目·子部總敘》）。

六朝以還，道術承變，頗思頡頏儒釋；羽流不甘，亦廣訪祕典，博搜奇編，彙爲道經。始則劉宋陸修静，總括三洞，校理目次，成《三洞經書目録》。唐人復輯《三洞瓊綱》，遞至趙宋，《寶文統録》《大宋天宫寶藏》《政和萬壽道藏》之集，煌煌矣。金、元刊刻，板亦漫滅。今存明正統《道藏》，收録凡五千三百零五卷；萬曆《續道藏》，凡一百八十卷，皆道典之總彙。清彭定求《道藏輯要》、閔一得《道藏續編》，近世守一子《道藏精華録》，續有增補。而諸子遺編，其涉道術者亦録其中，文獻有存，則『藏』之爲用亦大矣。

宋龔士卨始輯《五子纂圖互注》，所録五書，一曰《纂圖互注老子章句》，二曰《纂圖互注南華真經》，三曰《纂圖互注荀子》，四曰《纂圖互注揚子法言》，五曰《纂圖互注文中子》。後此以往，叢刻疊見。明李瀚《新刊五子書》、歐陽清《五子書》、張懋寀《楊升庵先生評注先秦五子全書》、許宗魯《六子書》、顧春《六子書》、陶原烺《六子全書》、謝汝韶《二十家子書》、陸明揚《紫薇堂四子》、吴勉學《二十子全書》、史起欽《諸子纂要》、董逢元《四子全書》、陳楠《四子書》、黄之寀《二十子》、張登雲《中立四子集》、閔齊伋《三子合刊》，皆明人標榜家數之遺風；復有周子義《子彙》、馮夢禎《先秦諸子合編》、方疑《且且庵初箋十六子》、佚名《合諸名家批點諸子全書》、汪定國《諸子褒異》、歸有光《諸子彙函》，清有吴鼒《韓晏合編》、王子興《十子全書》、王纕堂《廿二子全書》、馮雲鵷《聖門十六子書》、崇文書局《子書百家》、浙江書局《二十二子》、鴻文書局《二十五子彙函》、育文書局《子書二十八種》，民國有五鳳樓主人《子書四十八種》、陳乃乾《周秦諸子斠注十種》、國學整理社《諸子集成》，則學術爲宗，入門稱便。若斯之類，陳陳相因，或採擇未精，或板刻漫漶，然其別裁分體，或配隸自殊，或槖函衆家，或籠罩百氏，不惟惠及學人，即今從事編纂，亦可酌採其法，漁弋其所録之文也。

縱覽千祀，詳觀衆志，目録所載，子部所列，不啻充棟汗牛，抑亦塞乎區宇矣。然歷世編録，子部所收，端緒茫如，最稱龐雜，舉凡淩雜不倫，無可附麗者，皆可强入之，不足以爲準式。且儒者用心，排斥異端，官方纂輯，六藝爲先，子書非所矚目也。若《四庫》標榜『全書』，所收《管子》《晏子》《老子》《莊子》《墨子》《商君》《荀子》《韓子》《呂覽》《淮南》白文本，與乎相關研治之著作，僅得數十。宋明以還，雖好事者恒有，動輒災梨禍棗，刊爲子書叢編，亦不過攫要摘精，豈可窺其大全乎！兩岸隔絶之日，臺灣有嚴靈峰者，用展襟抱，旁搜廣輯，日有孜孜，於《老》《列》《莊》《墨》《荀》《韓》諸子，所得甚夥，影印成編，彙爲《無求備齋諸子集成》，功駕前人之上。然嚴公以一己之力，雖黽勉從事，蓋有不支焉。且以一水相隔，子學卷帙所儲，實以大陸爲富，而得之爲難，豈可諧其夙願！又爲技術所限，所印六子集成，模糊不清者，蓋居其泰半，學人多病之，可爲歎息者也。

今海内昇平，文運昭回，凡志懷天下者，莫不欲高翥青冥，周覽八極，收古今政道人生之智慧，綜歷代成敗得失之經驗，鑒别中西學藝，重建强國話語，亟思奮勵，所以修齊而治平也。華東師範大學，用敢以振興文命自任，以副天下之望，遂勉先秦諸子研究中心垂意，廣徵高識學人，搜四方遺文，綜百家大觀，嘉惠學人，貽功來葉。予雖不敏，豈敢不勉！先是創辦《諸子學刊》，用弘斯業；繼而編纂《子藏》，求全且精，庶或無愧於古人，而來葉知所歸。年前春三月，禮邀宿儒碩學，共論滬上。大德如傅璇琮、卿希泰、陳鼓應、許抗生、陸永品、王水照、蕭漢明、張雙棣、趙逵夫、鄭傑文、張湧泉、廖名春諸先生，皆慷慨相持，莫不奮言，學人共識，皆融此際。未克與會之李學勤先生，欣然惠賜雅論，亦云：『如能彙集成爲《子藏》，實在是功莫大焉。』是知編纂《子藏》，乃人心之所向，爲時代之事業，以故當下起行，一往無前也。

夫『子藏』者，言網羅放佚，次第編摩，俾子學遺籍，盡彙一藏也。『藏』爲儲物之所，佛典之總謂《佛藏》，道經之彙稱《道藏》。今總彙子學遺編，則謂之《子藏》也。蓋漢孝武以還，儒術獨尊，莫與比盛，公私册府，皆庋藏其籍，而他家子書，則多散佚，難以尋覓，故採掇搜羅，彙爲一藏，與天下共之，其嘉惠學林也甚溥矣哉！

劉勰云：『諸子者，入道見志之書。』（《文心雕龍・諸子》）誠哉斯言！然披覽志録，子部配隸，殊有可議。如《漢志》所列『農家』，多勸農桑，或言耕稼之書；『小説家』則有《周考》二十六篇，班固自注曰『考周事也』，亦非『入道見志』之書明矣。《隋志》合《漢志》諸子略、兵書略、術數略、方技略而爲『子部』，歸攝天文、曆數、五行、醫方，此皆方術，殊非見志。《四庫》『子部』，旨在兼包，採擇失統，諸如推步、算書、數學、占候、相宅相墓、占卜、命書相書、陰陽五行、雜技術、書畫、琴譜、篆刻、器物、食譜、雜學、雜考、雜説、雜品、雜纂、雜編、雜事、異聞、瑣語，無所不包，門類有失於冗雜。然沿用已久，積非成是，見諸《中國叢書綜録》。準是以求，則津逮多迷，雜學充斥，而子學『入道見志』之旨，益惑於簿録。今之治子學者，若尤而效之，援爲法戒，則必長見笑於大方之家矣。

若乃觀諸叢刻，宋明以降，『子學』固與『子部』别矣。其中尚見疑似者，如王纕堂《廿二子全書》録《古三墳》一卷、《忠經》一卷、《農説》一卷、《佛説四十二章經》一卷、《葬經》一卷，崇文書局《子書百家》録《齊民要術》十卷、《焦氏易林》四卷、《燕丹子》三卷、《山海經》十八卷、《海内十洲記》一卷、《搜神記》二十卷、《博物志》十卷，浙江書局《二十二子》録《竹書紀年統箋》十二卷、《補注黄帝内經素問》二十四卷，皆非入道之書，亦無關見志。惟嚴靈峰輯《無求備齋諸子集成》，並《周秦漢魏諸子知見書目》，去取之間，頗具識力，足資參詳。

揚搉古今，參稽舊説，折衷群議，雜以私意，輒以爲《子藏》之『子』，當取思想史『諸子百家』之『子』，而非因襲目録學『經、史、子、集』之『子』也。善乎章炳麟《諸子略説》所言：『所謂諸子學者，非專限於周秦，後代諸家，亦得列入，而必以周秦爲主。』持是以求，本藏所録，非止先秦，其漢魏六朝之子書，並歷世學人校覈、注釋、研究專著，皆搜羅盡備。故子書正言，可得而理，曰：《老子》《莊子》《墨子》《子華子》《管子》《鬻子》《晏子》《鄧析子》《文子》《尹文子》《亢桑子》《惠子》《公孫龍子》《曾子》《子思子》《孔子家語》《孔叢子》《商君書》《慎子》《申子》《尸子》《鬼谷子》《孫子》《吴子》《司馬法》《尉繚子》《六韜》《三略》《素書》《關尹子》《鶡冠子》《陰符經》《荀子》《韓非子》《吕氏春秋》《新語》《新書》《淮南子》《春秋繁露》《鹽鐵論》《新序》《法言》《太玄》《桓譚新論》《白虎通》《論衡》《獨斷》《中論》《申鑒》《昌言》《傅子》《抱朴子》《金樓子》《劉子》，流别清晰，皆子學之本體。若以思想史言之，儒術本爲子學，視彼《漢志》，即以《孟子》入諸子。訖乎『五四』，儒學受挫，學者堅稱，《論語》《孟子》，亦莫非子學，故《諸子集成》以置簡首。以彼例此，《子藏》亦當録之，方可名副其實，而此二書，亦體有所適，義有攸歸焉。至於歷世校覈、注釋、研究專著，録止於民國卅八年（一九四九），而出土簡帛，其有關乎諸子者，則下限無隔。

《子藏》之纂，要義有二，一曰『全』，二曰『精』。『全』也者，即凡例合收録原則者，務必搜盡無餘，俾世之治是學者，得盡窺全豹焉。『精』也者，仿《四部叢刊》之法，版本必善，務欲精益求精，庶無貽譏於大方也。故手稿、抄本，搜輯具備，用昭册府；諸印本並存者，則較善甄擇，然後去取焉。明清以還，傳學多有眉批、圈點，皆足見讀者會心，若標點整理，或僅摘版心，縮小影印，則大失原意，此學者之所病也。《子藏》版面，設爲十六開本，原大影印，以存本真，不施點畫，以免重蹈諸叢編之失。全藏收書，約計五千。今視阮孝緒《七録》，析『子兵録』爲十一部，若『儒部』『道部』『法部』『名部』『墨部』『雜部』『兵部』是也；又《道藏》分『洞真』『洞玄』『洞神』『太玄』『太平』『太清』『正乙』諸部，佛藏亦多分部以統衆經。故《子藏》特設諸『部』，以標識各家，分攝衆子，亦利分輯刊行，士林稱便焉。並爲衆著，各製提要，按子系列，先出單行之本（較小系列作適當合併），後則彙爲總目提要。提要其備，務求準確簡要，著者生平、世次、爵里，悉爲臚列，以爲知人論世之資；簡述內容，大體先存焉；詳敘版本流變，讀者知所用力焉。

然則《子藏》之纂，廣搜博採，薈萃群籍，若渤澥納百川之流，太倉聚萬斛之粟，自有子書以來，無有如斯之富有美備，蔚然稱盛，不特册府藉資充盈，用垂久遠，凡四方治子學者，蓋不俟於遐搜之力，患乎旁稽之艱，亦可愜意饜心，足資觀覽矣。惟工程浩大，周折殊多，且是非交至，弗暇接將。然一意學術，雖千萬人，吾往矣。志意既立，則義無反顧；

兼且諸路（涉及文學、史學、哲學、文獻學等）學者之鼎力支持，四方同仁之通力合作，公私庋藏，若中國國家圖書館、中國科學院圖書館、上海圖書館、南京圖書館、北京大學圖書館、復旦大學圖書館、北京師範大學圖書館等，莫不相助，編纂遂稱順利。信乎夫子之言，德不孤，必有鄰也！

辛卯（二〇一一年）仲秋謹撰

前言

許抗生

《子藏·名家部·鄧析子卷》共收書三十八種，整合爲精裝十六開本兩册予以出版。本卷收録先秦至民國時期（原則上截止於一九四九年）目前所知有關《鄧析子》白文本、節選本、抄本、批校本及各類研究著作等，集《鄧析子》各版本及研究文獻之大成。

一

鄧析，春秋末年鄭國人，與子産同時。子産鑄刑鼎，鄧析造《竹刑》，皆爲當時政壇影響較大之變革。《漢書·藝文志》著録《鄧析》二篇，並將鄧析列爲名家之首、學派先驅，早於後來的尹文、惠施、公孫龍等。《隋書·經籍志》著録《鄧析子》一卷，並謂鄧析嘗爲

『鄭大夫』。

鄧析子好刑名，以精通律法、長於辯訟聞名當時，曾多次非難鄭國國相子產，因而與鄭國執政階層多有矛盾。《呂氏春秋·離謂》曰：『鄭國多相縣以書者，子產令無縣書，鄧析致之。子產令無致書，鄧析倚之。令無窮，則鄧析應之亦無窮矣。』又云：『子產治鄭，鄧析務難之，與民之有獄者約：大獄一衣，小獄襦袴。民之獻衣襦袴而學訟者不可勝數。』並記載了一樁與鄧析相關的具體案例：『洧水甚大，鄭之富人有溺者。人得其死者，富人請贖之，其人求金甚多。以告鄧析，鄧析曰：「安之，人必莫之賣矣。」得死者患之，以告鄧析，鄧析又答之曰：「安之，此必無所更買矣。」』鄧析之靈活善辯，隨機應變，由此略見一斑。然才可成其名，亦可誅其命，《離謂》篇同時也指出，鄧析這種『以非爲是，以是爲非，是非無度，而可與不可日變。所欲勝因勝，所欲罪因罪』的辯訟，已逐步導致了『鄭國大亂，民口讙譁』的後果，並嚴重威脅到了國相子產之治乃至鄭國政局的穩定，因而子產深以爲患，最終『殺鄧析而戮之』，由是『民心乃服，是非乃定，法律乃行』。《荀子·宥坐》《説苑·指武》亦稱鄧析爲子產所殺。子產雖鑄刑鼎，將刑書公之於衆，但對於鄧析私造《竹刑》，衝擊舊制，以及積極從事民間法律訴訟的做法，却仍是無法接受。《列子·力命》對這一歷史事件概括道：『鄧析操兩可之説，設無窮之辭。當子産執政，作《竹刑》。鄭國用之，數難子産之治。子産屈之。子産執而戮之，俄而誅之。』關於子産誅鄧析的説法，後世學者多提出否定意見，顔師古《漢志》注、黄震《黄氏日抄》、王應麟《漢藝文志考證》、錢穆《先秦諸子繫年·鄧析考》等，皆據《左傳》昭公二十年（前五二〇年）子産卒、定公九年（前五〇一年）『鄭駟顓殺鄧析，而用其《竹刑》』的記載，認爲子産與鄧析卒年『前後相去二十一年』（錢穆語），因而鄧析當爲鄭駟歂所殺，而非子産所殺。吕思勉在《先秦學術概論·名家》中，則對以上兩種説法予以糅合，認爲『二者未知孰是。要之鄧析爲鄭執政者所殺，則似事實也』，可備一説。

鄧析本人雖殞於律法變革之争，他的《竹刑》却最終取代了子産的《刑書》而爲鄭國執政者所採納，其遭際殆同秦待商君，殺其人而用其法。自有限史料觀照其生平，錢穆總結道：『今鄧析，其爲人賢否不可知，其《竹刑》之詳亦不可考。要之與鞅、起異行同趣，亦當時貴族平民勢力消長中一才士也。』（《先秦諸子繫年·鄧析考》）

《漢書·藝文志》著録《鄧析》二篇，歸於名家。劉向《鄧析子敘録》云：『中《鄧析書》四篇，臣《敘書》一篇，凡中外書五篇，以相校，除複重爲一篇，皆定殺而書可繕寫也。』《鄧析子》一書由是而校訂爲二篇本。然至《崇文總目》《直齋書録解題》，則以劉歆爲校訂《鄧析子》二篇者，非劉向也。《隋書·經籍志》《舊唐書·經籍志》《新唐書·藝文志》皆著録《鄧析子》一卷，歸爲名家。《宋史·藝文志》《崇文總目》《郡齋讀書志》《直齋書録解題》等，亦皆著録《鄧析子》二卷，歸於名家類。晁公武《郡齋讀書志》曰：『析之學，蓋兼名、法家也，今其大旨訐而刻，真其言也，無可疑者。而其間時勦取他書，頗駁雜不倫，豈後人附益之歟？』後《四庫全書總目》則沿襲此『駁雜不倫』『後人附益』之説，稱《鄧析子》『其書《漢志》作二篇，今本仍分《無厚》《轉辭》二篇，而併爲一卷。然其文節次不相屬，似亦掇拾之本也』，並比對了今本《鄧析子》與《莊子》之間如『聖人不死，大盜不止』等相同語句作爲《鄧析子》『篇章殘缺』『掇拾之本』的例證。除此，四庫館臣還將鄧析子歸入子部法家類，並以今本《鄧析子》中『天於人無厚也，君於民無厚也，父於子無厚也，兄於弟無厚也』『勢者君之輿，威者君之策』等近於法家中韓學派的言論來證明將鄧析子劃歸法家學派之合理性。至晚清章太炎《諸子學略説·原名》則云：『刑名有鄧析傳之。』仍以鄧析子爲名家。關於其書真僞，錢穆《先秦諸子繫年·鄧析考》認爲：『《鄧析》書乃戰國晚世桓團辯者之徒所僞托。鄧析實僅有《竹刑》，未嘗别自著書也。』呂思勉《先秦學術概論·名家》也認爲，今本《鄧析子》『辭指平近，不類先秦古書。蓋南北朝人所僞爲，故唐以來各書徵引多同也』。羅根澤《諸子考索·鄧析子探源》則歸併『掇拾』與『僞托』兩種説法，認爲『《鄧析》之書，散佚蓋久，今本二篇，出於晉人之手，半由捃拾群書，半由僞造附會』。然而我們也應當注意到，如李善注《文選》時曾十多次引用今本《鄧析子》的語句，以《鄧析子》篇幅之短，而引用頻次之高，可見唐人當時並未將《鄧析子》視爲僞作，直至後世辨僞盛行，纔逐漸改變了今本《鄧析子》之風評。

總體而言，鄧析子生前確實參與了春秋末年鄭國的政治與法律變革，以至《淮南子·詮言訓》仍批評其『巧辯而亂法』，後世如《四庫全書總目》等著作也偶爾出現過將其歸類爲法家學派的做法，或自宋代以來更時有將《鄧析子》其書視爲僞作者；但從鄧析子學説所體現的思想傾向出發，綜合《漢志》等絶大部分目録志書對其學術特點的概括，我們仍然認爲將鄧析子劃歸至名家學派應當是最爲合理的選擇。吕思勉在《先秦學術概論·名家》中嘗論『名法二者，蓋亦同源而異流』，並謂『名、法二家，關係最密』，一者求其正，一者求其别，至於極深處，『未有不覺其道通爲一者也』。在名家學説初始萌發的春秋末年，名家與法家乃至其他諸家學派之間的學術差異原本就未必需要割裂得如此判然分立、涇渭分明。

三

《鄧析子》其書，代有流傳著録，鄧析子的學説特點，自先秦以來亦多有學者論述。《荀子·非十二子》曰：『不法先王，不是禮義，而好治怪説，玩琦辭。甚察而不惠，辯而無用，多事而寡功，不可以爲治綱紀。然而其持之有故，其言之成理，足以欺惑愚衆。是惠施、鄧析也。』又《荀子·不苟》曰：『山淵平，天地比，齊、秦襲，入乎耳，出乎口，鉤有須，卵有毛，是説之難持者也，而惠施、鄧析能之。』兩段文字皆以惠施、鄧析爲同一學派，而其語帶譏諷的所謂『好治怪説，玩琦辭』『辯而無用』等評語，不妨視爲荀子對於以惠施、鄧析爲代表的名家學派析名善辯學術特色的概括。而即使荀子站在反對的立場指摘名家學派『多事而寡功，不可以爲治綱紀』，但他也不得不承認名家學派的辯辭確實『持之有故』『言之成理』甚至『足以欺惑愚衆』，這一效應在上文所引《呂氏春秋·離謂》載録的鄧析生平事蹟中即已得到印證。後至《韓非子·問辯》，韓非承繼其師之説，亦批評名家學派『堅白、無厚之詞章，而憲令之法息』，其所指斥的『堅白』之詞，應指公孫龍子離堅白之學説；而『無厚』之詞，則一者對應鄧析之『無厚』思想，一者對應惠施『歷物十事』所討論的命題之一『無厚不可積也』（《莊子·天下》）。今本《鄧析子》首篇即《無厚》篇。參同派惠施『無厚』之説，又及當時《墨經上》『厚，有所大也』、《經説上》『厚，唯無所大』等提法，則『無厚』本爲春秋戰國時期士人多所關注的一則命題，其旨以辨析事物名理爲主。然考今本《鄧析子·無厚》文字内容，圍繞天人、君民、父子、兄弟等人情厚薄者展開，而論名理上之『無厚』者幾無可索，故其本應與荀子、韓非所見者有較大出入。何況司馬談《論六家要指》曾批評名家學派『苛察繳繞，使人不得反其意，專决於名而失人情』，即認爲其學説過多地專注於抽象概念與名稱的論證辨析，以致艱深瑣碎，甚至陷入有違常識的詭辯。班固《漢書·藝文志》在評論名家時同樣也針對名家支離概念、繁瑣論證的

『苛鈎鈲辭』提出了批評。就此而言，作爲名家先驅的鄧析子，其學説理當具備這類『專決於名而失人情』的特點，又怎會局限於人情厚薄來論述『無厚』之説？羅根澤即質疑今本《無厚》篇『首論「無厚」，且以「無厚」名篇，惜於「無厚」之恉，茫然未察』，並批評此篇『何得以恩情厚薄爲言』（《諸子考索·鄧析子探源》）。

按先秦子書及歷代志書所述，鄧析的思想具有名家『專決於名而失人情』的特點，他『設無窮之詞，操兩可之説』以辯論，靈活機變，可以『應之於無窮』，在論辯時，能做到『以非爲是，以是爲非，是非無度，而可與不可日變』，常勝於人，且好非難，因此不免失於『訐而刻』。然今本《鄧析子》，却因後代編訂、掇拾、僞托層層竄入，而與最初的鄧析子思想多有出入。首篇《無厚》，題無厚、論無厚，却非名家之無厚，反而多論君勢、君威以及無知無能之道，並言死生窮達天命之説，類同申韓法家思想與黄老學説的雜合體；篇中甚至有對『飾詞以相亂』等『虚言』『辯説』的否定性批評，即使論及『循名責實』，也意在闡述明王之道。同樣第二篇《轉辭》，題爲轉辭，却全然未曾論及概念轉化等名家學派關心的問題，其中『聖人不死，大盗不止』『心欲安静，慮欲深遠』等言論，亦多有老莊思想的影響。據劉向《鄧析子敘録》，《鄧析子》一書，『其論無厚者，言之異同，與公孫龍同類』。則《漢志》所收録的《鄧析子》二篇，雖難免間雜有戰國中晚期學者的論説，但主體上應當仍然保留了鄧析子名家學派思想特色；而在後世流傳散佚過程中，今本《鄧析子》與《漢志》中所記載的二篇已有較大差别，但不可否認其中例如『循名責實，實之極也；按實定名，名之極也。參以相平，轉而相成，故得之形名』（《鄧析子·轉辭》）等言論仍然可能留有鄧析子的思想痕跡。

四

《子藏·名家部·鄧析子卷》遵循《子藏》『求全且精』的收書總則，首先注重對不同時期刻本的收録，以期完整體現《鄧析子》一書的流傳過程。據現有文獻，自明本以下包括抄本在内，本卷收得《鄧析子》白文本十六種，基本體現出其傳承過程。尤其是清同治十一年劉履芬影宋刊本，在宋本失傳的情況下，可補文獻之缺失。

《子藏·名家部·鄧析子卷》還注重稿抄本的收録。如清影抄本、手抄本等，這些抄本亦體現出《鄧析子》流傳之廣，本卷皆予以收録。

《子藏·名家部·鄧析子卷》亦注重甄選名人批校本。批校本的價值除文獻意義外，還爲後人提供了更爲廣闊的研究思路。本卷所收王仁俊、譚儀、王國維等人批校本，均是傳世文獻中極爲珍貴的資料。

二〇一六年三月

凡例

一、依據《子藏》『求全且精』的原則，本卷共收録先秦至民國時期（原則上截止於一九四九年）《鄧析子》白文本、節選本、稿抄本及校勘、研究著作共三十八種，整合成精裝十六開本兩册影印出版。

二、本卷收録各書，略以著者生年先後爲序。然自晚清以來，出書年代間隔不斷縮小，晚輩所著或在長輩之前，所以於『略以著者生年先後爲序』原則外，亦不乏視實際情況作適當調整者。

三、每種書原則上收録最初刊印者，但如有後出轉精的刊本，則視具體情況而定。如有刊本與稿本或抄本並傳者，原則上皆予收録，以便讀者窺其全貌。如清影抄本、手抄本等，與明、清刊本一併收録。

四、本卷所收著作，原則上都採用原書全稱。如所收僅爲某書一部分，不便於使用原書全稱者，則作適當處理。如陳仁錫《諸子奇賞》、洪頤煊《讀書叢録》、孫詒讓《札迻》等所收《鄧析子》，分别改稱《鄧析子奇賞》《鄧析子叢録》《鄧析子札迻》。

總目録

第一册

鄧析子一卷 （周）鄧析 撰 明萬曆四至五年（1576—1577）南京國子監刊《子彙》本 …… 一
鄧析子一卷 （周）鄧析 撰 傅增湘 批校 明萬曆三十年（1602）緜眇閣刊《先秦諸子合編》本 …… 二一
鄧子 （周）鄧析 撰 明刊《且且庵初箋十六子》本 …… 四一
鄧析子一卷 （周）鄧析 撰 明刊《十子》本 …… 七一
鄧析子一卷 （周）鄧析 撰 明刊《十二子》本 …… 九三
鄧析子一卷 （周）鄧析 撰 明刊《十二子》本 …… 一一五

鄧析子二卷　（周）鄧析　撰　明刊本……一三九
鄧子一卷　（周）鄧析　撰　清道光十三年（1833）王氏棠蔭館刊《二十二子全書》本……一六九
鄧析子一卷　（周）鄧析　撰　清道光十九年（1839）金山錢氏據《借月山房彙抄》刊版重編《指海》本……一九七
鄧析子二卷通考一卷　（周）鄧析　撰　（清）王仁俊　通考、校跋並録清譚儀校　倫明跋　清同治十一年（1872）江山劉氏影宋刊本……二二七
鄧析子二卷校文一卷通考一卷　（周）鄧析　撰　（清）譚儀　校文　佚名録清王仁俊校　清同治十一年（1872）江山劉氏影宋刊本……二六五
鄧析子二卷　（周）鄧析　撰　王國維　校並跋　民國八年（1919）上海商務印書館《四部叢刊》影印明刊本……三〇五
鄧析子一卷　（周）鄧析　撰　張維翰　圈點　民國八年（1919）上海商務印書館《四部叢刊》影印明刊本……三三一
鄧析子二卷　（周）鄧析　撰　佚名過録馬釗、陳奐、李滂跋　清影抄本……三五七

鄧析子一卷　(周)鄧析　撰　清刊本……三八五
鄧析子一卷　(周)鄧析　撰　(清)佚名　校　手抄本……四〇九
鄧析子一卷　(周)鄧析　撰　民國十六至二十三年(1927—1934)上海中華書局排印《四部備要》本……四四一
鄧析子一卷　(周)鄧析　撰　佚名　校　手抄本……四八一

第二册

鄧析子　(元)陶宗儀　輯　明抄本《説郛》……一
鄧析子　(元)陶宗儀　輯　張宗祥　重校　民國十六年(1927)上海商務印書館排印《説郛》本……一五
鄧析子　(明)歸有光　輯評　文震孟　參訂　明天啓五年(1625)刊《諸子彙函》本……二九
鄧子一卷　(明)楊慎　注　張懋寀　校　明天啓五年(1625)武林張懋寀横秋閣刊《楊升庵先生評注先秦五子全書》本……五九
鄧析子一卷　(明)張子羽　圈點　明天啓間刊《合諸名家批點諸子全書》本……九一

鄧析子　（明）陳繼儒 撰　明刊《藝林粹言》本……一一一
鄧析子奇賞　（明）陳仁錫 撰　明天啓六年（1626）刊《諸子奇賞》本……一一五
鄧析子叢録　（清）洪頤煊 撰　清光緒十三年（1887）醉六堂刊《傳經堂叢書·讀書叢録》本……一二九
鄧析子札迻　（清）孫詒讓 撰　清光緒二十年（1894）瑞安孫氏刊《札迻》本……一三三
鄧析子平議一卷　（清）俞樾 撰　李天根 輯録　民國十一年（1922）雙流李氏念劬堂刊《諸子平議補録》本……一三七
鄧析子文粹　李寶洤 撰　民國六年（1917）上海商務印書館排印《諸子文粹》本……一四三
鄧析子校録二卷補遺一卷　馬敘倫 撰　民國十四年排印《天馬山房叢著》本……一四九
鄧析子五種合帙　陳乃乾 輯　民國十八年（1929）中國學會影印本……二〇三
鄧析子治要　張文治 撰　民國十九年（1930）上海文明書局排印《諸子治要》本……三三三

鄧析子校讀記一卷　錢基博 撰　民國二十年（1931）油印本《名家四子校讀記》……三三九
邓析子校録　王時潤 撰　民國二十三年（1934）排印《周秦名學三種》本……三六五
鄧析子校正　王愷鑾 撰　民國二十四年（1935）上海商務印書館排印《國學小叢書》本……三八三
鄧析子探源　羅根澤 撰　一九五八年人民出版社排印《諸子考索》本……四二三
鄧析的名辯思想　汪莫基 撰　一九六一年中華書局排印《中國邏輯思想史料分析》本……四三三
鄧析子辯僞　伍非百 撰　一九八三年中國社會科學出版社排印《中國古名家言》本……四五七

第一册目録

鄧析子一卷　(周)鄧析　撰　明萬曆四至五年(1576—1577)南京國子監刊《子彙》本……一
鄧析子一卷　(周)鄧析　撰　傅增湘　批校　明萬曆三十年(1602)緜眇閣刊《先秦諸子合編》本……二一
鄧子　(周)鄧析　撰　明刊《且且庵初箋十六子》本……四一
鄧析子一卷　(周)鄧析　撰　明刊《十子》本……七一
鄧析子一卷　(周)鄧析　撰　明刊《十二子》本……九三
鄧析子一卷　(周)鄧析　撰　明刊《十二子》本……一一五
鄧析子二卷　(周)鄧析　撰　明刊本……一三九

鄧析子一卷　（周）鄧析撰　（清）佚名校　手抄本……四〇九
鄧析子一卷　（周）鄧析撰　民國十六至二十三年（1927—1934）上海中華書局排印《四部備要》本……四四一
鄧析子一卷　（周）鄧析撰　佚名校　手抄本……四八一

（周）鄧析 撰

鄧析子一卷

明萬曆四至五年（1576—1577）南京國子監刊《子彙》本

鄧析子

崇文總目鄧析子戰國時人漢志二篇初析著書四篇劉歆有目亦一篇凡五歆復校爲二篇中鄧析書四篇臣叙書一篇凡中外書五篇以相校除復重爲一篇皆定殺而書可繕寫也鄧析者鄭人也好刑名操兩可之說設無窮之辭當子產之世數難子產之法記或云子產起而戮之於春秋左氏傳昭公二十年而子產卒子太叔嗣爲政定公八年太叔卒駟歂嗣爲政明年乃殺鄧析而用其竹刑君子謂子歂於是乎不忠苟有可以加於國家棄其邪可也靜女之三章取

形管焉竿旄何以告之取其忠也故用其道不棄其人詩之蔽芾甘棠勿翦勿伐召伯所茇思其人猶愛其樹也況用其道不恤其人乎然無以勸能矣竹刑簡法也久遠世無其書子產卒後二十年而鄧析死傳說或稱子產誅鄧析非也其論無厚者言之異同與公孫龍同類謹第十

晁氏曰析之學蓋兼名法家也其大旨訐而刻其間時勦取他書頗駁雜不倫豈後人附益之歟

無厚篇

天於人無厚也君於民無厚也父於子無厚也兄於弟無厚也何以言之天不能屏勃厲之氣全夭折之人使爲善之民必壽此於民無厚也凡民有穿窬爲盜者有詐僞相迷者此皆生於不足起於貧窮而君必執法誅之此於民無厚也堯舜位爲天子而丹朱商均爲布衣此於子無厚也周公誅管蔡此於弟無厚也推此言之何厚之有

循名責實君之事也奉法宣令臣之職也下不得自擅

上操其柄而不理者未之有也君有三累臣有四責何謂三累惟親所信一累以名取士二累近故親疏三累何謂四責受重賞而無功一責居大位而不治二責理官而不平三責御軍陣而奔北四責君無三累臣無四責可以安國

勢者君之輿威者君之策臣者君之馬民者君之輪勢固則輿安威定則策勁臣順則馬良民和則輪利爲國失此必有覆車奔馬折輪敗載之患安得不危

異同之不可別是非之不可定白黑之不可分清濁之不可理久矣誠聽能聞於無聲視能見於無形計能規

於未兆慮能防於未然斯無他也不以耳聽則通於無聲矣不以目視則照於無形矣不以心計則達於無兆矣不以知慮則合於未然矣君者藏形匿影群下無私掩目塞耳萬民恐震

循名責實察法立威是明王也夫明於形者分不遇於事察於動者用不失則利故明君審一萬物自定名不可以外務智不可以從他求諸巳之謂也

治世位不可越職不可亂百官有司各務其刑上循名以督實下奉教而不違所美觀其所終所惡計其所窮喜不以賞怒不以罰可謂治世

夫負重者患塗遠據貴者憂民離負重塗遠者身疲而無功在上離民者雖勞而不治故智者量塗而後負明君視民而出政

獵羆虎者不於外圂鈎鯨鯢者不居清池何則圂非羆虎之窟也池非鯨鯢之泉也楚之不泝流陳之不束麾長盧之不士吕子之蒙耻

夫游而不見敬不恭也居而不見愛不仁也言而不見用不信也求而不能得無始也謀而不見喜無理也計而不見從遺道也因勢而發譽則行等而名殊人齊而得時則力敵而功倍其所以然者乘勢之在外推辯説

非所聽也虛言向非所應也無益亂非舉也故談者別
殊類使不相害序異端使不相亂諭志通意非務相乖
也若飾詞以相亂匿詞以相 移非古之辯也
慮不先定不可以應卒兵不閑習不可以當敵廟筭千
里帷幄之奇百戰百勝黄帝之師
死生自命貧富自時怨夭折者不知命也怨貧賤者不
知時也故臨難不懼知天命也貧窮無懾達時序也凶
饑之歲父死於室子死於戶而不相怨者無所顧也同
舟渡海中流遇風救患若一所憂同也張羅而畋唱和
不差者其利等也故體痛者口不能不呼心悅者顏不

能不笑責疲者以舉千鈞責兀者以及走兔驅逸足於庭求猨捷於檻斯逆理而求之猶倒裳而索領事有遠而親近而踈就而不用去而反求凡此四行明主大憂也

夫水濁則無掉尾之魚政苛則無逸樂之士故令煩則民詐政擾則民不定不治其本而務其末譬如拯溺錘之以石救火投之以薪

夫達道者無知之道也無能之道也是知大道不知而中不能而成無有而足守虛責實而萬事畢忠言於不忠義生於不義音而不收謂之放言出而不督謂之闇

故見其象致其形循其理正其名得其端知其情若此何往不復何事不成有物者意也無外者德也有人者行也無人者道也故德非所履處非所處則失道非其道不道則諂意無賢慮無忠行無道言虛如受實萬事畢

夫言榮不若辱非誠辭也得不若失非實談也不進則退不喜則憂不得則亡此世人之常真人危斯十者而爲一矣所謂大辯者別天下之行具天下之物選善退惡時措其宜而功立德至矣小辯則不然別言異道以言相射以行相伐使民不知其要無他故焉故淺知也

君子并物而錯之兼塗而用之五味未嘗而辨於口五行在身而布於人故何方之道不從面從之義不行治亂之法不用惔然寬裕蕩然簡易略而無失精詳入纖微也

夫舟浮於水車轉於陸此自然道也有不治者知不豫焉

夫木擊折轊水戾破舟不怨木石而罪巧拙故不載焉故有知則惑 有心則嶮有目則眩是以規矩一而不易不爲秦楚緩節不爲胡越改容一而不邪方行而不流一日形之萬世傳之無爲爲之也

夫自見之明借人見之闇也自聞之聰借人聞之聾也明君知此則去就之分定矣爲君當若冬日之陽夏日之陰萬物自歸莫之使也恬然而功自成優游而政自治豈在振目搤腕手據鞭朴而後爲治歟

夫合事有不合者知與未知也合而不結者陽親而陰踈故遠而親者志相應也近而踈者志不合也就而不用者策不得也去而反求者無違行也近而不御者心相乖也遠而相思者合其謀也故明君擇人不可不審士之進趣亦不可不詳

轉辭篇

世間悲哀喜樂嗔怒憂愁久惑於此今轉之在己爲哀在他爲悲在己爲樂在他爲喜在己爲嗔在他爲怒在己爲愁在他爲憂在己若扶之與攜謝之與議故之與右諸之與己相去千里也夫言之術與智者言依於博與博者言依於辯與辯者言依於安與貴者言依於勢與富者言依於豪與貧者言依於利與勇者言依於敢與愚者言依於說此言之術也不用在早圖不窮在早稼非所宜言勿言非所宜爲勿爲以避其危非所宜取勿取以避其咎非所宜爭勿爭以避其聲一聲而非駟馬勿追一言而急駟馬不及故惡言不出口苟語不留

耳此謂君子也
夫任臣之法闇則不任也慧則不從也仁則不親也勇
則不近也信則不信也不以人用人故謂之神怒出於
不怒爲出於不爲視於無有則得其所見聽於無聲則
得其所聞故無形者有形之本無聲者有聲之母循名
責實實之極也按實定名名之極也參以相平轉而相
成故得之形名
夫川竭而谷虛丘夷而淵實聖人以死大盜不起天下
平而故也聖人不死大盜不止何以知其然爲之斗斛
而量之則并斗斛而均之爲之權衡以平之則并與權

衡而竊之爲之符璽以信之則并與符璽而竊之爲之仁義以教之則并仁義以竊之何以知其然彼竊財誅竊國者爲諸侯諸侯之門仁義存焉是非竊仁義邪故遂於大盜覇諸侯此重利也盜跖所不可禁者乃聖人之罪也欲之與惡善之與惡四者變之失恭之與儉敬之與傲四者失之脩故善素朴任惔憂而無失未有脩焉此德之永也言有信而不爲信言有善而不爲善者不可不察也

夫治之法莫大於私不行功莫大於使民不爭今也立法而行私與法爭其亂也甚於無法立君而尊賢與君

爭其亂也甚於無君故有道之國則私善不行君立而愚者不尊民一於君事斷於法此國之道也明君之督大臣縁身而責名縁名而責形縁形而責實臣懼其重誅之至於是不敢行其私矣

心欲安靜慮欲深遠心安靜則神策生慮深遠則計謀成心不欲躁慮不欲淺心躁則精神滑慮淺則百事傾

治世之禮簡而易行亂世之禮煩而難遵上古之樂質而不悲當今之樂邪而爲淫上古之民質而敦朴今世之民詐而多行上古象刑而民不犯教有墨劓不以爲耻斯民所以亂多治少也堯置敢諫之鼓舜立誹謗之

末湯有司直之人武有戒慎之銘此四君子者聖人也而猶若此之勤至于栗陸氏殺東里子宿沙氏戮箕文桀誅龍逢紂刳比干四主者亂君故其疾賢若仇是以賢愚之相覺若百丈之谿與萬仞之山若九地之下與重山之顛

明君之御民若御奔而無轡履冰而負重親而疎之疎而親之故畏儉則福生驕奢則禍起聖人逍遥一世罕匹萬物之形寂然無鞭朴之罰莫然無叱咤之聲而家給人足天下太平視昭昭知冥冥推未運覩未然故神而不可見幽而不可見此之謂也

君人者不能自專而好任下則智日困而數日窮迫於下則不能申行隨於國則不能持知不足以為治威不足以行誅無以與下交矣故喜而使賞不必當功怒而使誅不必值罪不慎喜怒誅賞從其意而欲委任臣下故亡國相繼殺君不絕古人有言衆口鑠金三人成虎不可不察也

夫人情發言欲勝舉事欲成故明者不以其短疾人之長不以其拙病人之工言有善者則而賞之言有非者顯而罰之塞邪枉之路蕩淫辭之端臣下閉之左右結舌可謂明君為善者君與之賞為惡者君與之罰因其

所以來而報之循其所以進而答之聖人因之故能用之因之循理故能長久今之爲君無堯舜之才而慕堯舜之治故終顛殞乎混冥之中而事不覺於昭明之術是以虛慕欲治之名無益亂世之理也

患生於官成病始於少瘳禍生於懈慢孝衰於妻子此四者慎終如始也富必給貧壯必給老快情恣欲必多侈侮故曰尊貴無以高人聰明無以寵人資給無以先人剛勇無以勝人能履行此可以爲天下君

夫謀莫難於必聽事莫難於必成成必合於數聽必合於情故抱薪加火爍者必先燃平地注水濕者必先濡

故曰動之以其類安有不應者獨行之術也明君立法之後中程者賞缺繩者誅此之謂君曰亂君國曰亡國

智者寂於是非故善惡有別明者寂於去就故進退無類若智不能察是非明不能審去就斯謂虛妄

目貴明耳貴聰心貴公以天下之目視則無不見以天下之耳聽則無不聞以天下之智慮則無不知得此三術則存於不爲也

（周）鄧析 撰　傅增湘 批校

鄧析子一卷

明萬曆三十年（1602）緜眇閣刊《先秦諸子合編》本

鄧析子

中鄧析書四篇臣敘書一篇凡中外書五篇以相校除復重為一篇皆定殺敘而書可繕寫也鄧析者鄭人也好刑名操兩可之說設無窮之辭當子產之世數難子產之法記或云子產起而戮之於春秋左氏傳昭公二十年而子產卒子太叔嗣為政定公八年太叔卒駟歂嗣為政明年乃殺鄧析而用其竹刑君子謂子歂於是乎不忠苟有可以加於國家棄其邪可也靜女之三章取彤管焉竿旄何以告之取其忠也故用其道不棄其人詩之云蔽芾甘棠勿翦勿伐召伯

所茇思其人猶愛其樹也況用其道不恤其人乎然無以勸能矣竹刑簡法也久遠世無其書子產卒後二十年而鄧析死傳說或稱子產誅鄧析非也其論無厚者言之異同與公孫龍同類謹上

崇文總目鄧析著書二篇漢志二篇劉向書目一篇歆復校為二篇

晁氏曰析之學蓋兼名法家也其大旨訐而刻其間時剿取他書頗駮雜不倫豈後人附益之與

目錄

鄧析子

無厚篇

天於人無厚也君於民無厚也父於子無厚也兄於弟無厚也何以言之天不能屏勃厲之氣全夭折之人使為善之民必壽此於民無厚也凡民有穿窬為盜者有詐偽相迷者此皆生於不足起於貧窮而君必執法誅之此於民無厚也堯舜位為天子而丹朱商均為布衣此於子無厚也周公誅管蔡此於弟無厚也推此言之何厚之有

循名責實君之事也奉法宣令臣之職也下不得自

擅上操其柄而不理者未之有也君有三累臣有四責何謂三累惟親所信一累以名取士二累近故親疎三累何謂四責受重賞而無功一責居大位而不治二責理官而不平三責御軍陣而奔北四責君無三累臣無四責可以安國

勢者君之輿威者君之策臣者君之馬民者君之輪勢固則輿安威定則策勁臣順則馬良民和則輪利為國失此必有覆車奔馬折輪敗載之患安得不危

異同之不可别是非之不可定白黑之不可分清濁之不可理久矣誠聽能聞於無聲視能見於無形計

能規於未兆慮能防於未然斯無他也不以耳聽則通於無聲矣不以目視則照於無形矣不以心計則達於無兆矣不以知慮則合於自然矣君者藏形匿影群下無私掩目塞耳萬民恐震

循名責實察法立威是明王也夫明於形者分不遇於事察於動者用不失則利故明君審一萬物自定名不可以外務智不可以從他求諸己之謂也

治世位不可越職不可亂百官有司各務其刑上循名以督實下奉教而不違所美觀其所終所惡計其所窮喜不以賞怒不以罰可謂治世

夫負重者患塗遠據貴者憂民離負重塗遠者身疲而無功在上離民者雖勞而不治故智者量塗而後負明君視民而出政

獵羆兕者不於外圂鈎鯨鯢者不居清池何則圂非羆兕之窟也池非鯨鯢之泉也楚之不泝流陳之不東麋長盧之不士呂子之蒙耻

夫游而不見敬不恭也居而不見愛不仁也言而不見用不信也求而不能得無始也謀而不見喜無理也計而不見從遺道也因勢而發譽則行等而名殊人齊而得時則力敵而功倍其所以然者乘勢之在

外推辯說非所聽也虛言向非所應也無益亂非舉[所]也故談者別殊類使不相害序異端使不相亂諭志通意非務相乖也若飾詞以相亂匿詞[辭]以相移非古之辯也

慮不先定不可以應卒兵不閑習不可以當敵廟筭[勝]千里帷幄之奇百戰百勝黃帝之師

死生有命貧富有時怨夭折者不知命也怨貧賤者不知時也故臨難不懼知天命也貧窮無懾達時序也凶饑之歲父死於室子死於戶而不相怨者無所顧也同舟渡海中流遇風救患若一所憂同也張羅

而眂唱和不差者其利等也故體痛者口不能不呼心悅者顏不能不笑責疲者以舉千鈞責兀者以及走兎驅逸足於庭求猨捷於檻斯逆理而求之猶倒裳而索領

事有遠而親近而疎就而不用去而反求凡此四行明主大憂也

夫水濁則無掉尾之魚政苛則無逸樂之士故令煩則民詐政擾則民不定不治其本而務其末譬如拯溺錘之以石救火投之以薪

夫達道者無知之道也無能之道也是知大道不知

而中不能而成無有而足守虛責實而萬事畢忠

於不忠義生於不義音而不収謂之放言出而不督

謂之闇故見其象致其形循其理正其名得其端知

其情若此何往不復何事不成有物者意也無外者

德也有人者行也無人者道也故德非所履處非所

處則失道非其道不道則諂意無賢慮無忠行無道

言虛如受實萬事畢

夫言榮不若辱非誠辭也得不若失非實談也不進

則退不喜則憂不得則亡此世人之常真人危斯十

者而為一矣所謂大辯者別天下之行具天下之物

遷善退惡時措其宜而功立德至矣小辯則不然别
言異道以言相射以行相伐使民不知其要無他故
焉故淺知也君子弁物而錯之兼塗而用之五味未
嘗而辨於口五行在身而布於人故何方之道不從
面從之義不行治亂之法不用惔然寬裕蕩然簡易
略而無失精詳入纖微也
夫舟浮於水車轉於陸此自然道也有不治者知不
豫焉
夫木擊折轊水戾破舟不怨木石而罪巧拙故不載
焉故有知則惑有心則嶮有目則眩是以規矩一而

不易不為秦楚緩節不為胡越改容一而不邪方行
而不流一日形之萬世傳之無為為之也
夫自見之明借人見之闇也自聞之聰借人聞之聾
也明君知此則去就之分定矣為君當若冬日之陽
夏日之陰萬物自歸莫之使也恬臥而功自成優游
而政自治豈在振目搤腕手據鞭朴而後為治歟
夫合事有不合者知與未知也合而不結者陽親而
陰踈故遠而親者忘相應也近而踈者忘不合也就
而不用者策不得也去而反求者無違行也近而不
御者心相乖也遠而相思者合其謀也故明君擇人

不可不審士之進趣亦不可不詳

轉辭篇

世間悲哀喜樂嗔怒憂愁久惑於此今轉之在己為哀在他為悲在己為樂在他為喜在己為嗔在他為怒在己為愁在他為憂在己若扶之與攜謝之與講故之與右諸之與己相去千里也夫言之術與智者言依於博與博者言依於辯與辯者言依於安與貴者言依於勢與富者言依於豪與貧者言依於利與勇者言依於敢與愚者言依於說此言之術也不用在早圖不窮在早稼非所宜言勿言非所宜為勿為

以避其危非所宜取勿取以避其咎非所宜爭勿爭以避其聲一聲而非駟馬勿追一言而急駟馬不及故惡言不出口苟語不留耳此謂君子也

夫任臣之法闇則不任也慧則不從也仁則不親也勇則不近也信則不信也不以人用人故謂之神怒出於不怒為出於不為視於無有則得其所見聽於無聲則得其所聞故無形者有形之本無聲者有聲之母循名責實實之極也按實定名名之極也參以相平轉而相成故得之形名

夫川竭而谷虛丘夷而淵實聖人以死大盜不起天

下平而故也聖人不死大盜不止何以知其然為之
斗斛而量之則并斗斛而竊之為之權衡以平之則
并與權衡而竊之為之符璽以信之則并與符璽而
竊之為之仁義以教之則并仁義以竊之何以知其
然彼竊竊財誅竊國者為諸侯諸侯之門仁義存焉是
非竊仁義邪故遂於大盜覇諸侯此重利也盜跖所
不可禁者乃聖人之事也欲之與惡善之與惡四者
變之失恭之與儉敬之與傲四者失之脩故善素朴
任惔憂而無失未有脩焉此德之永也言有信而不
為信言有善而不為善者不可不察也

夫治之法莫大於私不行功莫大於使民不爭今也
立法而行私與法爭其亂也甚於無法立君而爭愚
與君爭其亂也甚於無君故有道之國則私善不行
君立而愚者不尊民一於君事斷於法此國之道也
明君之督大臣緣身而責名緣名而責形緣形而責
實臣懼其重誅之至於是不敢行其私矣
心欲安靜慮欲深遠心安靜則心策生慮深遠則計
議成心不欲躁慮不欲淺心躁則精神滑慮淺則百
事傾治世之禮簡而易行亂世之禮煩而難遵上古
之樂質而不悲當今之樂邪而為淫上古之民質而

敦朴今世之民詐而多行上古象刑而民不犯教有
墨劓不以為恥斯民所以亂多治少也堯置敢諫之
鼓舜立誹謗之木湯有司直之人武有戒慎之銘此
四君子者聖人也而猶若此之勤至於栗陸氏殺東
里子宿沙氏戮箕文桀誅龍逢紂刳比干四主者亂
君故其疾賢若仇是以賢愚之相覺若百丈之谿與
萬仞之山若九地之下與重山之顛
明君之御民若御奔而無轡履冰而負重親而踈之
踈而親之故畏慎則福生驕奢則禍起聖人逍遙一
世罕匹萬物之形寂然無鞭朴之罰莫然無叱咤之

群而家給人足天下太平視昭昭知冥冥推未運覩未然故神而不可見幽而不可見（窺）此之謂也君人者不能自專而好任下則智日困而數日窮迫於下則不能申行隨於國則不能持知（智）不足以爲治威不足以行誅無（則）以與下交矣故喜而使賞不必當功怒而使誅不必值罪不慎喜怒誅賞從其意而欲委任臣下故亡國相繼殺君不絕古人有言衆口鑠金三人成虎不可不察也

夫人情發言欲勝舉事欲成故明者（明）不以其短疾人之長不以其拙病人之工言有善者則而賞之言有

非者顯而罰之塞邪枉之路蕩滛辭之端臣下閑之

左右結之舌可謂明君為善者君與之賞為惡者君與

之罰因其所以來而報之循其所以進而答之聖人

因之故能用之因之循理故能長久今之為君無堯

舜之才而慕堯舜之治故終顛殞乎混冥之中而事

不覺於昭明之術是以虛慕欲治之名無益亂世之

理也

患生於官成病始於少瘳禍生於懈慢孝衰於妻子

此四者慎終如始也富必給貧壯必給老快情恣欲

必多侵侮故曰尊貴無以高人聰明無以寵人資給

無以先人剛勇無以勝人能履行此可以爲天下君
夫謀莫難於必聽事莫難於必成成必合於數聽必
合於情故抱薪加火爍者必先燃平地注水濕者必
先濡故曰動之以其類安有不應者獨行之術也
明君立法之後中程者賞缺繩者誅此之謂君曰亂
君國曰亡國
智者寂於是非故善惡有別明者寂於去就故進退
無類若智不能察是非明不能審去就斯謂虛妄
目貴明耳貴聰心貴公以天下之目視則無不見以
天下之耳聽則無不聞以天下之智慮則無不知得

此三術則存於不為也

庚午五月二十八日據明鈔說郛本校　沅叔記

鄧析子終

(周)鄧析 撰

鄧子

明刊《且且庵初箋十六子》本

鄧子序

昔人謂东方曼倩學不纯師余于鄧析子亦云從来虛無則老莊刁化刑名則商韓執契經濟則嚴仲持竅飛箝捭闔則鬼谷導機蓋悉有當门各不相借凛凛乎如畫界而守也今觀

是書則經緯相雜玄黃互陳宮商迭奏初無定質其言神不可見幽不可見智者窺於是非明者寂乎玄就則鬼谷子家言也其言百官有司各務其刑循名責實察法立威則商韓氏意也其言達道者無知之道無能之

道聖人以死大盜不起則漆園語也
其言心欲安靜慮欲深遠尊貴無以
高人聰明無以籠人資給無以先人
剛勇無以勝人則枉下史知雄守雌
知白守黑之遺教也至云藏形匿影
群下無私明君視民而出政又云民

一于君事斷于法君人者不能自專而好任下則智日困而數日窮則又皆管大夫不失政柄君臣明法之旨也於篇中多術轡厲臣之謬鄧析殆長于治國者與雖其書合纂組以成文然皆幾〻乎道可謂列素黜絢流

潤叢彩言之成服者矣

成都楊慎撰

登云序

二

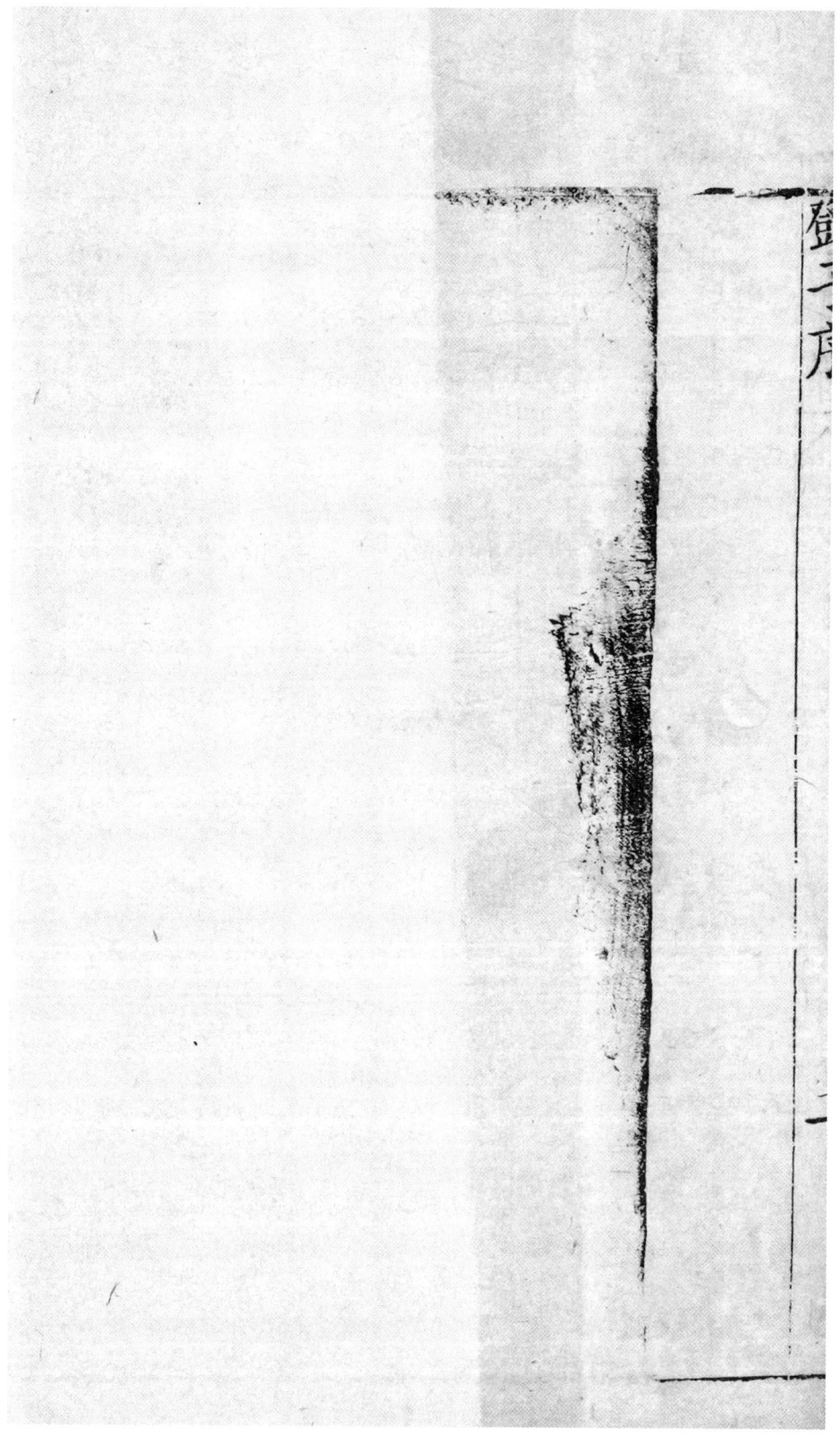

鄧子目錄

鄭鄧析撰　明楊慎評註
張懋寀校梓

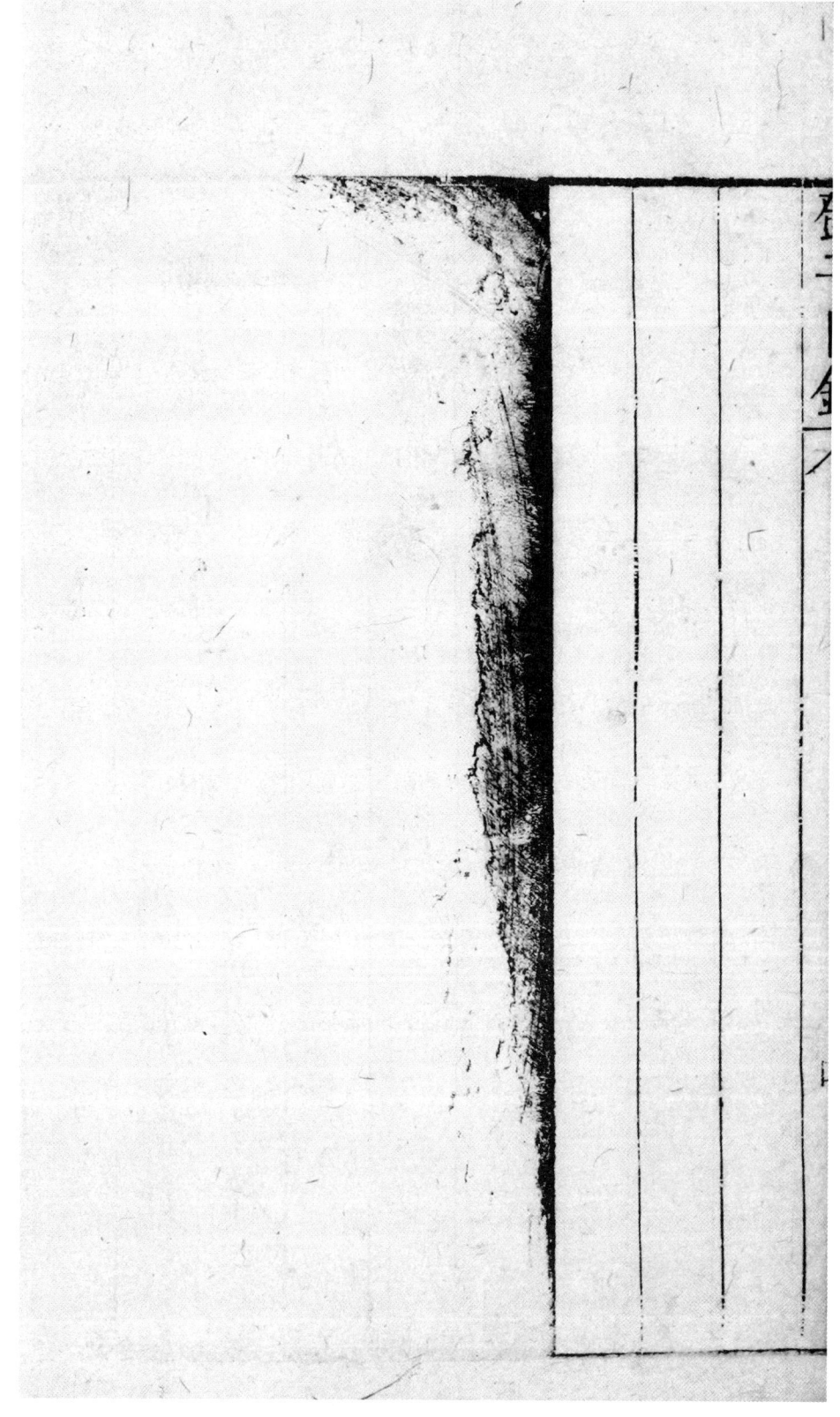

是亦齊物始息之意也評曰故荒誕何嘗不厚

無厚篇

鄭鄧析著

天於人無厚也君于民無厚也父于子無厚也兄于弟無厚也何以言之天不能屏勃厲之氣全夭折之人使爲善之民必壽此於民無厚也凡民有穿窬爲盜者有詐僞相迷者此皆生於不足起于貧窮而君必執法誅之此於民無厚也堯舜位爲天子而丹朱商均爲布衣此於子無厚也周公誅管蔡此於弟無厚也推此言之何厚之有

淺與疎俱不可偏

佳論

循名責實君之事也奉法宣令臣之職也下不得自擅上操其柄而不理者未之有也君有三累臣有四責何謂三累惟親所信一累以名取士二累近故親疎三累何謂四責受重賞而無功一責居大位而不治二責理官而不平三責御軍陳而奔北四責君無三累臣無四責可以安國

勢者君之輿威者君之馬臣者君之策民者君之輪勢固則輿安威定則策勁臣順則馬良民和則輪利爲國失此必有覆車奔馬折輪敗載之患安

不可云雜也徒將有限不[illegible]逐無窮所[illegible]見一着子也豈關声深拱乎

得不危。

異同之不可別，是非之不可定，白黒之不可分，淸濁之不可理，久矣。誠聽能聞於無聲，視能見於無形，計能規於未兆，慮能防於未然，斯無他也。不以耳聽則通於無聲矣，不以目視則照於無形矣，不以心計則達於無兆矣，不以知慮則合於未然矣。君者藏形匿影，羣下無私，掩目塞耳，萬民恐震。循名責實，察法立威，是明王也。夫明於形者，分不遇於事；察於動者，用不失則利。故明君審一，萬物

刑法也

連珠

自定名不可以外務智不可以從他求諸己之謂也

治世位不可越職不可亂百官有司各務其刑上循名以督實下奉教而不違所美覩其所終所惡計其所窮喜不以賞怒不以罰可謂治世

夫負重者患塗遠據貴者憂民離負重塗遠者身疲而無功在上離民者雖勞而不治故智者量塗而後負明君視民而出政

獵羆虎者不於外圈釣鯨鯢者不居清池何則圈

非龍虎之窟也池非鯨鯢之泉也楚之不泝流陳
之不束麾長盧之不士呂子之蒙恥
夫游而不見敬不恭也居而不見愛不仁也言而
不見用不信也求而不能得無始也謀而不見喜
無理也計而不見從遺道也因勢而發譽則行等
而名殊人齊而得時則力敵而功倍其所以然者
乘勢之在外推辯說非所聽也虛言向非所應也
無益亂非舉也故談者別殊類使不相害序異端
使不相亂諭志通意非務相乖也若飾詞以相亂

豈有辨耶

匿詞以相移非古之辯也

慮不先定不可以應卒兵不閑習不可以當敵廟

筭千里帷幄之奇百戰百勝黃帝之師

死生自命貧富自時怨夭折者不知命也怨貧賤

者不知時也故臨難不懼知天命也貧窮無懾達

時序也凶飢之歲父死於室子死於戶而不相怨

者無所顧也同舟渡海中流遇風救患若一所憂

同也張羅而畋唱和不差者其利等也故體痛者

口不能不呼心悅者顏不能不笑責疲者以舉千

[illegible]不安遠

同是谷風習以廣風也

總是有心合道去道便遠

鈎責冗者以及走兎驅逸足於庭求獲提於檻斯逆理而求之猶倒裳而索領

事有遠而親近而疎就而不用去而反求凡此四行明主大憂也

夫水濁則無掉尾之魚政苛則無逸樂之士故令煩則民詐政擾則民不定不治其本而務其末譬如拯溺鍾之以石救火投之以薪

夫達道者無知之道也無能之道也是知大道不知而中不能而成無有而足守虛責實而萬事畢

忠言於不忠義生於不義音而不收謂之放言出
而不督謂之闇故見其象致其形循其理正其名
得其端知其情若此何往不復何事不成有物者
意也無外者德也有人者行也無人者道也故德
非所履處非所處則失道非其道不道則諂意無
賢慮無忠行無道言虛如受實萬事畢
夫言榮不若辱非誠辭也得不若失非實談也不
進則退不喜則憂不得則亾此世人之常真人危
斯十者而爲一矣所謂大辯者別天下之行具天

忮心不怨飄瓦

下之物遴善退惡時措其宜而功立德至矣小辯
則不然別言異道以言相射以行相伐使民不知
其要無他故焉故淺知也君子并物而錯之兼塗
而用之五味未嘗而辯於口五行在身而布於人
故何方之道不從面從之義不行治亂之法不用
惔然寬裕蕩然簡易略而無失精詳入纖微也
夫舟浮於水車轉於陸此自然道也有不治者知
不豫焉
夫木擊折轉水戾破舟不怨木石而罪巧拙故不

總在所以然處用功便是爲政

同見谷虛
□備矣

載焉故有知則惑有心則惓有目則眩是以規矩
一而不易不爲秦楚緩節不爲胡越改容一而不
邪方行而不流一日形之萬世傳之無爲爲之也
夫自見之明借人見之闇也自聞之聰借人聞之
聾也明君知此則去就之分定矣爲君當若冬日
之陽夏日之陰萬物自歸莫之使也恬臥而功自
成優游而政自治豈在振目搤腕手據鞭朴而後
爲治歟
夫合事有不合者知與未知也合而不結者陽親

而陰疎故遠而親者志相應也近而疎者志不合也就而不用者策不得也去而反求者無違行也近而不御者心相乖也遠而相思者合其謀也故明君擇人不可不審士之進趣亦不可不詳

轉辭篇

世間悲哀喜樂嗔怒憂愁久惑於此今轉之在已爲哀在他爲悲在已爲樂在他爲喜在已爲嗔在他爲怒在已爲愁在他爲憂在已若扶之與攜謝之與議故之與右諾之與已相去千里也夫言之

惡聲也

駕馭之術

術與智者言依於功與博者言依於辯與辯者言依於安與貴者言依於勢與富者言依於豪與貧者言依於利與勇者言依於敢與愚者言依於說此言之術也不用在蚤圖不窮在蚤稼非所宜言勿言非所宜爲勿爲以避其危非所宜取勿取以避其咎非所宜爭勿爭以避其聲一聲而非駟馬勿追一言而急駟馬不及故惡言不出口苟語不留耳此謂君子也

夫任臣之法闇則不任也慧則不從也仁則不親

莊子語便覺久習而厭

也勇則不近也信則不信也不以人用人故謂之神怒出於不怒為出於不為視於無有則得其所見聽於無聲則得其所聞故無形者有形之本無聲者有聲之母循名責實實之極也按實定名名之極也參以相平轉而相成故謂之形名

夫川竭而谷虛丘夷而淵實聖人以死大盜不起天下平而故也聖人不死大盜不止何以知其然為之斗斛而量之則并斗斛而均之為之權衡以平之則并與權衡而竊之為之符璽以信之則并

桀規禁

其知不惡璽

之傳學

與符璽而竊之爲之仁義以教之則并仁義以竊
之何以知其然彼竊財誅竊國者爲諸侯諸侯之
門仁義存焉是非竊仁義耶故遂以大盜霸諸侯
此重利也盜跖所不可禁者乃聖人之罪也欲之
與惡善之與惡四者變之失恭之與儉敬之與傲
四者失之修故善素朴任惓憂而無失未有修焉
此德之永也言有信而不爲信言有善而不爲善
者不可不察也
大治之法莫大於私不行功莫大於使民不爭今

二

淮南子稟此
諸葛公復述
之古人語有
承襲如此

也立法而行私與法爭其亂也甚於無法立君而尊愚與君爭其亂也甚於無君故有道之道則私善不行君立而愚者不尊民一於君事斷於法此國之道也明君之督大臣緣身而責名緣名而責形緣形而責實臣懼其重誅之至於是不敢行其私矣

心欲安靜慮欲深遠心安靜則神策生慮深遠則計謀成心不欲躁慮不欲淺心躁則精神滑慮淺則百事傾治世之禮簡而易行亂世之禮煩而難

民節見大戴
記其文二絕
較也

遵上古之樂質而不悲當今之樂邪而爲淫上古之民質而敦朴今世之民詐而多行上古象刑而民不犯教有墨劓不以爲恥斯民所以亂多治少也堯置敢諫之鼓舜立誹謗之木湯有司直之人武有戒慎之鞀此四君子者聖人也而猶若此之勤至於栗陸氏殺東里子宿沙氏戮箕文桀誅龍逄紂刳比干四主者亂君故其疾賢若仇是以賢愚之相覺若百丈之谿與萬仞之山若九地之下與重山之顛

謂力在此非聖寂也

君人者務剛其氣而好委譽者必敗

明君之御民若御奔而無轡履氷而負重親而疏之疏而親之故長儉則禍生驕奢則禍起聖人逍遙一世罕匹萬物之形寂然無鞭朴之罰莫然無叱咤之聲而家給人足天下太平視昭昭知冥冥推未運睹未然故神而不可見幽而不可見此之謂也

君人者不能自專而好任下則智日困而數日窮迫於下則不能申行隨於國則不能持知不足以爲治威不足以行誅無以與下交矣故喜而使賞

結見入言不可任

閑道斂無否滞之言沒頹當斂閑同稱

不必當功怒而使誅不必值罪不慎喜怒誅賞從其意而欲委任臣下故亾國相繼殺君不絕古人有言衆口鑠金三人成虎不可不察也夫人情發言欲勝舉事欲成故明者不以其短疾人之長不以其拙病人之工言有善者則而賞之言有非者顯而伐之塞枉邪之路蕩淫辟之端臣下閑之左右結舌可謂明君爲善者君與之賞爲惡者君與之罰因其所以來而報之循其所以進而荅之聖人因之故能用之因之循理故能長久

西菴

無求人所爲
清畏人知

今之爲君無堯舜之才而慕堯舜之治故終顛殞乎混冥之中而事不覺於昭明之術是以虛慕欲治之名無益亂世之理也

患生於官成病始於少瘳禍生於懈慢孝衰於妻子此四者慎終如始也富必給貧壯必給老快情恣欲必多侈傲故曰尊貴無以高人聰明無以寵人資給無以先人剛勇無以勝人能履行此可以爲天下君

夫謀莫難於必聽事莫難於必成成必合於數聽

說其拘而
時術也

必合於情故抱薪加火爍者必先燃平地注水濕
者必先濡故曰動之以其類安有不應者獨行之
術也
明君立法之後中程者賞缺繩者誅此之謂君曰
亂君國曰亾國
智者寂於是非故善惡有別明者寂於去就故進
退無類若智不能察是非明不能審去就斯謂虛
妄
目貴明耳貴聰心貴公以天下之目視則無不見

以天下之耳聽則無不聞以天下之智慮則無不知得此三術則存於不爲也

山書理得老氏之至者不欲自居於厚尤是有把握處讀書不玩其前後通脈而偶摘字句為高下作者之意況沒終古而不得神也豈獨子書矣夫

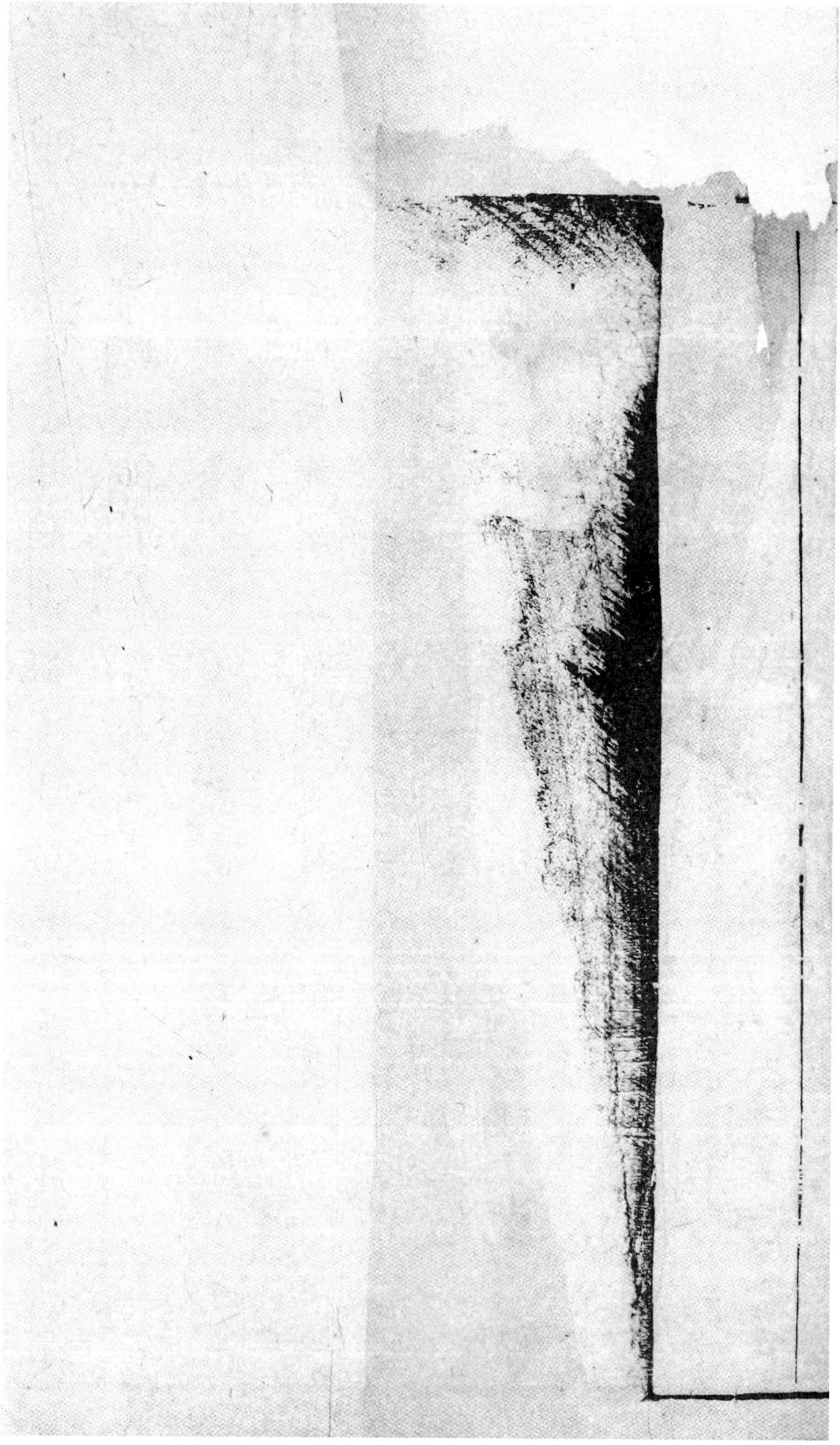

（周）鄧析　撰

鄧析子一卷

明刊《十子》本

鄧析子

崇文總目鄧析子戰國時人漢志二篇初析著書四篇劉歆有目有一篇凡五歆復校爲二篇中鄧析書四篇臣叙書一篇凡中外書五篇以相校除復重爲一篇皆定殺而書可繕寫也鄧析者鄭人也好刑名操兩可之説設無窮之辭當子產之世數難子產之法記或云子產起而戮之於春秋左氏傳昭公二十年而子產卒子太叔嗣爲政定公八年太叔卒駟歂嗣爲政明年乃殺鄧析而用其竹刑君子謂子歂於是乎不忠苟有可以加

於國家棄其邪可也靜女之三章取彤管焉竿旄何以告之取其忠也故用其道不棄其人詩之蔽芾甘棠勿剪勿伐召伯所茇思其人猶愛其樹也況用其道不恤其人乎然無以勸能矣竹刑簡法也久遠世無其書子產卒後二十年而鄧析死傳說或稱子產誅鄧析非也其論無厚者言之異同與公孫龍同類謹第一

鄧析子

無厚篇

天於人無厚也君於民無厚也父於子無厚也兄於弟無厚也何以言之天不能屏勃厲之氣全夭折之人使爲善之民必壽此於民無厚也凡民有穿窬爲盜者有詐僞相迷者此皆生於不足起於貧窮而君必執法誅之此於民無厚也堯舜位爲天子而丹朱商均爲布衣此於子無厚也周公誅管蔡此於弟無厚也推此言之何厚之有

循名責實君之事也奉法宣令臣之職也下不得

自擅上操其柄而不理者未之有也君有三累臣有四責何謂三累惟親所信一累以名取士二累近故親疎三累何謂四責受重賞而無功一責居大位而不治二責理官而不平三責御軍陣而奔北四責君無三累臣無四責可以安國

勢者君之輿威者君之策臣者君之馬民者君之輪勢固則輿安威定則策勁臣順則馬良民和則輪利爲國失此必有覆車奔馬折輪敗載之患安得不危

異同之不可別是非之不可定白黑之不可分清

獨之不可理久矣誠聽能聞於無聲視能見於無形計能規於未兆慮能防於未然斯無他也不以耳聽則通於無聲矣不以目視則照於無形矣不以心計則達於無兆矣不以知慮則合於無然矣君者藏形匿影群下無私掩目塞耳萬民恐震循名責實察法立威是明王也夫明於形者分不遇於事察於動者用不失則利故明君審一萬物自定名不可以外務智不可以從他求諸己之謂也

治世位不可越職不可亂百官有司各務其刑上

循名以督實下奉教而不違所美觀其所終所惡
計其所窮喜不以賞怒不以罰可謂治世
夫負重者患塗遠據貴者憂民離負重塗遠者身
疲而無功在上離民者雖勞而不治故智者量塗
而後負明君視民而出政
獵羆虎者不於外圂鈎鯨鯢者不居清池何則圂
非羆虎之窟也池非鯨鯢之泉也楚之不泝流陳
之不束麾長盧之不士呂子之蒙恥
夫游而不見敬不恭也居而不見愛不仁也言而
不見用不信也求而不能得無始也謀而不見喜

無理也計而不見從遺道也因勢而發譽則行等
而名殊人齊而得時則力敵而功倍其所以然者
乘勢之在外推辯說非所聽也虛言向非所應也
無益亂非舉也故談者别殊類使不相害序異端
使不相亂諭志通意非務相乖也若飾詞以相亂
匿詞以相亂移非古之辯也
慮不先定不可以應卒兵不閑習不可以當敵廟
筭千里帷幄之奇百戰百勝黄帝之師
死生自命貧富自時怨夭折者不知命也怨貧賤
者不知時也故臨難不懼知天命也貧窮無懾達

時序也凶饑之歲父死於室子死於戶而不相怨者無所顧也同舟渡海中流遇風救患若一所憂同也張羅而畋唱和不差者其利等也故體痛者口不能不呼心悅者顏不能不笑責疲者以舉千鈞責瘠者以及[illegible]驅逸足於庭求猨捷於檻斯逆理而求之猶倒裳而索領

事有遠而親近而疎就而不用去而反求凡此四行明主大憂也

夫水濁則無掉尾之魚政苛則無逸樂之士故令煩則民詐政擾則民不定不治其本而務其末譬

如拯溺錘之以石救火投之以薪
夫達道者無知之道也無能之道也是知大道不
知而中不能而成無有而足守虛責實而萬事畢
忠言於不忠義生於不義音而不收謂之放言出
而不督謂之闇故見其象致其形循其理正其名
得其端知其情若此何往不復何事不成有物者
意也無外者德也有人者行也無人者道也故德
非所覆處非所處則失道非其道不道則諂意無
賢慮無忠行無道言虛如受實萬事畢
夫言榮不若辱非誠辭也得不若失非實談也不

進則退不喜則憂不得則亡此世人之常眞人危斯十者而爲一矣所謂大辯者别天下之行具天下之物選善退惡時措其宜而功立德至矣小辯則不然别言異道以言相射以行相伐使民不知其要無他故焉故淺知也君子并物而錯之兼塗而用之五味未嘗而 於口五行在身而布於人故何方之道不從面從之義不行治亂之法不用惔然寬裕蕩然簡易略而無失精詳入纖微也夫舟浮於水車轉於陸此自然道也有不治者知不豫焉

夫木擊折轊水戾破舟不怨木石而罪巧拙故不載焉故有知則惑德有心則嶮有目則眩是以規矩一而不易不爲秦楚緩節不爲胡越改容一而不邪方行而不流一日形之萬世傳之無爲爲之也

夫自見之明借人見之闇也自聞之聽借人聞之聾也明君知此則去就之分定矣爲君當若冬日之陽夏日之陰萬物自歸莫之使也恬臥而功自成優游而政自治豈在振目搤腕手據鞭朴而後爲治歟

夫合事有不合者知與未知也合而不結者陽親而陰疎故遠而親者忘相應也近而踈者忘不合也就而不用者策不得也去而反求者無違行也近而不御者心相乖也遠而相思者合其謀也故明君擇人不可不審士之進趣亦不可不詳

轉辭篇

世間悲哀喜樂嗔怒憂愁久惑於此今轉之在己爲哀在他爲悲在己爲樂在他爲喜在己爲嗔在他爲怒在己爲愁在他爲憂在己若扶之與攜謝之與議故之與右諸之與己相去千里也夫言之

術與智者言依於博與博者言依於辯與辯者言
依於安與貴者言依於勢與富者言依於豪與貧
者言依於利與勇者言依於敢與愚者言依於說
此言之術也[redacted]不用在早圖不窮在早稼非所宜
言勿言非所宜爲勿爲以避其危非所宜取勿[redacted]
取以避其咎非所宜爭勿爭以避其聲一聲而非
駟馬勿追一言而急駟馬不及故惡言不出口苟語不
留耳此謂君子也
夫任臣之法闇則不任也慧則不從也仁則不親
也勇則不近也信則不信也不以人用人故謂之

神怒出於不怒爲出於不爲視於無有則得其所見聽於無聲則得其所聞故無形者有形之本無聲者有聲之母循名責實實之極也按實定名名之極也參以相平轉而相成故得之形名

夫川竭而谷虛丘夷而淵實聖人以死大盜不起天下平而故也聖人不死大盜不止何以知其然爲之斗斛而量之則并斗斛而均之爲之權衡以平之則并與權衡而竊之爲之符璽以信之則并與符璽而功之爲之仁義以教之則并仁義以竊之何以知其然彼竊財誅竊國者爲諸侯諸侯之

門仁義存焉是非竊仁義邪故遂於大盜霸諸侯

此重利也盜跖所不可禁者乃聖人之罪也欲之

與惡善之與善四者變之失恭之與儉敬之與傲

四者失之脩故善素朴任惔憂而無失未有脩焉

此德之永也言有信而不爲信言有善而不爲善

者不可不察也

夫治之法莫大於私不行功莫大於使民不爭今

也立法而行私與法爭其亂也甚於無法立君而

尊愚與君爭其亂也甚於無君故有道之國則私

善不行君立而愚者不尊民一於君事斷於法此

國之道也明君之督大臣緣身而責名緣名而責形緣形而責實臣懼其重誅之至於不敢行其私矣

心欲安靜慮欲深遠心安靜則神策生慮深遠則計謀成心不欲躁慮不欲淺心躁則精神滑慮淺則百事傾

治世之禮簡而易行亂世之禮煩而難遵上古之樂質而不悲當今之樂邪而爲淫上古之民質而敦朴今世之民詐而多行上古象刑而民不犯教有墨劓不以爲耻斯民所以亂多治少也堯置敢

諫之鼓舜立誹謗之木湯有司直之人武有戒慎之銘此四君子者聖人也而猶若此之勤至于桀陸氏殺東里子宿沙氏戮箕文桀誅龍逢紂刳比干四主者亂君故其疾賢若仇是以賢愚之相覺若百丈之谿與萬仞之山若九地之下與重天之顛

明君之御民若御奔而無轡覆冰而負重親而踈之踈而親之故畏儉則福生驕奢則禍起聖人逍遙一世罕匹萬物之形寂然無鞭朴之罰莫然無呪咤之聲而家給人足天下太平視昭昭知冥冥

推未運覩未然故神而不可見幽而不可見此之
謂也
君人者不能自專而好任下則智日困而數日窮
迫於下則不能申行隨於國則不能持知不足以
爲治威不足以行誅無以與下交矣故喜而使賞
不必當功怒而使誅不必值罪不慎喜怒誅賞從
其意而欲委任臣下故亡國相繼殺君不絕古人
有言衆口鑠金三人成虎不可不察也
夫人情發言欲勝舉事欲成故明者不以其短疾
人之長不以其拙病人之工言有善者則而賞之

言有非者顯而罰之塞邪枉之路蕩淫辭之端臣下閔之左右結舌可謂明君爲善者君與之賞爲惡者君與之罰因其所以來而報之循其所以進而答之聖人因之故能用之因之循理故能長久今之爲無堯舜之才而慕堯舜之治故終顛殞乎混冥之中而事不覺於昭明之術是以虛慕欲治之名無益亂世之理也

患生於官成病始於少瘳禍生於懈慢孝衰於妻子此四者愼終如始也富必給貧壯必給老快情恣欲必多侈侮故曰尊貴無以高人聰明無以寵

人資給無以先人剛勇無以勝人能履行此可以爲天下君

夫謀莫難於必聽事莫難於必成成必合於數聽必合於情故抱薪加火爍者必先燃平地注水濕者必先濡故曰動之以其類安有不應者獨行之術也

明君立法之後中程者賞缺繩者誅此之謂君曰亂君國曰亡國

智者寂於是非故善惡有别明者寂於去就故進退無類若智不能察是非明不能審去就斯非虛

安
目貴明耳貴聰心貴公以天下之目視則無不見
以天下之耳聽則無不聞以天下之智慮則無不
知得此三術則存於不爲也

(周)鄧析 撰

鄧析子一卷

明刊《十二子》本

鄧析子

崇文總目鄧析子戰國時人漢志二篇初析著書
四篇劉歆有目有一篇凡五歆復校爲二篇
中鄧析書四篇臣叙書一篇凡中外書五篇以相
校除復重爲一篇皆定殺而書可繕寫也鄧析者
鄭人也好刑名操兩可之說設無窮之辭當子產
之世數難子產之法記或云子產起而戮之於春
秋左氏傳昭公二十年而子產卒子太叔嗣爲政
定公八年太叔卒駟歂嗣爲政明年乃殺鄧析而
用其竹刑君子謂子歂於是乎不忠苟有可以加

於國家棄其邪可也靜女之三章取彤管焉竿旄何以告之取其忠也故用其道不棄其人詩之蔽芾甘棠勿剪勿伐召伯所茇思其人猶愛其樹也況用其道不恤其人乎然無以勸能矣竹刑簡法也久遠世無其書子產卒後二十年而鄧析死傳說或稱子產誅鄧析非也其論無厚者言之異同與公孫龍同類謹第一

鄧析子

無厚篇

天於人無厚也君於民無厚也父於子無厚也兄於弟無厚也何以言之天不能屏勃厲之氣全夭折之人使爲善之民必壽此於民無厚也凡民有穿窬爲盜者有詐僞相迷者此皆生於不足起於貧窮而君必執法誅之此於民無厚也堯舜位爲天子而丹朱商均爲布衣此於子無厚也周公誅管蔡此於弟無厚也推此言之何厚之有

循名責實君之事也奉法宣令臣之職也下不得

自擅上操其柄而不理者未之有也君有三累臣有四責何謂三累惟親所信一累以名取士二累近故親疎三累何謂四責受重賞而無功一責居大位而不治二責理官而不平三責御軍陣而奔北四責君無三累臣無四責可以安國

勢者君之輿威者君之策臣者君之馬民者君之輪勢固則輿安威定則策勁臣順則馬良民和則輪利爲國失此必有覆車奔馬折輪敗載之患安得不危

異同之不可別是非之不可定白黑之不可分清

濁之不可理久矣誠聽能聞於無聲視能見於無形計能規於未兆慮能防於未然斯無他也不以耳聽則通於無聲矣不以目視則照於無形矣不以心計則達於無兆矣不以知慮則合於無然矣君者藏形匿影群下無私掩目塞耳萬民恐震循名責實察法立威是明王也夫明於形者分不遇於事察於動者用不失則利故明君審一萬物自定名不可以外務智不可以從他求諸己之謂也

治世位不可越職不可亂百官有司各務其刑上

循名以督實下奉教而不違所美觀其所終所惡
計其所窮喜不以賞怒不以罰可謂治世
夫負重者患塗遠據貴者憂民離負重塗遠者身
疲而無功在上離民者雖勞而不治故智者量塗
而後負明君視民而出政
獵羆虎者不於外圂釣鯨鯢者不居清池何則圂
非羆虎之窟也池非鯨鯢之泉也楚之不泝流陳
之不束麾長盧之不士吕子之蒙耻
夫游而不見敬不恭也居而不見愛不仁也言而
不見用不信也求而不能得無始也謀而不見喜

無理也計而不見從遺道也因勢而發譽則行等
而名殊人齊而得時則力敵而功倍其所以然者
乘勢之在外推辯說非所聽也虛言向非所應也
無益亂非舉也故談者別殊類使不相害序異端
使不相亂諭志通意非務相乖也若飾詞以相亂
匿詞以相亂移非古之辯也
慮不先定不可以應卒兵不閑習不可以當敵廟
筭千里帷幄之奇百戰百勝黃帝之師
死生自命貧富自時怨夭折者不知命也怨貧賤
者不知時也故臨難不懼知天命也貧窮無懾達

時序也凶饑之歲父死於室子死於戶而不相怨者無所顧也同舟渡海中流遇風救患若一所憂同也張羅而畋唱和不差者其利等也故體痛者口不能不呼心悅者顏不能不笑責疲者以舉千鈞兀責者以及走驅逸足於庭求猨捷於檻斯逆理而求之猶倒裳而索領

事有遠而親近而疎就而不用去而反求風此四行明主大憂也

夫水濁則無掉尾之魚政苛則無逸樂之士故令煩則民詐政擾則民不定不治其本而務其末譬

如拯溺錘之以石救火投之以薪
夫達道者無知之道也無能之道也是知大道不
知而中不能而成無有而足守虛責實而萬事畢
忠言於不忠義生於不義音而不收謂之放言出
而不督謂之闇故見其象致其形循其理正其名
得其端知其情若此何往不復何事不成有物者
意也無外者德也有人者行也無人者道也故德
非所覆處非所處則失道非其道不道則諂意無
賢慮無忠行無道言虛如受實萬事畢
夫言榮不若辱非誠辭也得不若失非實談也不

進則退不喜則憂不得則亡此世人之常眞人危
斯十者而爲一矣所謂大辯者別天下之行具天
下之物選善退惡時措其宜而功立德至矣小辯
則不然別言異道以言相射以行相伐使民不知
其要無他故焉故淺知也君子并物而錯之兼塗
而用之五味未嘗而辨於口五行在身而布於人
故何方之道不從面從之義不行治亂之法不用
惔然寬裕蕩蕩然簡易略而無失精詳入纖微也
夫舟浮於水車轉於陸此自然道也有不治者知
不豫焉

夫木擊折轊水戾破舟不怨木石而罪巧拙故不載焉故有知則感德有心則嶮有目則眩是以規矩一而不易不爲秦楚緩節不爲胡越改容一而不邪方行而不流一日形之萬世傳之無爲爲之也

夫自見之明借人見之闇也自聞之聽借人聞之聾也明君知此則去就之分定矣爲君當若冬日之陽夏日之陰萬物自歸莫之使也恬臥而功自成優游而政自治豈在振目搤腕手攫鞭朴而後爲治歟

夫合事有不合者知與未知也合而不結者陽親而陰疎故遠而親者志相應也近而疎者志不合也就而不用者策不得也去而反求者無違行也近而不御者心相乖也遠而相思者合其謀也故明君擇人不可不審士之進趣亦不可不詳

轉辭篇

世間悲哀喜樂嗔怒憂愁久惑於此今轉之在已爲哀在他爲悲在已爲樂在他爲喜在已爲嗔在他爲怒在已爲愁在他爲憂在已若扶之與携謝之與議故之與右諾之與已相去千里也夫言之

術與智者言依於博與博者言依於辯與辯者言依於安與貴者言依於勢與富者言依於豪與貧者言依於利與勇者言依於敢與愚者言依於說此言之術也[redacted]不用在早圖不窮在早稼非所宜言勿言非所宜爲勿爲以避其危非所宜取勿[redacted]取以避其咎非所宜爭勿爭以避其聲一聲而非駟馬勿追一言而急駟馬不及故惡言不出口苟語不留耳此謂君子也

夫任臣之法闇則不任也慧則不從也仁則不親也勇則不近也信則不信也不以人用人故謂之

神怒出於不怒爲出於不爲視於無有則得其所見聽於無聲則得其所聞故無形者有形之本無聲者有聲之母循名責實實之極也按實定名名之極也參以相平轉而相成故得之形名

夫川竭而谷虛丘夷而淵實聖人以死大盜不起天下平而故也聖人不死大盜不止何以知其然爲之斗斛而量之則并斗斛而均之爲之權衡以平之則并與權衡而竊之爲之符璽以信之則并與符璽而功之爲之仁義以教之則并仁義以竊之何以知其然彼竊財誅竊國者爲諸侯諸侯之

門仁義存焉是非竊仁義邪故遂於大盜霸諸侯
此重利也盜跖所不可禁者乃聖人之罪也欲之
與惡善之與善四者變之失恭之與儉敬之與傲
四者失之脩故善素朴任惔憂而無失未有脩焉
此德之永也言有信而不爲信言有善而不爲善
者不可不察也
夫治之法莫大於私不行功莫大於使民不爭今
也立法而行私與法爭其亂也甚於無私立君而
尊愚與君爭其亂也甚於無君故有道之國則私
善不行君立而愚者不尊民一於君事斷於法此

國之道也明君之督大臣緣身而責名緣名而責形緣形而責實臣懼其重誅之至於不敢行其私矣

心欲安靜慮欲深遠心安靜則神策生慮深遠則計謀成心不欲躁慮不欲淺心躁則精神滑慮淺則百事傾

治世之禮簡而易行亂世之禮煩而難遵上古之樂質而不悲當今之樂邪而爲淫上古之民質而敦朴今世之民詐而多行上古象刑而民不犯教有墨劓不以爲恥斯民所以亂多治少也堯置敢

諫之鼓舜立誹謗之木湯有司直之人武有戒慎
之銘此四君子者聖人也而猶若此之勤至于栗
陸氏殺東里子宿沙氏戮箕文桀誅龍逢紂刳比
干四主者亂君故其疾賢若仇是以賢愚之相覺
若百丈之谿與萬仞之山若九地之下與重天之
顚
明君之御民若御奔而無轡履冰而負重親而踈
之踈而親之故畏儉則福生驕奢則禍起聖人逍
遥一世罕匹萬物之形寂然無鞭朴之罰莫然無
叱咤之聲而家給人足天下太平視昭昭知冥冥

推未運覩未然故神而不可見幽而不可見此之謂也

君人者不能自專而好任下則智日困而數日窮迫於下則不能申行隨於國則不能持知不足以爲治威不足以行誅無以與下交矣故喜而使賞不必當功怒而使誅不必值罪不慎喜怒誅賞從其意而欲委任臣下故亡國相繼殺君不絕古人有言衆口鑠金三人成虎不可不察也

夫人情發言欲勝舉事欲成故明者不以其短疾人之長不以其拙病人之工言有善者則而賞之

言有非者顯而罰之塞邪枉之路蕩淫辭之端臣下閔之左右結舌可謂明君爲善者君與之賞爲惡者君與之罰因其所以來而報之循其所以進而答之聖人因之故能用之因之循理故能長久今之爲無堯舜之才而慕堯舜之治故終顛殞乎混冥之中而事不覺於昭明之術是以虛慕欲治之名無益亂世之理也

患生於官成病始於少瘳禍生於懈慢孝衰於妻子此四者慎終如始也富必給貧壯必給老快情恣欲必多後悔故曰尊貴無以高人聰明無以寵

人資給無以先人剛勇無以勝人能履行此可以爲天下君

夫謀莫難於必聽事莫難於必成成必合於數聽必合於情故抱薪加火爍者必先燃平地注水濕者必先濡故曰動之以其類安有不應者獨行之術也

明君立法之後中程者賞缺繩者誅此之謂君曰亂君國曰亡國

智者寂於是非故善惡有別明者寂於去就故進退無類若智不能察是非明不能審去就斯非虛

妄

目貴明耳貴聰心貴公以天下之目視則無不見以天下之耳聽則無不聞以天下之智慮則無不知得此三術則存於不爲也

（周）鄧析　撰

鄧析子一卷

明刊《十二子》本

崇文摠目鄧析子戰國時人漢志二篇初析著書四篇劉歆有目有一篇凡五歆復校爲二篇
中鄧析書四篇臣敘言一篇凡中外書五篇以相校除復重爲一篇皆定殺青而書可繕寫也鄧析者鄭人也好刑名操兩可之說設無窮之辭當子產之世數難子產之法記或云子產起而戮之於春秋左氏傳昭公二十年而子產卒子太叔嗣爲政定公八年太叔卒駟歂嗣爲政明年乃殺鄧析而用其竹刑君子謂子歂於是乎不忠

苟有可以加於國家棄其邪可也靜女之三章取
彤管焉竿旄何以告之取其忠也故用其道不棄
其人詩之蔽芾甘棠勿翦勿伐召伯所茇思其人
猶愛其樹也況用其道不恤其人乎然無以勸能
矣竹刑簡法也久遠世無其書子產卒後二十年
而鄧析死傳說或子產誅鄧析非也其論無厚者
言之異同與公孫龍同類謹第上
晁氏志二卷云其書大旨訐而刻

無厚篇　轉辭篇

是痌懲姑息之說。僑曰故寬難何嘗矛盾。

鄧子

無厚篇

鄭 鄧析 著

天於人無厚也。君于民無厚也。父于子無厚也。兄于弟無厚也。何以言之。天不能屏勃厲之氣。全夭折之人。使爲善之民必壽。此於民無厚也。凡民有穿窬爲盜者。有詐僞相迷者。此皆生於不足。起于貧窮。而君必執法誅之。此於民無厚也。堯舜位爲天子。而丹朱商均爲布衣。此於子無厚也。周公誅管蔡。此於弟無厚也。推此言之。何厚之有。

故與疎俱不可偏

佳論

循名責實君之事也。奉法宣令臣之職也。下不得自擅上操其柄而不理者未之有也。君有三累臣有四責。何謂三累。惟親所信一累。以名取士二累。近故親疎三累。何謂四責。受重賞而無功一責。居大位而不治二責。理官而不平三責。御軍陳而奔北四責。君無三累。臣無四責。可以安國。

勢者君之輿。威者君之策。臣者君之馬。民者君之輪。勢固則輿安。威定則策勁。臣順則馬良。民和則輪利。爲國失此。必有覆車奔馬折輪敗載之患。安

二

不可云難也

彼倆有限不覩聞無窮所謂先一着乎也豈聞声深拱乎

得不危。異同之不可別。是非之不可定。白黑之不可分。清濁之不可理。久矣。誠聽能聞於無聲。視能見於無形。計能規於未兆。慮能防於未然。斯無他也。不以耳聽。則通於無聲矣。不以目視。則照於無形矣。不以心計。則達於無兆矣。不以知慮。則合於未然矣。君者。藏形匿影。羣下無私。掩目塞耳。萬民恐震。循名責實。察法立威。是明王也。夫明於形者。分不遇於事。察於動者。用不失。則利。故明君審一。萬物

刑法也

似漣珠

自定名不可以外務智不可以從他求諸已之謂
也
治世位不可越職不可亂百官有司各務其刑上
循名以督實下奉教而不違所美觀其所終所惡
計其所窮喜不以賞怒不以罰可謂治世
夫負重者患塗遠據貴者憂民離負重塗遠者身
疲而無功在上離民者雖勞而不治故智者量塗
而後負明主視民而出政
獵羆虎者不於外圂釣鯨鯢者不居清池何則圂

二

始猶言引頭

非羆虎之窟也池非鯨鯢之泉也楚之不泝流陳之不束麾長盧之不士呂子之蒙恥

夫游而不見敬不恭也居而不見愛不仁也言而不見用不信也求而不能得無始也謀而不見喜無理也計而不見從遺道也因勢而發譽則等行而名殊人齊而得時則力敵而功倍其所以然者乘勢之在外推辯說非所聽也虛言向非所應也無益亂非舉也故談者別殊類使不相害序異端使不相亂諭志通意非務相乖也若飾詞以相亂

古豈有辯耶

可以顧而不顧則怨

匿詞以相移非古之辯也。慮不先定不可以應卒兵不閑習不可以當敵廟算千里帷幄之奇百戰百勝黃帝之師死生自命貧富自時怨夭折者不知命也怨貧賤者不知時也故臨難不懼知天命也貧窮無懾達時序也凶饑之歲父死於室子死於戶而不相怨者無所顧也同舟渡海中流遇風救患若一所憂同也張羅而畋唱和不差者其利等也故體痛者口不能不呼心悅者顏不能不笑責疲者以舉千

詰訊不安時命者

同鬼谷風習以成風也

總是有心合道去道便遠

鈞責亢者以及走兔驅逸足於庭求猨捷於檻斯逆理而求之猶倒裳而索領事有遠而親近而疎就而不用去而反求凡此四行明主大憂也

夫水濁則無掉尾之魚政苛則無逸樂之士故令煩則民詐政擾則民不定不治其本而務其末譬如拯溺錘之以石救火投之以薪

夫達道者無知之道也無能之道也是知大道不知而中不能而成無有而足守虛責實而萬事畢

忠言於不忠義生於不義音而不收謂之放言出
而不督謂之闇故見其象致其形循其理正其名
得其端知其情若此何往不復何事不成有物者
意也無外者德也有人者行也無人者道也故德
非所履處非所處則失道非其道不道則諂意無
賢慮無忠行無道言虛如受實萬事畢
夫言榮不若辱非誠辭也得不若失非實談也不
進則退不喜則憂不得則亾此世人之常真人危
斯十者而爲一矣所謂大辯者別天下之行具天

下之物。選善退惡。時措其宜。而功立德至矣。小辯
則不然。別言異道。以言相射。以行相伐。使民不知
其要。無他故焉。故淺知也。君子并物而錯之。兼塗
而用之。五味未嘗而辯於口。五行在身而布於人。
故何方之道不從。面從之義不行。治亂之法不用。
惔然寬裕。蕩然簡易。略而無失。精詳入纖微也。
夫舟浮於水、車轉於陸、此自然道也、有不治者知
不豫焉、
夫木擊折轊。水戾破舟。不怨木石而罪巧拙。故不

都在所以然處用功便是為政以德

竟同鬼谷忘疑志字誤

載焉故有知則惑有心則嶮有目則眩是以規矩一而不易不為秦楚緩節不為胡越改容一而不邪方行而不流一日形之萬世傳之無為為之也夫自見之明借人見之闇也自聞之聰借人聞之聾也明君知此則去就之分定矣為君當若冬日之陽夏日之陰萬物自歸莫之使也恬臥而功自成優游而政自治豈在振目搤腕手據鞭朴而後為治歟

夫合事有不合者知與未知也合而不結者陽親

兩人憂喜以爲己憂喜縱橫之訣一分他己便去千里

而陰疎○故遠而親者志相應也○近而疎者志不合也○就而不用者策不得也○去而反求者無違行也○近而不御者心相乖也○遠而相思者合其謀也○故明君擇人不可不審士之進趣亦不可不詳

轉辭篇

世間悲哀喜樂嗔怒憂愁○久惑於此○今○轉○之○在○已○爲哀在他○爲悲在已○爲樂在他○爲喜在已○爲嗔在他爲怒在已○爲愁在他○爲憂在已○若扶之與攜謝之與議○故之與右○諸之與已○相去千里也○夫言之

穀惡斂也

然駕馭之所以異器使

術與智者言依於功與博者言依於辯與辯者言
依於安與貴者言依於勢與富者言依於豪與貧
者言依於利與勇者言依於敢與愚者言依於說
此言之術也不用在蚤圖不窮在蚤稼非所宜言
勿言非所宜爲勿爲以避其危非所宜取勿取以
避其咎非所宜爭勿爭以避其聲一聲而非駟馬
勿追一言而急駟馬不及故惡言不出口苟語不
留耳此謂君子也
夫任臣之法闇則不任也慧則不從也仁則不親

二

莊子語便覺久習而厭

也勇則不近也信則不信也不以人用人故謂之神怒出於不怒爲出於不爲視於無有則得其所見聽於無聲則得其所聞故無形者有形之本無聲者有聲之母循名責實實之極也按實定名名之極也參以相平轉而相成故謂之形名

夫川竭而谷虛丘夷而淵實聖人以死大盜不起天下平而故也聖人不死大盜不止何以知其然爲之斗斛而量之則并斗斛而均之爲之權衡以平之則并與權衡而竊之爲之符璽以信之則并

桀疑禁

故知不惡聖人惡偽學

與符璽而竊之、爲之仁義以教之、則并仁義以竊之、何以知其然、彼竊財誅、竊國者爲諸侯、諸侯之門仁義存焉、是非竊仁義耶、故遂以大盜覇諸侯、此重利也、盜跖所不可桀者、乃聖人之罪也、欲之與惡善之與惡、四者變之失、恭之與儉、敬之與傲、四者失之修、故善素朴任憿憂而無失、未有修焉、此德之永也、言有信而不爲信、言有善而不爲善者不可不察也。夫治之法莫大於私不行功莫大於使民不爭今

二

也立法而行私與法爭其亂也甚於無法立君而尊愚與君爭其亂也甚於無君故有道之道則私善不行君立而愚者不尊民一於君事斷於法此國之道也明君之督大臣緣身而責名緣名而責形緣形而責實臣懼其重誅之至於是不敢行其私矣

心欲安靜慮欲深遠心安靜則神策生慮深遠則計謀成心不欲躁慮不欲淺心躁則精神滑慮淺則百事傾治世之禮簡而易行亂世之禮煩而難

武銘見大戴記其文工絕

覺較也

遵上古之樂質而不悲當今之樂邪而爲淫上古之民質而敦朴今世之民詐而多行上古象刑而民不犯教有羣劓不以爲恥斯民所以亂多治少也堯置敢諫之鼓舜立誹謗之木湯有司直之人武有戒慎之銘此四君子者聖人也而猶若此之勤至於栗陸氏殺東里子宿沙氏戮箕文桀誅龍逢紂刳比干四主者亂君故其疾賢若仇是以賢愚之相覺若百丈之谿與萬仞之山若九地之下與重山之顛

得力在此耶
空寂也

明君之御民，若御奔而無轡，履氷而負重，親而疏之，疏而親之。故畏儉則福生，驕奢則禍起。聖人逍遙一世，罕匹萬物之形，寂然無鞭朴之罰，莫然無叱咤之聲，而家給人足，天下太平。視昭昭，知冥冥，推未運，睹未然，故神而不可見，幽而不可見，此之謂也。

君人者不能自專而好任下，則智日困而數日窮。迫於下則不能申行，隨於國則不能持知，不足以爲治，威不足以行誅，無以與下交矣。故喜而使賞

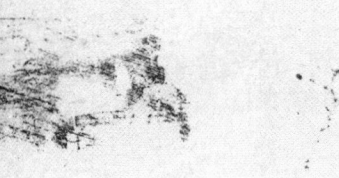

結見人言不可任

閉進叙無否滯之言汲顯間敏閉同稱

不必當功怒而使誅不必值罪不慎喜怒誅賞從其意而欲委任臣下故亾國相繼殺君不絕古人有言衆口鑠金三人成虎不可不察也

夫人情發言欲勝舉事欲成故明者不以其短疾人之長不以其拙病人之工言有善者則而賞之言有非者顯而伐之塞枉邪之路蕩淫辭之端臣下閉之左右結舌可謂明君爲善者君與之賞爲惡者君與之罰因其所以來而報之循其所以進而荅之聖人因之故能用之因之循理故能長久

二

名譏

先人所爲
清畏又知

今之爲君無堯舜之才而慕堯舜之治故終顛殞乎混冥之中而事不覺於昭明之術是以虛慕欲治之名無益亂世之理也

患生於官成病生於少瘳禍生於懈慢孝衰於妻子此四者慎終如始也富必給貧壯必給老快情恣欲必多侈傷故曰尊貴無以高人聰明無以寵人資給無以先人剛勇無以勝人能履行此可以爲天下君

夫謀莫難於必聽事莫難於必成成必合於數聽

々訊其拘而無術也

必合於情故抱薪加火爍者必先然平地注水濕者必先濡故曰動之以其類安有不應者獨行之術也

明君立法之後中程者賞缺繩者誅此之謂君曰亂君國曰亾國

智者寂於是非故善惡有別明者寂於去就故進退無類若智不能察是非明不能審去就斯謂虛妄

目貴明耳貴聰心貴公以天下之目視則無不見

以天下之耳聽則無不聞以天下之智慮則無不知得此三術則存於不爲也

此書理得老氏之至者。不欲有居於厚。尤是有把握處。讀書不玩其前後通脈。而偶摘字句為高下。作者之意。沉沒終古而不得神也。豈獨子書矣夫

（周）鄧析　撰

鄧析子二卷

明刊本

崇文總目鄧析子戰國時人漢志二篇初析著書四篇劉歆有目有一篇凡五歆復校為二篇

晁氏曰鄧析二篇文字訛缺或以繩為澠以巧為功頗為是正其謬且撮其旨意而論之曰先王之世道德脩明以仁為本以義為輔誥命謨訓則著之書諷誦箴規則寓之詩禮樂以彰善春秋以懲惡其始雖若不同而其歸則合猶天地之位殊而育物之化均寒暑之氣異而成歲之功一豈非出於道德而然邪自文武既沒王者不

作道德晦昧於天下而仁義幾於熄百家之說蜂起各求自附於聖人而不見夫道之大全以其私知臆說譁世而惑衆故九流皆出於晚周其書各有所長而不能無所失其長盖或有見於聖人而所失盖各奮其私知故明者審取舍之而已然則析之書豈可盡廢哉左傳曰駟歂殺析而用其竹刑班固録析書於名家之首則析之學盖兼名法家也今其大旨訐而刻真其言無可疑者而其間時勦取他書頗駁雜不倫豈後人附益之與高氏子略曰劉向

曰非子產殺鄧析推春秋驗之按左氏魯定公八年鄭駟歂嗣子太叔為政明年殺鄧析而用其竹刑君子謂歂嗣於是為不忠考其行事固莫能詳觀其立言其曰天於人無厚君於民無厚又曰勢者君之輿威者君之策其意義蓋有出於申韓之學者矣班固藝文志乃列之名家列子固嘗言其操兩可之說設無窮之辭數難子產之法而子產誅之蓋則與左氏異矣荀子又言其不法先王不是禮義察而不惠辯而無用則亦流於申韓矣夫傳者乃曰歂

殺鄧析是爲不忠鄭以衰弱夫鄭之所以爲國者有若裨諶草創之世叔討論之東里子產潤色之庶幾於古矣子產之告太叔曰有德者能以寬服人其次莫如猛子産惠人也固已不純乎德他何足論哉不只竹刑之施而民懼且駭嗚呼春秋以来列國綦錯不以利勝則以威行與其民揉轥於爭抗侵淩之威豈復知所謂仁漸義摩者其民若矣固有惠而不知爲政者豈不賢於以薄爲度以威爲神乎析之見殺雖欲之過亦鄭之福也

鄧析子序

中鄧析書四篇臣叙書一篇凡中外書五篇以相校除復重爲一篇皆定殺而書可繕寫也鄧析者鄭人也好刑名操兩可之說設無窮之辭當子產之世數難子產之法記或云子產起而戮之於春秋左氏傳昭公二十年而子產卒子太叔嗣爲政定公八年太叔卒駟顓嗣爲政明年乃殺鄧析而用其竹刑君子謂子然於是乎不忠苟有可以加於國家棄其邪可也靜女之三章取彤管焉竿旄何以告之取其忠也

故用其道不棄其人詩之蔽芾甘棠勿翦勿伐召伯所茇思其人猶愛其樹也况用其道不恤其人乎然無以勸能矣竹刑簡法也久遠世無其書子產卒後二十年而鄧析死傳說或稱子產誅鄧析非也其論無厚者言之異同與公孫龍同類謹第一

鄧析子卷上

無厚篇

天於人無厚也君於民無厚也父於子無厚也兄於弟無厚也何以言之天不能屏勃厲之氣全天折之人使為善之民必壽此於民無厚也凡民有穿窬為盜者有詐偽相迷者此皆生於不足起於貧窮而君必執法誅之此於民無厚也堯舜位為天子而丹朱商均為布衣此於子無厚也周公誅管蔡此於弟無厚也推此言之何厚之有

循名責實君之事也奉法宣令臣之職也下不得自擅上操其柄而不理者未之有也君有三累臣有四責何謂三累惟親所信一累以名取士二累近故親踈三累何謂四責受重賞而無功一責居大位而不治二責理官而不平三責御軍陣而奔背四責君無三累臣無四責可以安國

勢者君之輿威者君之策臣者君之馬民者君之輪勢固則輿安威定則策勁臣順則馬良民和則輪利為國失此必有覆車奔馬折輪敗載之者安得不危異同之不

可別是非之不可定白黑之不可分清濁之不可理久矣斯誠明聽能聞於無聲視能見於無形計能規於未兆慮能防於未然斯無他也不可耳聽則通於無形矣不以心計則達於無兆矣不以知慮則合於無然矣君者藏形匿影羣下無私掩目塞耳萬民恐震

循名責實察法立威是明王也夫明於形者分不遇於事察於動者用不失其利故明君審一萬物自定名不可以外務智不可以從他求諸己之謂也

治世位不可越職不可亂百官有司各務
其刑上循名以督實下奉教而不違所美
觀其所終所惡計其所窮喜不以賞怒不
以罰可謂治世
夫負重者患塗遠據貴者憂民離負重塗
遠者身疲而無功在上離民者雖勞而不
治故智者量塗而後負明君視民而出政
獵羆虎者不於外圂釣鯨鯢者不居淸池
何則圂非羆虎之處也池非鯨鯢之泉也
楚之不泝流陳之不束麾長盧之不士呂
子之蒙耻

夫游而不見敬。不恭也。居而不見愛。不仁也。言而不見用。不信也。求而不能得。無始也。謀而不見喜。無理也。計而不見從。遺道也。因勢而發譽。則行等而名殊。人齊而得時則力敵而功倍。其所以然者。乘勢之在外推辯說非所聽也。虛言向非所應也。無益亂非舉也。故談者別殊類。使不相害。序異端。使不相亂。諭志通意。意非務相乘也。若飾詞以相亂。匿詞以相移。非古之辯也。

慮不先定。不可以應卒。兵不閑習。不可以

當敵廟勝千里帷幄之奇百戰百勝黃帝
之師
死生自命貧富自時怨夭折者不知命也
怨貧賤者不知時也故臨難不懼知天命
也貧窮無懾達時序也凶飢之歲父死於
室子死於戶而不相怨者無所顧也同舟
渡海中流遇風救患若一所憂同也張羅
而略唱和不差者其利等也故體痛者口
不能不呼心悅者顏不能不笑責疲者以
舉千鈞冗者以及走乎驅逸足於庭求猨
捷於檻斯逆理而求之猶倒裳而索領

事有遠而親近而踈就而不用去而反求
凡此四行明主大憂也
夫水濁則無掉尾之魚政苛則無逸樂之
士故令煩則民詐政擾則民不定不治其
本而務其末譬如拯溺錘之以石救火投
之以薪
夫達道者無知之道也無能之道是知大
道不知而中不能無成無有而足守虛責
實而萬事畢
忠言於不忠義生扵不義音而不收謂之
放言出而不督謂之闇故見其象致其形

循其理正其名得其端知其情若此何往
不復何事不成有物者意也無外者德也
有人者行也無人者道也故德非所履處
非所處則失道非其道不道則諂意無賢
慮無患行無道言虛如受實萬事畢
夫言榮不若辱非誠辭也得不若失非實
談也不進即退不喜則憂不得則亡此世
人之常真人危斯十者而為一矣所謂大
辯者別天下之行具天下之物選善退惡
時措其宜而功立德至矣小辯則不然別
言異道以言相射以行相伐使民不知其

要無他故焉故淺知也君子并物而錯之
兼塗而用之五味未嘗而[redacted]於口五行在
身而布於人故何方之道不從面從之義
不行治亂之法不用惔然寬裕蕩然簡易
略而無失精詳入纖微也
夫舟浮於水車轉於陸此自然道也有不
治者知不豫焉
夫木擊折轉水戾破舟不怨木石而罪巧
拙故不載焉故有知則感德有心則嶮有
目則眩是以規矩一而不易不爲秦楚緩
節不爲胡越改容一而不邪方行而不流

一曰形之萬世傳之無爲爲之也
夫自見之明借人見之闇也自聞之聰借人聞之聾也明君知此則去就之分定矣爲君當若冬日之陽夏日之陰萬物自歸莫之使也恬臥而功自成優游而政自治豈在振目搤腕乎摽鞭朴而後爲治歟
夫合事有不合者知與未知也合而不結者陽親而陰踈故遠而親者志相應也近而踈者志不合也就而不用者策不得也去而反求者無違行也近而不御者心相乖也遠而相思者合其謀也故明君擇人

不可不審士之進趣亦不可不詳

鄧析子卷上

鄧析子卷下

轉辭篇

世間悲哀喜樂嗔怒憂愁久惑於此今轉之在己爲哀在他爲悲在己爲樂在他爲喜在己爲嗔在他爲怒在己爲愁在他爲憂在己若扶之與攜謝之與議故之與右諾之與已相去千里也夫言之術與智者言依於博與博者言依於辯與辯者言依於安與貴者言依於勢與富者言依於豪與貧者言依於利與勇者言依於敢與愚者言依於說此言之術也　不用在早圖不

窮在早豫非所宜言勿言非所宜為勿為以避其危非所宜取勿取以避其咎非所宜爭勿爭以避其聲一聲而非罵勿追一言而怨罵不及。故惡言不出口。苟語不留耳。此謂君子也

夫任臣之法闇則不任也慧則不從也仁則不親也勇則不近也信則不信也不以人用人故謂之神怒出於不怒為出於不為視於無有則得其所見聽於無聲則得其所聞故無形者有形之本無聲者有聲之毋循名責實實之極也按實定名名之

經也參以相平轉而相成故得之形名夫川竭而谷虛丘夷而淵實聖人以死大盜不起天下平而故也聖人不死大盜不止何以知其然為之斗斛而量之則并斗斛而均之為之權衡以平之則并與權衡而竊之為之符璽以信之則并與符璽而功之為之仁義以教之則并仁義以竊之何以知其然彼竊財誅竊國者為諸侯諸侯之門仁義存焉是非竊仁義耶故遂於大盜覇諸侯此重利也盜跖所不可禁者乃聖人之罪也欲之與惡喜之與善四者

變之失恭之與儉故之與傲四者失之修故善素朴任惔憂而無失未有修焉此德之永也言有信而不為信言有善而不為善者不可不察也

夫治之法莫大於私不行功莫大於使民不爭今也立法而行私與法爭其亂也甚於無私立君而尊愚與君爭其亂也甚於無君故有道之國則私善不行君立而愚者不尊民一於君事斷於法此國之道也

明君之措大臣緣身而責名緣名而責形緣形而責實臣懼其重誅之至於不敢行

其私矣
心欲安静慮欲深遠心安静則神策生慮
深遠則計謀成。心不欲躁。慮不欲淺心躁
則精神滑慮淺則百事傾
治世之禮簡而易行亂世之禮煩而難遵
上古之樂質而不悲當今之樂邪而為淫
上古之民質而敦朴今世之民詐而多行
上古象刑而民不犯教有墨劓不以為恥
斯民所以亂多治少也。堯置敢諫之鼓。舜
立誹謗之木。湯有司直之人。武有戒慎之
銘。此四君子者聖人也而猶若此之勤至

于栗陸氏殺東里子宿沙文戮箕文。桀誅龍逢。紂刳比干。四主者亂君故其疾賢若仇。是以賢愚之相覺。若百丈之谿與萬仞之山若九地之下與重天之顛。

明君之御民若御奔而無轡履氷而負重親而踈之踈而親之故畏俻則福生。驕奢則禍起。聖人逍遥一世宰匹萬物之形寂然無鞭朴之罰漠然無呪咤之聲而家給人足。天下太平。視昭昭知冥冥。推未運。覩未然故神而不可見。幽而不可見。此之謂也

君人者不能自專而好任下則智日困而
數日窮迫於下則不能申行隨於國則不
能持知不足以為治威不足以行誅則無
以與下交矣故喜而使賞不必當功怒而
使誅不必值罪不慎喜怒誅賞從其意而
欲委任臣下故亡國相繼殺君不絶古人
有言衆口鑠金三人成虎不可不察也
夫人情發言欲勝舉事欲成故明者不以
其短疾人之長不以其拙病人之工言有
善者則而賞之言有非者顯而罰之塞邪
枉之路蕩淫辟之端臣下閔之左右結舌

可謂明君為善者君與之賞為惡者君與之罰因其所以來而報之循其所以進而答之聖人因之故能用之因之循理故能長久今之為無堯舜之才而慕堯舜之治故終顛殞乎混冥之中而事不覺於昭明之術是以虛慕欲治之名無益亂世之理也

患生於官成病始於少瘳禍生於懈慢孝衰於妻子此四者慎終如始也富必給貧壯必給老快情恣欲必多侈侮故曰尊貴無以高人聰明無以寵人資給無以先人

剛勇無以勝人能履行此可以為天下君
夫謀莫難於必聽事莫難於必威威必合
於數聽必合於情故抱薪加火爍者必先
燃平地注水濕者必先濡故曰動之以其
類安有不應者獨行之術也
明君立法之後中程者賞缺繩者誅此之
謂君曰亂君國曰亡國
智者寂於是非故善惡有別明者寂於去
就故進退無類若智不能察是非明不能
審去就斯非虛妄
目貴明耳貴聰心貴 以天下之目視則

無不見以天下之耳聽則無不聞以天下
之知慮則無不知得此四術則存於不為
也

鄧析子卷下終

鄧析子二卷鄭人鄧析撰析操兩可之說設無窮之辭當子産之世數難子産之法子産卒後二十一年駟歂為政殺鄧析而用其竹刑夫析之學兼名法家者也其言天於民無厚君於民無厚父於子無厚兄於弟無厚刻矣夫民非天弗生非君弗養非父弗親非兄弗友而謂之無厚可乎所謂不能屏勃厲全夭折執穿窬詐偽誅之堯舜位為天子而丹朱商均為布衣周公誅管蔡豈誠得已哉非常也變也析之所言如此真不法先王不是禮義而好治怪

說者執其被誅戮宜也非不幸也右見金華宋學士先生所著諸子辯睢陽朱夏日南録附鄧析子後

鄧子一卷

（周）鄧析 撰

清道光十三年（1833）王氏棠蔭館刊《二十二子全書》本

周鄧析撰

鄧子

棠蔭館藏板

鄧子序

昔人謂東方曼倩學不純師余于鄧析子亦云從來虛無則老莊司化刑名則商韓執契經濟則敬仲持窾飛箝捭闔則鬼谷導機蓋悉有專門各不相借凜凜乎如畫界而守也今觀是書則經緯相雜元黃互陳宮商迭奏初無定質其言神不可見幽不可見智者寂於是非明者寂於去就則鬼谷子家言也其言百官有司各務其刑循名責實察法立威則商韓氏意也其言達道者無知之道無能之道聖人以死大

盜不起則漆園語也其言必欲安靜慮欲深遠尊貴無以高人聰明無以寵人資給無以先人剛勇無以勝人則柱下史知雄守雌知白守黑之遺敎也至云藏形匿影羣下無私明君視民而出政又云民一于君事斷于法君人者不能自專而好任下則智日困而數日窮則又皆管大夫不失政柄君臣明法之旨也然篇中多御轡厲臣之語鄧析殆長于治國者與雖其書合纂組以成文然皆幾幾乎道可謂列素黠絢流潤發彩言之成服者矣成都楊愼撰

鄧子序

鄧析子五篇鄧析子鄭人也或云數難子產之政子產戮之按左氏駟顓嗣子太叔爲政始殺析其人不足論其文辭戰國策士倪耳循名責實察法立威先申韓而鳴者也至謂天於人父於子兄於弟俱無厚者何哉先王之用刑也本於愛析之用刑也本於無厚於乎誅晚矣轉辭篇與智者言依于辯數語同鬼谷子豈後人傳其旨苟益其辭也耶要之小人之言往往出于機心之發故不甚相遠耳呂氏春秋記析

嘗敎獲溺屍者購逆屍者交勝而不可窮固市井舞
文之魁也孰謂駟顛失刑哉弇州山人序

鄧子

周　鄧　析　撰

無厚篇

天於人無厚也君於民無厚也父於子無厚也兄於弟無厚也何以言之天不能屏勃厲之氣全夭折之人使爲善之民必壽此於民無厚也凡民有穿窬爲盜者有詐僞相迷者此皆生於不足起於貧窮而君必執法誅之此於民無厚也堯舜位爲天子而丹朱商均爲布衣此於子無厚也周公誅管蔡此於弟無

厚也推此言之何厚之有

循名責實君之事也奉法宣令臣之職也下不得自擅上操其柄而不理者未之有也君有三累臣有四責何謂三累惟親所信一累以名取士二累近故親疏三累何謂四責受重賞而無功一責居大位而不治二責理官而不平三責御軍陣而奔北四責君無三累臣無四責可以安國

勢者君之輿威者君之策臣者君之馬民者君之輪勢固則輿安威定則策勁臣順則馬良民和則輪利

爲國失此必有覆車奔馬折輪敗載之患安得不危
異同之不可別是非之不可定白黑之不可分清濁
之不可理久矣誠聽能聞於無聲視能見於無形計
能規於未兆慮能防於未然斯無他也不以耳聽則
通於無聲矣不以目視則照於無形矣不以心計則
達於無兆矣不以知慮則合於未然矣君者藏形匿
影羣下無私掩目塞耳萬民恐震
循名責實察法立威是明王也夫明於形者分不遇
於事察於動者用不失則利故明君審一萬物自定

名不可以外務智不可以從他求諸己之謂也

治世位不可越職不可亂百官有司各務其刑上循名以督實下奉敎而不違所美觀其所終所惡計其所窮喜不以賞怒不以罰可謂治世

夫負重者患塗遠據貴者憂民離負重塗遠者身疲而無功在上離民者雖勞而不治故智者量塗而後負明君視民而出政

獵羆虎者不於外圂釣鯨鯢者不於淸池何則圂非羆虎之窟也池非鯨鯢之泉也楚之不泝流陳之不

東麾長盧之不士呂子之蒙耻

夫游而不見敬不恭也居而不見愛不仁也言而不見用不信也求而不能得無始也謀而不見喜無理也計而不見從遺道也因勢而發譽則行等而名殊人齊而得時則力敵而功倍其所以然者乘勢之在外推辯說非所聽也虛言向非所應也無益亂非舉也故談者別殊類使不相害序異端使不相亂諭志通意非務相乖也若飾詞以相亂匿詞以相移非古之辯也

慮不先定不可以應卒兵不閑習不可以當敵廟算千里帷幄之奇百戰百勝黃帝之師

死生自命貧富自時怨夭折者不知命也怨貧賤者不知時也故臨難不懼知天命也貧窮無懾達時序也凶饑之歲父死於室子死於戶而不相怨者無所顧也同舟渡海中流遇風救患若一所憂同也張羅而畋唱和不差者其利等也故體痛者口不能不呼心悅者顏不能不笑責疲者以舉千鈞責兀者以及走兎驅逸足於庭求猨捷於檻斯逆理而求之猶倒

裳而索領
事有遠而親近而疎就而不用去而反求風此四行
明主大憂也
夫水濁則無掉尾之魚政苛則無逸樂之士故令煩
則民詐政擾則民不定不治其本而務其末譬如拯
溺錘之以石救火投之以薪
夫達道者無知之道也無能之道也是知大道不知
而中不能而成無有而足守虛責實而萬事畢忠言
於不忠義生於不義音而不收謂之放言出而不督

謂之闇故見其象致其形循其理正其名得其端知其情若此何往不復何事不成有物者意也無外者德也有人者行也無人者道也故德非所履處非所處則失道非其道不道則諂意無賢慮無忠行無道言虛如受實萬事畢

夫言榮不若辱非誠辭也得不若失非實談也不進則退不喜則憂不得則亡此世人之常眞人危斯十者而爲一矣所謂大辯者別天下之行具天下之物選善退惡時措其宜而功立德至矣小辯則不然別

言異道以言相射以行相伐使民不知其要無他故焉故淺知也君子并物而錯之兼塗而用之五味未嘗而辨於口五行在身而布於人故何方之道不從面從之義不行治亂之法不用惔然寬裕蕩然簡易略而無失精詳入纖微也

夫舟浮於水車轉於陸此自然道也有不治者知不豫焉

夫木擊折轊水戾破舟不怨木石而罪巧拙故不載焉故有知則惑有心則嶮有目則眩是以規矩一而

不易不爲秦楚緩節不爲胡越改容一而不邪方行
而不流一日形之萬世傳之無爲爲之也
夫自見之明借人見之闇也自聞之聰借人聞之聾
也明君知此則去就之分定矣爲君當若冬日之陽
夏日之陰萬物自歸莫之使也恬卧而功自成優游
而政自治豈在振目搤腕手據鞭朴而後爲治歟
夫合事有不合者知與未知也合而不結者陽親而
陰踈故遠而親者忘相應也近而疎者忘不合也就
而不用者策不得也去而反求者無違行也近而不

御者必相乖也遠而相思者合其謀也故明君擇人不可不審士之進趣亦不可不詳

轉辭篇

世間悲哀喜樂嗔怒憂愁久惑於此今轉之在已爲哀在他爲悲在已爲樂在他爲喜在已爲嗔在他爲怒在已爲愁在他爲憂在已若扶之與攜謝之與議故之與右諾之與已相去千里也夫言之術與智者言依於博與博者言依於辯與辯者言依於安與貴者言依於勢與富者言依於豪與貧者言依於利與

勇者言依於敢與愚者言依於說此言之術也不用在早圖不窮在早稼非所宜言勿言非所宜爲勿爲以避其危非所宜取勿取以避其咎非所宜爭勿爭以避其聲一聲而非駟馬勿追一言而急駟馬不及故惡言不出口苟語不留耳此謂君子也

夫任臣之法闇則不任也慧則不從也仁則不親也勇則不近也信則不信也不以人用人故謂之神怒出於不怒爲出於不爲視於無有則得其所見聽於無聲則得其所聞故無形者有形之本無聲者有聲

之母循名責實實之極也按實定名名之極也叅以
相平轉而相成故得之形名
夫川竭而谷虛丘夷而淵實聖人以死大盜不起天
下平而故也聖人不死大盜不止何以知其然爲之
斗斛而量之則并斗斛而竊之爲之權衡以平之則
并與權衡而竊之爲之符璽以信之則并與符璽而
竊之爲之仁義以敎之則并仁義而竊之何以知其
然彼竊財誅竊國者爲諸侯諸侯之門仁義存焉是
非竊仁義邪故遂於大盜霸諸侯此重利也盜跖所

不可桀者乃聖人之罪也欲之與惡善之與惡四者變之失恭之與儉敬之與傲四者失之修故善素朴任惔憂而無失未有修焉此德之永也言有信而不爲信言有善而不爲善者不可不察也

夫治之法莫大於私不行功莫大於使民不爭今也立法而行私與法爭其亂也甚於無法立君而爭愚與君爭其亂也甚於無君故有道之國則私善不行君立而愚者不尊民一於君事斷於法此國之道也

明君之督大臣緣身而責名緣名而責形緣形而責

實臣懼其重誅之至於是不敢行其私矣
心欲安靜慮欲深遠心安靜則心策生慮深遠則計
謀成心不欲躁慮不欲淺心躁則精神滑慮淺則百
事傾治世之禮簡而易行亂世之禮煩而難遵上古
之樂質而不悲當今之樂邪而爲淫上古之民質而
敦朴今世之民詐而多行上古象刑而民不犯教有
墨劓不以爲耻斯民所以亂多治少也堯置敢諫之
鼓舜立誹謗之木湯有司直之人武有戒慎之銘此
四君子者聖人也而猶若此之勤至於栗陸氏殺東

里子宿沙氏戮箕文桀誅龍逢紂刳比干四主者亂君故其疾賢若仇是以賢愚之相覺若百丈之谿與萬仞之山若九地之下與重山之顛

明君之御民若御奔而無轡履氷而負重親而疎之疎而親之故畏儉則福生驕奢則禍起聖人逍遥一世罕匹萬物之形寂然無鞭朴之罰莫然無叱咤之聲而家給人足天下太平視昭昭知冥冥推未運覩未然故神而不可見幽而不可見此之謂也

君人者不能自專而好任下則智日困而數日窮迫

於下則不能申行隨於國則不能持知不足以爲治威不足以行誅無以與下交矣故喜而使賞不必當功怒而使誅不必值罪不慎喜怒誅賞從其意而欲委任臣下故亡國相繼殺君不絕古人有言衆口鑠金三人成虎不可不察也

夫人情發言欲勝舉事欲成故明者不以其短疾人之長不以其拙病人之工言有善者則而賞之言有非者顯而罰之塞邪枉之路蕩淫辭之端臣下閔之左右結舌可謂明君爲善者君與之賞爲惡者君與

之罰因其所以來而報之循其所以進而答之聖人因之故能用之因之循理故能長久今之為君無堯舜之才而慕堯舜之治故終顛殞乎混冥之中而事不覺於昭明之術是以虛慕欲治之名無益亂世之理也

患生於官成病始於少瘳禍生於懈慢孝衰於妻子此四者慎終如始也富必給貧壯必給老快情恣欲必多後悔故曰尊貴無以高人聰明無以寵人資給無以先人剛勇無以勝人能履行此可以為天下君

夫謀莫難於必聽事莫難於必成成必合於數聽必
合於情故抱薪加火爍者必先燃平地注水濕者必
先濡故曰動之以其類安有不應者獨行之術也
明君立法之後中程者賞缺繩者誅此之謂君曰亂
君國曰亡國
智者寂於是非故善惡有別明者寂於去就故進退
無類若智不能察是非明不能審去就斯謂虛妄
目貴明耳貴聰心貴公以天下之目視則無不見以
天下之耳聽則無不聞以天下之智慮則無不知得

此三術則存於不爲也

鄧子小引

骨填肉補之藥長於養體益壽而不可以救暍溺之急務寬含垢之政可以涖敦御朴而不可以拯衰弊之變此鄧析一書所由作也或謂子産殺其身而用其言倘亦疑其無厚一論微有過情焉者乎今讀其書雖覺仁氣少而義氣多然其通練精深之言眞可與申商竝垂不朽余故與躬三次第行之若欲以此入文士之胸發其筆光舌電則余何敢乙丑長至日

西湖張鴻舉漫題於竹浪館

登亍小引

鄧析子一卷

（周）鄧析 撰

清道光十九年（1839）金山錢氏據《借月山房彙抄》刊版重編《指海》本

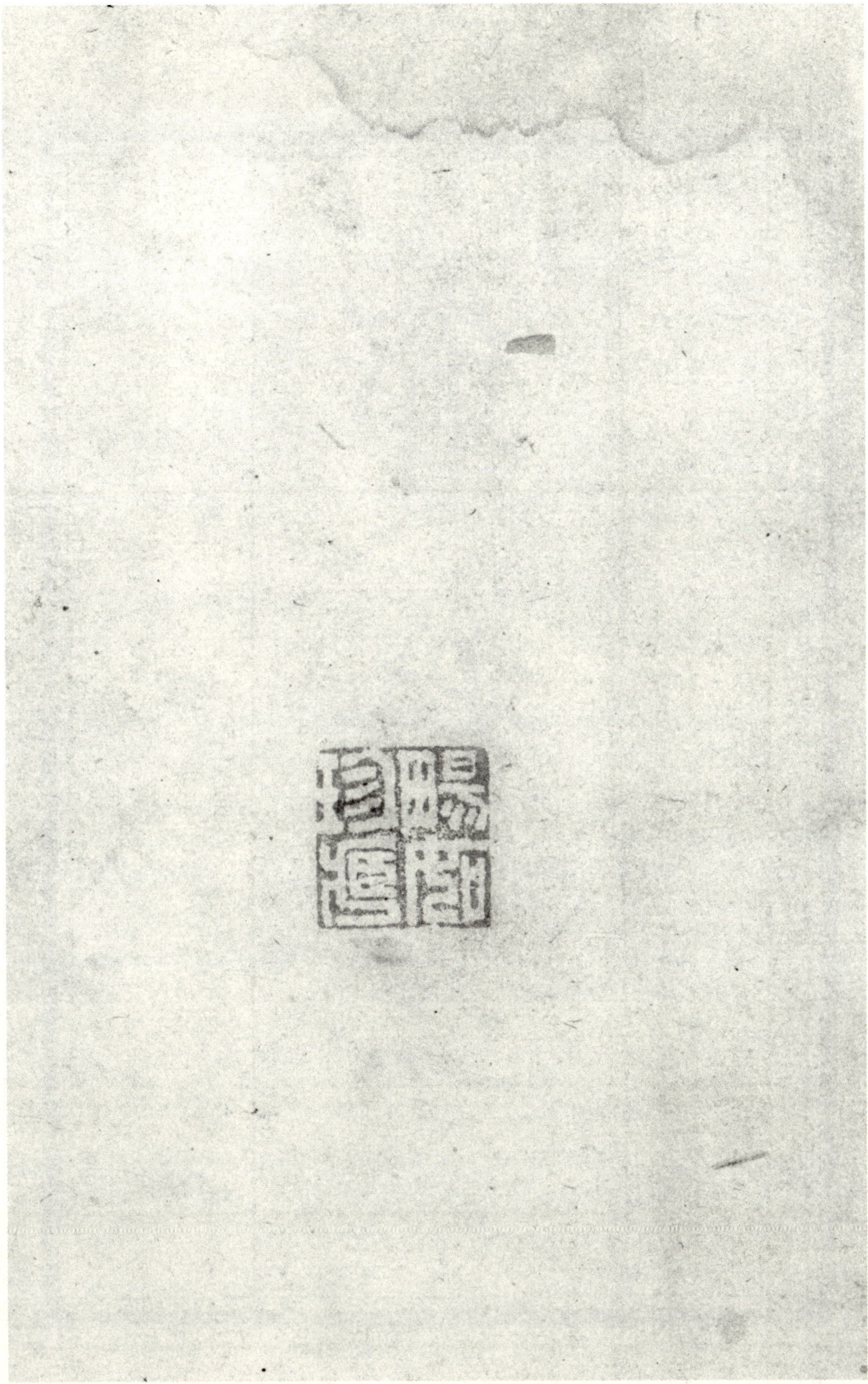

鄧析子

欽定四庫全書提要

鄧析子一卷周鄧析撰析鄭人列子力命篇曰鄧析操兩可之說設無窮之詞子產執政作竹刑鄭國用之數難子產之治子產屈之子產執而戮之俄而誅之劉歆奏上其書案高似孫子略誤以此奏爲劉向今據書錄解題改正則曰於春秋左氏傳昭公二十年而子產卒子太叔嗣爲政定公八年太叔卒駟歂嗣爲政明年乃殺鄧析而用其竹刑然則列子爲誤矣其書漢志作二篇今本仍分無厚轉辭二篇而併爲一

卷然其文節次不相屬似亦掇拾之本也其言如天於人無厚君於民無厚父於子無厚兄於弟無厚勢者君之輿威者君之策則其旨同於申韓如令煩則民詐政擾則民不定心欲安靜慮欲深遠則其旨同於黃老然其大旨主於勢統於尊事覈於實於法家爲近故竹刑爲鄭所用也至於聖人不死大盜不止一條其文與莊子同析遠在莊周以前不應預有勦說而莊子所載又不云鄧析之言或篇章殘缺後人摭莊子以足之歟

原序

中鄧析書四篇臣敘書一篇凡中外書五篇以相校除復重爲一篇○漢志作二篇與今本合此一字誤皆定殺而書可繕寫也○殺下脫青字鄧析者鄭人也好刑名操兩可之說設無窮之詞當子產之世數難子產之法記或曰子產起而戮之于春秋左氏傳昭公二十年而子產卒子太叔嗣爲政定公八年太叔卒駟歂嗣爲政明年乃殺鄧析而用其竹刑君子謂駟歂于是乎不忠苟有可以加于國家棄其邪可也靜女之三章取彤管焉竿旄何以告之取其

忠也故用其道不棄其人詩之。當依傳文作云蔽芾甘棠勿翦勿伐召伯所茇思其人猶愛其樹也況用其道不恤其人乎然無以勸能矣竹刑簡法也久遠世無其書子産卒後二十年而鄧析死傳說或稱子産誅鄧析非也其論無厚者言之異同與公孫龍同類謹上

鄧析子　　指海第七集

周　鄧　析　撰

無厚篇

天于人無厚也君于民無厚也父于子無厚也兄于弟無厚也何以言之天不能屏勃厲之氣令天折之人更生。原本令作全無更生二字依文選安陸昭王碑注引此文補正使爲善之民必壽此于民無厚也凡民有穿窬爲盜者有詐僞相迷者此皆生于不足起于貧窮而君必執法誅之此于民無厚也堯舜位爲天子而丹朱商均爲布衣此于子無厚也

推此言之何厚之有

循名責實君之事也奉法宣令臣之職也下不得自擅上操其柄而不理者未之有也君有三累臣有四責何謂三累惟親所信一累也○也字依御覽六百二十補下並同以名取士二累也近故親疏御覽倒○此二字三累也何謂四責受重賞而無功一責也居大位而不治二責也為理官而不平○為字依意林補御覽作為理而不平三責也御軍陣而奔北○意林御作在四責也君無三累臣無四責可以安國○御覽作可謂安國家也勢者君之輿威者君之策臣者君之馬民者君之輪勢

固則輿安威定則策勁臣順則馬良。意林良作馴民和則輪
利爲國失此。意林作治國者失此必有覆車奔馬折策敗輪之
患。原作折輪敗載依意林改安得不危。此句意林作輪敗策折馬奔輿覆則載者亦傾矣
十四字
異同之不可別是非之不可定白黑之不可分清濁之
不可理久矣誠聽能聞于無聲視能見于無形計能規
于未兆慮能防于未然斯無他也不以耳聽則通于無
聲矣不以目視則照於無形矣不以心計則達于無兆
矣不以知慮則合于未然矣爲君者。爲字依御覽六百二十補藏

形匿影。御覽藏作滅羣下無私掩目塞耳萬民恐震循名責實案法立成。原作察法立威依御覽六百二十改又御覽引此文與上條末四句相屬則宋初本尚不分段也是明王也。御覽作是謂明主夫明于形者分不遇于事察于動者用不失于利故明君審一萬物自定名不可以外務智不可以從他求諸己之謂也

治世位不可越職不可亂百官有司各務其刑上循名以督實下奉教而不違所美觀其所終所惡計其所窮喜不以賞怒不以罰可謂治世

夫負重者患塗遠據貴者憂民離。一本憂作患負重塗遠者

身疲而無功在上離民者雖勞而不治故智者量塗而後負明君視民而出政

獵羆虎者不于外圂○[御覽九百三十八作獵猛虎者不於後圃]釣鯨鯢者不于清池何則圂非羆虎之窟也池非鯨鯢之泉也○[御覽作圃非虎處池非鯨淵蓋約其文也此淵作泉則避唐諱]楚之不泝流陳之不束麾長盧之不士呂子之蒙耻

夫游而不見敬不恭也居而不見愛不仁也言而不見用不信也求而不能得無始也謀而不見喜無理也計而不見從遺道也因勢而發譽則行等而名殊人齊而

得時則力敵而功倍其所以然者乘勢之在外推辯說非所聽也虛言向非所應也無益亂非舉也故談者别殊類使不相害序異端使不相亂諭志通意非務相乘也若飾詞以相亂匿詞以相移非古之辯也

慮不先定不可以應卒兵不閑習○意林作預整不可以當敵廟算千里帷幄之奇百戰百勝黃帝之師

死生自命貧富自時怨天折者不知命也怨貧賤者不知時也故臨難不懼○一本難作敵知天命也貧窮無懾達時序也凶飢之歲父死于室子死于戶而不相怨者無所

顧也同舟渡海。意林作同船涉海又書鈔百三十七藝文七十一御覽七百六十八並作涉惟文選王仲宣贈文叔良詩注引作渡與今本同中流遇風救患若一所憂同也。一本憂作患張羅而畋唱和不差者其利等也。意林等作同故體痛者口不能不呼。意林痛作病心悅者顏不能不笑責瘠者以舉千鈞。瘠原作癈依御覽六百九十六改督跛者以及走兎。督跛者原作責兀者依御覽改驅逸足于庭。御覽逸足作駃騠求猿捷于檻斯逆理而求之猶倒裳而索領。御覽作猶倒裳以索領也事有遠而親近而疏就而不用去而反求凡此四行明主大憂也夫水濁則無掉尾之魚，政苛則無逸樂之士。故令煩則民詐，政擾則民不定。不治其本而務其末，譬如拯溺而硾之以石，救火而投之以薪。（原脱兩而字，又硾作錘，依藝文八十、御覽五十二補正。又御覽如作猶）

夫達道者，無知之道也，無能之道也。是知大道不知而中，不能而成，無有而足，守虛責實而萬事畢。忠言于不忠，義生于不義。音而不收謂之放，言出而不督謂之闇。故見其象，致其形；循其理，正其名；得其端，知其情。若此，何往不復，何事不成。有物者意也，無外者德也，有人者

行也無人者道也故德非所履處非所處則失道非其道不道則諂意無賢慮無忠行無道言虛如受實萬事畢

夫言榮不若辱非誠詞也得不若失非實談也不進則退不喜則憂不得則亡此世人之常真人危斯十者而爲一矣所謂大辯者別天下之行具天下之物選善退惡時措其宜而功立德至矣小辯則不然別言異道以言相射以行相伐使民不知其要無他故焉故知淺也○一本知淺二字倒君子幷物而錯之兼塗而用之五味未嘗而

辨于口五行在身而布于人故何方之道不從面從之義不行治亂之法不用惔然寬裕蕩然簡易略而無失精詳入纖微也

夫舟浮于水（○御覽七百六十八浮作行）車轉于陸此勢自然者也（○原作此自然道也依御覽改與淮南主術訓合）有不治者知不豫焉

夫木擊折轉水戾破舟不怨木石而罪巧拙故不載焉

故有知則惑有心則嶮有目則眩是以規矩一而不易不爲秦楚緩節（○淮南主術訓作變節）不爲胡越改容（○一本胡作吳）一而不邪方行而不流一日形之萬世傳之無爲爲之也

夫自見之明。意林之作則下三句同借人見之闇也自聞之聰借人聞之聾也明君知此則去就之分定矣爲君者。原脫者字依文選褚淵碑注御覽四又六百二十補當若冬日之陽夏日之陰萬物自歸。御覽四又六百二十並作歸之莫之使也恬臥而功自成。御覽六百二十恬作偃優游而政自治豈在振目搤腕手操鞭朴。操原作撡依御覽二十七改而後爲治與

夫合事有不合者知與未知也合而不結者陽親而陰疏故遠而親者志相應也。志原作志依文選曹子建贈白馬王詩注改近而疏者志不合也。此志字亦誤鬼谷子內揵篇作志就而不用者策不得

也去而反求者無違行也近而不御者心相乖也遠而相思者合其謀也故明君擇人不可不審士之進趣亦不可不詳

轉辭篇

世間悲哀喜樂嗔怒憂愁久惑于此今轉之在已爲哀在他爲悲在已爲樂在他爲喜在已爲嗔在他爲怒在已爲愁在他爲憂在已若扶之與攜謝之與議。淮南說林訓作讓故之與右。淮南作先諾之與已相去千里也夫言之術與智者言依于博與博者言依于辯與辯者言依于要

○原作安依鬼谷子權篇改與貴者言依于勢與富者言依于豪與貧者言依于利與勇者言依于敢與愚者言依于說○鬼谷子作銳此言之說也不用在早圖不窮在早稼非所宜言勿言○此下脫一句非所宜爲勿爲以避其危非所宜取勿取以避其咎非所宜爭勿爭以避其聲一言而非○言原作聲依意林改與文選竟陵文宣王行狀注合駟馬不能追○原作駟馬勿追依意林文選注藝文十九御覽三百九十改一言而急駟馬不能及○原脫能字依意林文選注藝文御覽補故惡言不出口苟語不留耳○藝文作苟聲不入耳此謂君子也夫任臣之法闇則不任也慧則不從也仁則不親也勇

則不近也信則不信也不以人用人故謂之神怒出于不怒爲出于不爲視于無有則得其所見聽于無聲則得其所聞故無形者有形之本無聲者有聲之母循名責實實之極也按實定名名之極也參以相平轉而相成故得之形名

夫川竭而谷虛邱夷而淵實聖人以死大盜不起天下平而無故也〇原脫無字依莊子胠篋篇補聖人不死大盜不止何以知其然爲之斗斛而量之則并與斗斛而竊之爲之權衡以平之則并與權衡而竊之爲之符璽以信之則并

與符璽而竊之爲之仁義以教之則并與仁義而竊之何以知其然彼竊財者誅竊國者爲諸侯諸侯之門仁義存焉是非竊仁義耶故遂于大盜覇諸侯此重利也盜跖所不可禁者。（莊子云此重利盜跖而使不可禁者）乃聖人之罪也

欲之與惡善之與惡四者變之失恭之與儉敬之與傲四者失之修故善素朴任惔憂而無失未有修焉此德之永也言有信而不爲信言有善而不爲善者不可不察也

夫治之法莫大于私不行君之功莫大于使民不爭原

脫君之二字依慎子補今慎子無此文見藝文五十四御覽六百三十八今也立法而行私與法爭其亂也甚于無法立君而尊賢○原作爭愚依慎子逸文改與君爭其亂也甚于無君故有道之國法立則私善不行○原脫法立二字依慎子逸文補君立而賢者不尊○賢原作愚依慎子逸文改民一于君事斷于法此國之道也明君之督大臣緣身而責名緣名而責形緣形而責實臣慎其重誅之至于是不敢行其私矣

心欲安靜慮欲深遠心安靜則神策生○神原作心繹史作神與鬼谷子本經篇合慮深遠則計謀成心不欲躁慮不欲淺心躁則

精神滑慮淺則百事傾治世之禮簡而易行亂世之禮煩而難遵上古之樂質而不悲當今之樂邪而爲淫上古之民質而敦朴今世之民詐而多行上古象刑而民不犯教今墨劓不以爲恥斯民所以亂多治少也堯置敢諫之鼓。文選策秀才文注御覽七十七敢並作欲舜立誹謗之木湯有司直之人武有戒慎之銘此四君者。四君下原衍子字依御覽刪聖人也而猶若此之勤至于栗陸氏殺東里子宿沙氏戮箕文。御覽四百九十二作宿沙君桀誅龍逢紂刳比干四主者。御覽七十七作此四君者亂君故其疾賢若仇是以賢愚之相覺。御覽覺作較二字古通若百丈之谿與萬仞之山若九地之下與重天之顛。天原作山依文選西征賦注漢高祖功臣頌注御覽七十七改明君之御民若御奔而無轡。御覽六十八作乘奔而去轡又藝文九文選東京賦注王元長曲水詩序注並作乘奔履冰而負重。意林作負重而履冰檢文選注御覽所引與今本同親而疏之疏而親之故畏儉則福生驕奢則禍起聖人逍遙一世之間宰匠萬物之形。原脫之間二字宰匠作罕匹並依文選南州桓公九井詩注宣德皇后令注策秀才文注三國名臣序贊注補正寂然無鞭朴之罰漠然無叱咤之聲而家給人足天下太平視昭昭知冥冥推未運覩未然故神而不可見幽而不可見此之

謂也

君人者不能自專而好任下則智日困而數日窮迫于下則不能申行隨于國則不能持知不足以爲治威不足以行誅無以與下交矣故喜而便賞。便原作使依意林改下句同不必當功怒而便誅不必值罪不慎喜怒誅賞從其意而欲委任臣下故亡國相繼弒君不絕。一本弒作殺古人有言衆口鑠金三人成虎不可不察也

夫人情發言欲勝舉事欲成故明者不以其短疾人之長不以其拙病人之工言有善者則而賞之言有非者

顯而罰之。一本罰作戮塞枉邪之路。一本枉邪二字倒蕩淫辭之端

臣下閉口。原作閑之依愼子改今愼子無此文見文選謝平原內史表注左右結舌

可謂明君爲善者君與之賞爲惡者君與之罰因其所

以來而報之循其所以進而荅之聖人因之故能用之

用之循理故能長久今之爲君無堯舜之才而慕堯舜

之治故終顚殞乎混冥之中而事不覺于昭明之術是

以虛慕欲仕之名無益亂世之理也

忠怠于宦成。原作患生于官成依意林改病始于少瘳禍生于懈慢

孝衰于妻子此四者愼終如始也富必給貧壯必給老

快情恣欲必多侈侮故曰尊貴無以高人聰明無以籠人資給無以先人剛勇無以勝人能履行此可以爲天下君

夫謀莫難于必聽事莫難于必成成必合于數聽必合于情故抱薪加火燥者必先燃。燥原作爍依藝文八十改又藝文加作爇燃作爇平地注水濕者必先濡故曰動之以其類安有不應者獨行之術也

明君立法之後中程者賞缺繩者誅。此下有脫簡此之謂君曰亂君國曰亡國

智者寂于是非故善惡有別明者寂于去就故進退無類若智不能是非明不能審去就斯謂虛妄

目貴明耳貴聰心貴公以天下之目視則無不見以天下之耳聽則無不聞以天下之智慮則無不知得此三術則存于不為也

鄧析子終

皇清道光十九年歲次己亥金山錢熙祚錫之甫校梓

鄧析子跋

鄧析子二篇其文多與莊子愼子鬼谷子相出入孰眞孰贗疑莫能明然意林初學記藝文類聚文選注所引並與今同則唐以前舊本如此此書視戰國諸子爲尤古而諸家所刻訛舛不甚相遠斯校正之不容已也原序稱子產卒後二十年而鄧析死此據左氏傳文然荀子尹文子列子呂氏春秋並云子產殺鄧析傳聞異辭非後人所能懸斷守拘墟之見而廢昭曠之觀舉一廢百豈所謂善讀書者乎兩存焉可矣金山錢熙祚錫之

甫識

(周)鄧析　撰　(清)王仁俊　通考、校跋並録清譚儀校　倫明跋

鄧析子二卷通考一卷

清同治十一年(1872)江山劉氏影宋刊本

此王抒鄭仁後右丞所輯也右丞著書甚夥皆散佚

余得此冊于隆福寺文奎堂　甲子四月七日　明識

劉歆叙录一篇藝文志
名家作二篇隋唐志皆
云一卷而直齋書录解題
作二卷此卷本二卷與陳
氏所見合

序
書四篇臣叙書一篇凡中
相校除復重爲一篇皆定
阝析者鄭人也好刑名
力之辟當子產之卅
子產起而戮
十年而

方是乎不忠
家棄甚邪可也靜女之三章

竿旄何以告之取其忠也故用
棄其人詩之蔽芾甘棠勿翦勿伐
所茇思其人猶愛其樹也况用其道不
恤其人乎然無以勸能矣竹刑簡法
久遠世無其書子產卒後二十年而鄧
析死傳說或稱子產誅鄧析非也其論
無厚者言之異同與公孫龍同類謹第一

鄧析子卷上

無厚篇

天於人無厚也君於民無厚也父於子
無厚也兄於弟無厚也何以言之天不

能屏勦厲之氣全夭折之人使爲善之
民必壽此於民無厚也凡民有穿窬爲
盜者有詐僞相迷者此皆生於不足起
於貧窮而君必執法誅之此於民無厚
也堯舜位爲天子而丹朱商均爲布衣
此於子無厚也周公誅管蔡此於弟無
厚也推此言之何厚之有官
循名責實君之事也奉法宣令臣之職
也下不得自擅上操其柄而不理者未
之有也君有三累臣有四責何謂三累
惟親所信一累以名取士二累近故親

馬良意林作馬馴　為國
作治國者
析輪至不危語有脫誤意
林作折策敗輪之患輪敗
策折馬奔輿覆則載者亦
傾矣

踈三累何謂四責受重賞而無功一責
居大位而不治二責理官而不平三責
御軍陣而奔背四責君無三累臣無四
責可以安國

勢者君之輿威者君之策臣者君之馬
民者君之輪勢固則輿安威定則策勁
臣順則馬良民和則輪利爲國失此必
有覆車奔馬折輪敗載之者安得不危

異同之不可別是非之不可定白黑之
不可分清濁之不可理久矣斯誠明聽
能聞於無聲視能見於無形計能規於

折上疑脫
策字據意
林鈔引亦
有策字

斯明皆
衍繹史
引無二
字

不可繹史引作以

無然繹史引作未然

王當作主

遇當作過

一是壞字

達疑作違

未兆慮能防於未然斯無他也不可耳
聽則通於無形矣不以心計則達於無
兆矣不以知慮則合於無然矣君者藏
形匿影群下無私掩目塞耳萬民恐震
循名責實察法立威是明王也夫明於
形者分不遇於事察於動者用不失其
利故明君審一萬物自定名不可以外
務智不可以從他求諸己之謂也
治世位不可越職不可亂百官有司各
務其刑上循名以督實下奉教而不違
所美觀其所終所惡計其所窮喜不以

獵羆意林繹史引別為
一節　鈎繹史引作
釣

賞怒不以罰可謂治世
夫負重者患塗遠據貴者憂民離負重
塗遠者身疲而無功在上離民者雖勞
而不治故智者量塗而後負明君視民
而出政獵羆虎者不於外圂鈎鯨鯢者
不居清池何則圂非羆虎之處也池非
鯨鯢之泉也楚之不泝流陳之不束麾
長盧之不士呂子之蒙恥
夫游而不見敬不恭也居而不見愛不
仁也言而不見用不信也求而不能得
無始也謀而不見喜無理也計而不見

下一意字衍

亂字衍

閑習意林作預整

廟勝意林作算

從遺道也因勢而發譽則行等而名殊人齊而得時則力敵而功倍其所以然者乘勢之在外推辯說非所聽也虛言向非所應也無益亂非舉也故談者別殊類使不相害序異端使不相亂諭志通意意非務相乖也若飾詞以相亂匿詞以相亂移非古之辯也

慮不先定不可以應卒兵不閑習不可以當敵廟勝千里帷幄之奇百戰百勝黃帝之師

死生自命貧富自時怨夭折者不知命

飢意林作饑繹史同
躰俗字繹史作體
冗者繹史引作責冗者
走乎一寫本作走免
索裳索字衍繹史引無
風疑凡

也怨貧賤者不知時也故臨難不懼知
天命也貧窮無懾達時序也凶飢之歲
父死於室子死於戶而不相怨者無所
顧也同舟渡海中流遇風救患若一所
憂同也張羅而畋唱和不差者其利等
也故躰痛者口不能不呼心悅者顏不
能不笑責疲者以舉千鈞冗者以及走
乎驅逸足於庭求猨捷於檻斯逆理而
求之猶倒索裳而索領
事有遠而親近而疎就而不用去而反
求風此四行明主大憂也

菁苛也

言誤

夫水濁則無掉尾之魚政苛則無逸樂
之士故令煩則民詐政擾則民不定不
治其本而務其末譬如拯溺錘之以石
救火投之以薪
夫達道者無知之道也無能之道是知
大道不知而中不能無成無有而足守
虛責實而萬事畢
忠言於不忠義生於不義音而不収謂
之放言出而不督謂之闇故見其象致
其形循其理正其名得其端知其情若
此何往不復何事不成有物者意也無

音而不收當作言口而不收

辟衍字

不進意林別為一節

故淺知也當作淺知故也

外者德也有人者行也無人者道也故德非所履處非所處則失道非其道不道則諂意無賢慮無忠行無道言虛如受實萬事畢

夫言榮不若辱非誠僻辟也得不若失非實談也不進即退不喜則憂不得則亡此世人之常真人危斯十者而爲一矣所謂大辯者别天下之行具天下之物選善退惡時措其宜而功立德至矣小辯則不然别言異道以言相射以行相伐使民不知其要無他故焉故淺知

而下有敎字

德字當作有德則口

方旁也

也君子并物而鐕之兼塗而用之五味
未嘗而於口五行在身而布於人故何
方之道不從面從之義不行治亂之法
不用惔然寬裕蕩然簡易略而無失精
詳入纖微也
夫舟浮於水車轉於陸此自然道也有
不治者知不豫焉
夫木擊折轊水戾破舟不怨木石而罪
巧拙故不載焉故有知則惑德有心則
嶮有目則眩是以規矩一而不易不為
秦楚緩節不爲胡越改容一而不邪方

天自見之明意林作自見
則明繹史引作夫自見
之明

乎摽繹史引作手掾

合衍字

二忘字皆當作志

行而不流一日形之萬世傳之無爲爲
之也
天自見之明借人見之闇也自聞之聰
借人聞之聾也明君知此則去就之分
定矣爲君當若冬日之陽夏日之陰萬
物自歸莫之使也恬卧而功自成優遊
而政自治豈在振目搤腕乎摽鞭朴而
後爲治歟
夫合事有不合者知與未知也合而不
結者陽親而陰疏故遠而親者忘相應
也近而疏者忘不合也就而不用者策

意林闇作晴。之聰作則聰。之聾作則聾

思下也字當作者

不得也去而反求者無違行也近而不御者心相乖也遠而相思也合其謀也故明君擇人不可不審士之進趣亦不可不詳

鄧析子卷上

同治壬申秋七
月江山劉氏彩
摹宋本開雕

攜上脫與字

貧下脫者字

鄧析子卷下

轉辭篇

世間悲哀喜樂嗔怒憂喜久慼於此今轉之在已爲哀在他爲悲在已爲樂在他爲喜在已爲嗔在他爲怒在已爲愁在他爲憂在已若扶之攜謝之與議故之與右諾之與已相去千里也夫言之術與智者言依於博與博者言依於辨與辯者言依於安與貴者言依於勢與富者言依於豪與貧言依於利與勇者言依於敢與愚者言依於説此言之術也

不用繹史引連上誤

罵勿追意林作駟馬不能追

繹史引作駟馬勿追

罵不及意林作駟馬不能及

注一作及 繹史引作駟馬不及

恕當作怒

有疑當作形

刑者當作有形者

○不用在早圖不窮在早稼非所宜言勿言非所宜爲勿爲以避其危非所宜取勿取以避其咎非所宜爭勿爭以避其聲一聲而非罵勿追一言而怱罵不及故惡言不出言口苟語不留耳此謂君子也

夫狂臣之法闇則不任也慧則不從也仁則不親也勇則不近也信則不信也不以人用人故謂之神怒出於不恕爲出於不爲視於無有則得其所見聽於無聲則得其所聞故刑者有形之本無

用疑因三誤

怱意林作急繹史引同

言口言字衍繹史無

恕是怒之誤淮南子說林訓怒出於不怒為出於不為視於無形則得其

莊子

均當作竊

功之爲本作竊之

被竊財誅當作竊財被誅

聲者有聲之母循名責實實之極也按
實定名名之極也參以相平轉而相成
故得之形名
夫川竭而谷虛丘夷而淵實聖人以死
大盜不起天下平而故也聖人不死大
盜不止何以知其然爲之斗斛而量之
則并斗斛而竊之爲之權衡以平之則
并與權衡而竊之爲之符璽以信之則
并與符璽而功之爲之仁義以教之則
并仁義以竊之何以知其然被竊財誅
竊國者爲諸侯諸侯之門仁義存焉是

所見矣聽於無声則得其所聞矣

財疑則之譌

非竊仁義耶故遂於大盜覇諸侯此重
利也盜跖所不可桀者乃聖人之罪也
欲之與惡喜之與善四者變之失恭之
與儉敬之與傲四者失之修故善素朴
任惔憂而無失未有修焉此德之永也
言有信而不為信言有善而不爲善者
不可不察也
夫治之法莫大於私不行功莫大於使
民不爭今也立法而行私與法爭其亂
也甚於無私立君而尊愚與君爭其亂
也甚於無君故有道之國則私善不行

寫本於下有是字

繹史引連上誤

君立而愚者不尊民一於君事断於法
此國之道也
明君之督大臣緣身而責名緣名而責
形緣形而責實臣懼其重誅之至於不
敢行其私矣
心欲安靜慮欲深遠心安靜則神策生
慮深遠則計謀成心不欲躁慮不欲淺
心躁則精神滑慮淺則百事傾
治世之禮簡而易行亂世之禮煩而難
遵上古之樂質而不悲當今之樂邪而
爲淫上古之民質而敦朴今世之民詐

於下疑有脫。或至字句。於有乃義

行疑衍
堯置當别為一節
欲諫鐸史引作敢諫
舜之鐸史引作舜立寫本
同
宿沙文鐸史引作夙沙氏
寫本同
覺當作較
重天鐸史引作重山寫
本同
御民意林作治民
履冰而負重意林作負
重而履冰

而多行上古象刑而民不犯教有墨劓
不以爲恥斯民所以亂多治少也堯置
欲諫之鼓舜之非謗之木湯有司直之
人武有戒慎之銘此四君子者聖人也
而猶若此之勤至于栗陸氏殺東里子
宿沙文戮箕文桀誅龍逢紂刳比干四
主者亂君故其疾賢若仇是以賢愚之
相覺若百丈之谿與萬仞之山若九地
之下與重天之顛
明君之御民若御奔而無轡履冰而負
重親而疏之疏而親之故畏儉則福生

椎當作推
見疑闕

使賞及下使誅二使字意
林皆作便

驕奢則禍起聖人逍遥一世宰匹萬物之形寂然無鞭朴之罰莫然無叱咤之聲而家給人足天下太平視昭昭知冥冥椎未運覩未然故神而不可見幽而不可見此之謂也

君人者不能自專而好任下則智日困而數日窮迫於下則不能申行隨於國則不能持知不足以爲治威不足以行誅則無以與下交矣故喜而使賞不必當功怒而使誅不必值罪不慎喜怒誅賞從其意而欲委任臣下故亡國相繼

辥當作辟

為下當有君字

殺君不絕古人有言衆口鑠金三人成
虎不可不察也
夫人情發言欲勝舉事欲成故明者不
以其短疾人之長不以其拙病人之工
言有善者則而賞之言有非者顯而罰
之塞邪枉之路蕩淫辥之端臣下閔之
左右結舌可謂明君爲善者君與之賞
爲惡者君與之罰因其所以來而報之
循其所以進而荅之聖人因之故能用
之因之循理故能長久今之為無堯舜
之才而慕堯舜之治故終顛殞乎混冥

為下當有脫字

患生於官成意林作患怠於宦成

必威威必二必字寫本皆作成

之中而事不覺於昭明之術是以虛慕欲治之名無益亂世之理也

患生於官成病始於少瘳禍生於懈慢孝衰於妻子此四者慎終如始也富必給貧壯必給老快情恣欲必多侈侮故曰尊貴無以高人聰明無以寵人資給無以先人剛勇無以勝人能履行此可以爲天下君

富也當別爲一節

夫謀莫難於必聽事莫難於必威威必合於數聽必合於情故抱薪加火爍者必先燃平地注水濕者必先濡故曰動

澠寫本作繩

此之謂疑有缺文

聰寫本作公

之以其類安有不應者獨行之術也
明君立法之後中程者賞缺澠者誅此
之謂君曰亂君國曰亡國
智者寂於是非故善惡有別明者寂於
去就故進退無類若智不能察是非明
不能審去就斯非虛妄
目貴明耳貴聰心貴聰以天下之目視
則無不見以天下之耳聽則無不聞以
天下之知慮則無不知得此四術則有
於不爲也

鄧析子卷終

墨筆采譚儀校語朱筆[illegible]
庚子立秋日吳縣王仁俊識

澠當作繩法也

鄧析子通考

列子力命鄧析操兩可之說設無窮之辭當子產執政作竹刑鄭國用之數難子產之治子產屈之子產執而戮之俄而誅之北堂書鈔刑法部下曰鄧析子操兩可之說子產誅之引列子屈之下俄而戮而誅之同

意林一七略別錄鄧析子二篇劉向曰非子產殺鄧析推春秋驗之

周廣業意林注曰左昭二十年子產卒定公九年駟歂乃殺鄧析而用其竹刑傳說謂子產誅之非也　子產

誅鄧析見於列子荀子呂覽尹文子
　並然說苑亦有之
淮南子氾論子產誅鄧析而鄭國之姦
禁高注鄧析詭辯姦人之雄也子產誅
之故姦禁也傳曰鄭駟遄殺鄧析而用
其竹刑鄧析制刑書之于竹鄭國用之
不以人廢言也
定公九年左傳鄭駟歂殺鄧析而用其
竹刑君子謂子然於是不忠苟有可以
加於國家者棄其邪可也靜女之三章
取彤管焉竿旄何以告之取其忠也故

用其道不棄其人詩云蔽芾甘棠勿翦
勿伐召伯所茇思其人猶愛其樹況用
其道而不恤其人乎子然無以勸能矣
呂覽離謂鄭國多相縣以書者子産令
無縣書鄧析致之子産令無致書鄧析
倚之令無窮則鄧析應之亦無窮矣是
可不可無辨也（辨別）可不可無辨而以賞
罰其罰愈疾其亂愈疾此為國之禁也
（禁為治法）故辨而不當理則偽（偽巧也）知而不
當理則詐詐偽之民先王之所誅也理
也者是非之宗也（宗本也）洧水甚大鄭之

富人有溺者人得其死者死與尸同史記秦本紀
晉楚流河河二萬人漢書酷吏傳安所求子死桓東少年場此書期賢篇扶傷
與死亦是意林作有人得富者尸富人請贖之其人求
金甚多以告鄧析意林作富人黨以告鄧析鄧析
曰安之人必莫之賣矣意林作必無買此者得
死者患之以告鄧析鄧析又答之曰安
之此必無所更買矣意林作必無人更買義必無不贖下
五字疑是注夫傷忠臣者有似於此也夫無
功不得民則以其無功不得民傷之有
功得民則又以其有功得民傷之此鄧析之
讒辨所以車裂而死人主之無度者無以知此豈

不悲哉比干萇弘以此死以世詭辯反白為黑而主不知故死箕子商容以此窮箕子紂之庶父也商容紂時賢人老子所從學者也以主不知故窮周公召公以此疑以管蔡流言故疑也論語曰雖有周親不如仁人此之謂也 此引論語不解所用意范蠡子胥以此流死生存以安危從此生矣此讒辯無理若鄧析放流子產治鄭鄧析務難之與民之有獄者約大獄一衣小獄襦袴舊校云一作䘹下同案玉篇䘹子憒切襌衣也民之獻衣襦袴而學訟者不可勝數以非為是以是為非是非無度而可與不可日變舊校云所欲勝因勝所欲罪因罪鄭

國大亂民口讙譁子產患之於是殺鄧析而戮之民心乃服是非乃定法律乃行令世之人多欲治其國而莫之誅鄧析之類（有如鄧析者無能誅　案列子力命篇亦云子産殺鄧析考左氏定九年傳鄭駟歂殺鄧析而用其竹刑駟歂乃代子太叔為政者則鄧析子産並不同時張湛注列子云子産卒後二十年而鄧析死也人）此所以欲治而愈亂也

説苑反質衛有五大夫俱負缶而入井灌韭終日一區鄧析過下車為教之曰為機重其後輕其前命曰桔槔終日灌韭百區不倦五丈夫曰吾師言曰有機

智之功必有機智之敗我非不知也不欲為也子其往矣我一心灌之不知改已鄧析去行數十里顏色不悅懌自恥弟子曰是何人也而恨我君請為君殺之鄧析曰釋之是所謂真人者也可令守國

鄧析者鄭人好刑名撰竹刑之書嘗數難子産之法子産卒二十年駟歂乃殺其人而用其甚甚哉小有才之適足以殺其身也其書以無厚名首篇則其發於心者為可知而韓昌黎所斥聖人不

死大盜不止之語正出是書一死猶未足以盡其罪者矣或者猶謂用其道不當棄其人耶（黃氏日抄五十五卷）

鄧析鄭人與子產同時其名散見於荀鄭列子呂覽左傳等左傳魯定公九年鄭駟歂殺鄧析用其竹刑據注改鄭所鑄舊制不受君命而私造刑法書之於竹簡恐是鄧析難子產之政子產執而戮之之說較近似也據呂覽鄧析於得溺屍者而教之賣荀子曰鉤有須云云惠施鄧析能之由是觀之鄧析之於當

時蓋玩辭弄辯之流所著二篇（漢志）今無厚篇轉辭篇收入百子全書中恐非其完粹之書也此二篇以衆多之斷章而成絶不統一或取申韓法治之意曰萬物自歸莫之使也（無厚篇）或反覆老子聖人不死大盜不止之言（轉辭篇）其他循名責實之説必非無之而皆除之且荀子所謂惠施鄧析之言今二篇中亦不録故余以此書為僞作也（日本遠藤隆吉 支那哲學史）

漢志名家鄧析二篇鄭人與子産並時

隋志舊新唐志皆一卷意林一卷二篇
崇文總目言劉歆校為二篇今本二篇
即歆所分而前有劉向奏稱除復重為
一篇者蓋歆書冠以向奏唐本相承如
此也或言此奏當為歆作知不然者意
林及楊倞注荀子皆云向不云歆也先
秦古書佚失者多鄧析幸而厪存即不
盡醕要各有所見自成一家左氏好惡
合於聖人而於鄧析比之靜女彤管召
伯甘棠或非過譽流傳久遠轉寫多訛
因據各書引見改補五十餘事疑者闕

之舊三十二章今合并為三十一章節次或不相屬而詞情完具各書徵用尠出此外惟御覽八十符子引鄧析言曰古詩云堯舜至聖身如脯腊桀紂無道肌膚二尺今本無之當是佚脱或如吕氏春秋淮南所載元不在二篇中亦未可知也 嚴可均鐵橋漫稿五

鄧析子二卷校文一卷通考一卷

（周）鄧析 撰　（清）譚儀 校文　佚名録清王仁俊校

清同治十一年（1872）江山劉氏影宋刊本

鄧析子校文

九流之學名法尤敳月食修刑帝王所重董子云陰居大冬刑在於空虛不用之處固未嘗廢也鄧析竹書隊不復見遺文如綫剟拾而已竱聚而不竄尚非申商之旨也予駿敘錄於二千年宋槧絕續不殊球璧吾友彥清七略傳家覆刻舊本予受讀之舉馬總意林馬驌繹史雠校異同許君邁孫有舊藏寫本亦坿箸焉譚儀識

馬良（意林作馴）爲國（意林作治國者）覆車（意林作輿）折輪

至不危（語有脫誤意林作折策敗輪之患輪敗策折馬奔輿覆則載者亦傾矣）

斯誠明（斯明皆衍釋史引無二字）不可（釋史引作以）

無然（釋史引作未然）獄羆（意林釋史引別為一節）鉤（釋史引作釣）

閑習（意林作預整）廟勝（意林作算）凶飢（意林作饑釋史同）

躰（俗字釋史作體）冗者（釋史引作責冗者）走乎（寫本作走）

覔索裳（索衍釋史引無）不進（意林別為一節）天自見之

明（意林作自見則明史引夫自見之明釋）之闇也（意林作則暗）

之聰（意林作則聽）之聾也（意林作則聾）乎摽（釋史引作手據）

不用（釋史引連上誤）罵勿追（意林作驅馬不能追釋史引作驅馬）

勿追而忽（意林作急釋史引同）罵不及（意林作駟馬不能及[illegible]釋）

史引作駟馬不及言口言字衍釋史無功之寫本作竊之於

不寫本於下有是字治世釋史引連上誤欲諫釋史引作致諫

寫本同舜之釋史引作立寫本同循沙文釋史引作氏寫本同

重天釋史引作山寫本同御民意林作治民履冰而負

重意林作負重而履冰使賞　使誅二使意林皆作便患

生於官成意林作忠怠於宦成必威　威必二威寫本

皆作成缺澠寫本作繩心貴聽寫本作公

補校

明王當作主不遇當作過審一一是壞字意意下一

字衍亂移亂字衍風此風疑凡忠言言誤音而不

收當作言而不收□僻辟僻字衍故淺知也當作淺知

（故也）而於口（而下有欽字）德（當作有德則□）夫合（合衍字）
忘相應也　忘不合也（二忘皆當作志）相思也
（當作者）
不恕（當作怒）刑者（當作有形者）均之（當作竊之）被竊
財誅（當作竊財破誅）堯置（當別爲一節）相覺（當作較）椎
未運（椎當作推）幽而不可見（見疑聞）淫辟（當作辟）
今之爲（下當有君字）富必（當別爲一節）此之謂（疑有）
（闕文）
劉歆敘錄一篇藝文志名家作二篇隋
唐志皆云一卷而直齋書錄解題作二
卷此本二卷與陳氏所見合儀又識

序
書四篇臣叙書一篇凡中
相校除復重爲一篇皆定
阝析者鄭人也好刑名
亅之辟當子産之卅
子産起而戮
十年而

万是乎不忠
家棄甚耶可也靜女之三章

竿旄何以告之取其忠也故用
棄其人詩之蔽芾甘棠勿翦勿伐
所茇思其人猶愛其樹也況用其道不
恤其人乎然無以勸能矣竹刑簡法
久遠世無其書子産卒後二十年而鄧
析死傅說或稱子産誅鄧析非也其論
無厚者言之異同與公孫龍同類謹第一

鄧析子卷上

無厚篇

天於人無厚也君於民無厚也父於子
無厚也兄於弟無厚也何以言之天不

能屏勃厲之氣全夭折之人使爲善之
民必壽此於民無厚也凡民有穿窬爲
盜者有詐僞相迷者此皆生於不足起
於貧窮而君必執法誅之此於民無厚
也堯舜位爲天子而丹朱商均爲布衣
此於子無厚也周公誅管蔡此於弟無
厚也推此言之何厚之有
循名責實君之事也奉法宣令臣之職
也下不得自擅上操其柄而不理者未
之有也君有三累臣有四責何謂三累
惟親所信一累以名取士二累近故親

折上疑脫策字據意林鈔引
亦有策字

踈三累何謂四責受重賞而無功一責居大位而不治二責理官而不平三責御軍陣而奔背四責君無三累臣無四責可以安國

勢者君之輿威者君之策臣者君之馬民者君之輪勢固則輿安威定則策勁臣順則馬良民和則輪利爲國失此必有覆車奔馬折輪敗載之者安得不危

異同之不可別是非之不可定白黑之不可分清濁之不可理乆矣斯誠明聽能聞於無聲視能見於無形計能規於

可當作以繹史引是

達疑作違

未兆慮能防於未然斯無他也不可耳聽則通於無形矣不以心計則達於無兆矣不以知慮則合於無然矣君者藏形匿影群下無私掩目塞耳萬民恐震循名責實察法立威是明王也夫明於形者分不遇於事察於動者用不失其利故明君審一萬物自定名不可以外務智不可以從他求諸已之謂也

治世位不可越職不可亂百官有司各務其刑上循名以督實下奉教而不達所美觀其所終所惡計其所窮喜不以

賞怒不以罰可謂治世
夫負重者患塗遠據貴者憂民離負重
塗遠者身疲而無功在上離民者雖勞
而不治故智者量塗而後負明君視民
而出政獵羆虎者不於外圂鉤鯨鯢者
不居清池何則圂非羆虎之處也池非
鯨鯢之泉也楚之不泝流陳之不束麾
長盧之不士呂子之蒙耻
夫游而不見敬不恭也居而不見愛不
仁也言而不見用不信也求而不能得
無始也謀而不見喜無理也計而不見

亂字疑衍

從遺道也因勢而發譽則行等而名殊
人齊而得時則力敵而功倍其所以然
者乘勢之在外推辨説非所聽也虛言
向非所應也無益亂非舉也故談者别
殊類使不相害序異端使不相亂諭志
通意意非務相乖也若飾詞以相亂匿
詞以相亂移非古之辨也
慮不先定不可以應卒兵不閑習不可
以當敵廟勝千里帷幄之奇百戰百勝
黃帝之師
死生自命貧富自時怨夭折者不知命

風疑凡字之誤

也怨貧賤者不知時也故臨難不懼知
天命也貧窮無懾達時序也凶飢之歲
父死於室子死於戶而不相怨者無所
顧也同舟渡海中流遇風救患若一所
憂同也張羅而畋唱和不差者其利等
也故躰痛者口不能不呼心悅者顏不
能不笑責疲者以舉千鈞冗者以及走
乎驅逸足於庭求猨捷於檻斯逆理而
求之猶倒索裳而索領
事有遠而親近而疎就而不用去而反
求風此四行明主大憂也

苛苛也

夫水濁則無掉尾之魚政苛則無逸樂之士故令煩則民詐政擾則民不定不治其本而務其末譬如拯溺錘之以石救火投之以薪

夫達道者無知之道也無能之道是知大道不知而中不能無成無有而足守虛責實而萬事畢

忠言於不忠義生於不義音而不収謂之放言出而不督謂之闇故見其象致其形循其理正其名得其端知其情若此何往不復何事不成有物者意也無

辟字衍

外者德也有人者行也無人者道也故
德非所履處非所處則失道非其道不
道則諂意無賢慮無忠行無道言虛如
受實萬事畢
夫言榮不若辱非誠僻辟也得不若失
非實談也不進即退不喜則憂不得則
亡此世人之常真人危斯十者而爲一
矣所謂大辨者別天下之行具天下之
物選善退惡時措其宜而功立德至矣
小辨則不然別言異道以言相射以行
相伐使民不知其要無他故焉故淺知

方旁也

也君子并物而錯之兼塗而用之五味未嘗而於口五行在身而布於人故何方之道不從面從之義不行治亂之法不用惔然寬裕蕩然簡易略而無失精詳入纖微也

夫舟浮於水車轉於陸此自然道也有不治者知不豫焉

夫木擊折轊水戾破舟不怨木石而罪巧拙故不載焉故有知則感德有心則嶮有目則眩是以規矩一而不易不為秦楚緩節不為胡越改容一而不邪方

乎疑手之譌

行而不流一日形之萬世傳之無爲爲之也

天自見之明借人見之闇也自聞之聰借人聞之聾也明君知此則去就之分定矣爲君當若冬日之陽夏日之陰萬物自歸莫之使也恬卧而功自成優游而政自治豈在振目搤腕乎摽鞭朴而後爲治歟

夫合事有不合者知與未知也合而不結者陽親而陰踈故遠而親者忘相應也近而踈者忘不合也就而不用者策

不得也去而反求者無違行也近而不御者心相乖也遠而相思也合其謀也故明君擇人不可不審士之進趣亦不可不詳

鄧析子卷上

同治壬申秋七月江山劉氏影摹宋本開雕

擕上脫與字

貧下脫者字

鄧析子卷下

轉辭篇

世間悲哀喜樂嗔怒憂喜久感於此令轉之在已爲哀在他爲悲在已爲樂在他爲喜在已爲嗔在他爲怒在已爲愁在他爲憂在已若扶之擕謝之與議故之與右諾之與已相去千里也夫言之術與智者言依於博與博者言依於辨與辨者言依於安與貴者言依於勢與冨者言依於豪與貧言依於利與勇者言依於敢與愚者言依於說此言之術也

用疑困之誤

四馬爲兩字

恕當是怒之譌淮南子說林訓怒出於不怒爲出於不爲視於無形則得其所見矣聽於無聲則得其所聞矣　有疑當作形

○不用在早圖不窮在早稼非所宜言勿言非所宜爲勿爲以避其危非所宜取勿取以避其咎非所宜争勿争以避其聲一聲而非罵勿追一言而忽罵不及故惡言不出言口苟語不留耳此謂君子也

夫狂臣之法闇則不任也慧則不從也仁則不親也勇則不近也信則不信也不以人用人故謂之神恕出於不恕爲出於不爲視於無有則得其所見聽於無聲則得其所聞故刑者有形之本無

莊子

財疑則之論

聲者有聲之母循名責實實之極也按
實定名名之極也參以相平轉而相成
故得之形名
夫川竭而谷虛丘夷而淵實聖人以死
大盜不起天下平而故也聖人不死大
盜不止何以知其然爲之斗斛以量之
則并斗斛而均之爲之權衡以平之則
并與權衡而竊之爲之符璽以信之則
并與符璽而功之爲之仁義以教之則
并仁義以竊之何以知其然被竊財誅
竊國者爲諸侯諸侯之門仁義存焉是

非竊仁義耶故遂於大盜覇諸侯此重利也盜跖所不可桀者乃聖人之罪也欲之與惡喜之與善四者變之失恭之與儉敬之與傲四者失之修故善素朴任惔憂而無失未有修焉此德之永也言有信而不為信言有善而不爲善者不可不察也

夫治之法莫大於私不行功莫大於使民不爭今也立法而行私與法爭其亂也甚於無私立君而尊愚與君爭其亂也甚於無君故有道之國則私善不行

於下疑有脫或至字句於有乃義

君立而愚者不尊民一於君事断於法
此國之道也
明君之督大臣緣身而責名緣名而責
形緣形而責實臣懼其重誅之至於不
敢行其私矣
心欲安靜慮欲深遠心安靜則神策生
慮深遠則計謀成心不欲躁慮不欲淺
心躁則精神滑慮淺則百事傾
治世之禮簡而易行亂世之禮煩而難
遵上古之樂質而不悲當今之樂邪而
爲淫上古之民質而敦朴今世之民詐

行擬行

覺較也

而多行上古象刑而民不犯教有墨劓
不以爲恥斯民所以亂多治少也堯置
欲諫之鼓舜之非謗之木湯有司直之
人武有戒慎之銘此四君子者聖人也
而猶若此之勤至于栗陸氏殺東里子
宿沙文戮箕文桀誅龍逢紂刳比干四
主者亂君故其疾賢若仇是以賢愚之
相覺若百丈之谿與萬仞之山若九地
之下與重天之顛
明君之御民若御奔而無轡履冰而負
重親而疏之疏而親之故畏儉則福生

椎當作推

驕奢則禍起聖人逍遙一世宰匹萬物之形寂然無鞭朴之罰莫然無叱咤之聲而家給人足天下太平視昭昭知冥冥椎未運覩未然故神而不可見幽而不可見此之謂也

君人者不能自專而好任下則智日困而數日窮迫於下則不能申行隨於國則不能持知不足以爲治威不足以行誅則無以與下交矣故喜而使賞不必當功怒而使誅不必值罪不慎喜怒誅賞從其意而欲委任臣下故亡國相繼

辥當作辟

為下疑有脱字

殺君不絶古人有言衆口鑠金三人成
虎不可不察也
夫人情發言欲勝舉事欲成故明者不
以其短疾人之長不以其拙病人之工
言有善者則而賞之言有非者顯而罰
之塞邪枉之路蕩淫辥之端臣下閉之
左右結舌可謂明君為善者君與之賞
為惡者君與之罰因其所以來而報之
循其所以進而荅之聖人因之故能用
之因之循理故能長久今之為無堯舜
之才而慕堯舜之治故終顛殞乎混冥

之中而事不覺於昭明之術是以虛慕
欲治之名無益亂世之理也
患生於官成病始於少瘳禍生於懈慢
孝衰於妻子此四者慎終如始也富必
給貧壯必給老快情恣欲必多侈侮故
曰尊貴無以高人聰明無以寵人資給
無以先人剛勇無以勝人能履行此可
以爲天下君
夫謀莫難於必聽事莫難於必威威必
合於數聽必合於情故抱薪加火爍者
必先燃平地注水濕者必先濡故曰動

澠當作繩法也

之以其類安有不應者獨行之術也

明君立法之後中程者賞鈌澠者誅此之謂君曰亂君國曰亡國

智者寂於是非故善惡有別明者寂於去就故進退無類若智不能察是非明不能審去就斯非虛妄

目貴明耳貴聰心貴聰以天下之目視則無不見以天下之耳聽則無不聞以天下之知慮則無不知得此四術則有於不爲也

鄧析子卷終

錄吳縣王仁俊校本

鄧析子通考

列子力命鄧析操兩可之說設無窮之辭當子產執政作竹刑鄭國用之數難子產之治子產屈之子產執而戮之俄而誅之（北堂書鈔刑法部下曰鄧析子操兩可之說子產誅之引列子屈之下作俄而戮而誅之餘同）

意林一七略別錄鄧析子二篇劉向曰非子產殺鄧析推春秋驗之

周廣業意林注曰左昭二十年子產卒定公九年駟歂乃殺鄧析而用其竹刑傳說謂子產誅之非也　子產

一

誅鄧析見於列子荀子呂覽尹文子
並然說苑亦有之
淮南子氾論子產誅鄧析而鄭國之姦
禁高注鄧析詭辯姦人之雄也子產誅
之故姦禁也傳曰鄭駟遄殺鄧析而用
其竹刑鄧析制刑書之于竹鄭國用之
不以人廢言也
定公九年左傳鄭駟歂殺鄧析而用其
竹刑君子謂子然於是不忠茍有可以
加於國家者棄其邪可也靜女之三章
取彤管焉竿旄何以告之取其忠也故

用其道不棄其人詩云蔽芾甘棠勿翦勿伐召伯所茇思其人猶愛其樹況用其道而不恤其人乎子然無以勸能矣呂覽離謂鄭國多相縣以書者子產令無縣書鄧析致之子產令無致書鄧析倚之令無窮則鄧析應之亦無窮矣是可不可無辨也辨別可不可無辨而以賞罰其罰愈疾其亂愈疾此為國之禁也為治禁法故辨而不當理則偽偽巧也知而不當理則詐詐偽之民先王之所誅也理也者是非之宗也宗本也淯水甚大鄭之

二

富人有溺者人得其死者。死與尸同史記秦本紀晋楚流死河二萬人漢書酷吏傳安所求子死桓東少年塲此書期賢篇扶傷與死亦是意林作有人得富者尸富人請贖之其人求金甚多以告鄧析。意林作富人黨以告鄧析鄧析曰安之人必莫之賣矣。意林作必無買此者得死者患之以告鄧析鄧析又答之曰安之此必無所更買矣。意林作必無人更買義必無不贖下五字疑是注夫傷忠臣者有似於此也夫無功不得民則以其無功不得民傷之有功得民則又以其有功得民傷之此鄧析之讒辨所以車裂而死人主之無度者無以知此豈

不悲哉比干萇弘以此死以世說辯反白為黑而主
不知故死箕子商容以此窮箕子紂之庶父也商容紂時賢
人老子所從學者也以主不知故窮周公召公以此疑以管
蔡流言故疑也論語曰雖有周親不如仁人此之謂也。此引論語不解所用
意范蠡子胥以此流流放死生存亡安危
從此生矣此讒辯無理若鄧析子產治鄭鄧析務
難之與民之有獄者約大獄一衣小獄
襦袴。舊校云一作袴下同玉篇袢子憤切襌衣也紫民之獻
衣襦袴而學訟者不可勝數以非為是
以是為非是非無度而可與不可日變
。舊校云日一作因所欲勝因勝所欲罪因罪鄭

三

國大亂民口讙譁子產患之於是殺鄧析而戮之民心乃服是非乃定法律乃行今世之人多欲治其國而莫之誅鄧析之類有如鄧析者無能誅○案列子力命篇亦云子產殺鄧析考左氏定九年傳鄭駟歂殺鄧析而用其竹刑駟歂乃代子太叔為政者則鄧析子產並不同時張湛注列子云子產卒後二十年而鄧析死也此所以欲治而愈亂也

說苑反質衛有五大夫俱負缶而入井灌韭終日一區鄧析過下車為教之曰為機重其後輕其前命曰桔槔終日灌韭百區不倦五丈夫曰吾師言曰有機

智之功必有機智之敗我非不知也不
欲為也子其往矣我一心灌之不知改
已鄧析去行數十里顏色不悅懌自恥
弟子曰是何人也而恨我君請為君殺
之鄧析曰釋之是所謂真人者也可令
守國
鄧析者鄭人好刑名撰竹刑之書嘗數
難子產之法子產卒二十年駟顓乃殺
其人而用其書甚哉小有才之適足以
殺其身也其書以無厚名首篇則其發
於心者為可知而韓昌黎所斥聖人不

四

死大盜不止之語正出是書一死猶未足以盡其罪者矣或者猶謂用其道不當棄其人耶黄氏日抄五十五卷

鄧析鄭人與子產同時其名散見於荀子列子呂覽左傳等左傳魯定公九年鄭駟歂殺鄧析用其竹刑據注改鄭所鑄舊制不受君命而私造刑法書之於竹簡恐是鄧析難子產之政子產執而戮之之說較近似也據呂覽鄧析於得溺屍者而教之賣荀子曰鉤有須云云惠施鄧析能之由是觀之鄧析之於當

時蓋玩辭弄辯之流所著二篇（漢志）今無厚篇轉辭篇收入百子全書中恐非其完粹之書也此二篇以衆多之斷章而成絶不統一或取申韓法治之意曰萬物自歸莫之使也（無厚篇）或反覆老子聖人不死大盜不止之言（轉辭篇）其他循名責實之説必非無之而皆除之且荀子所謂惠施鄧析之言今二篇中亦不錄故余以此書為僞作也（日本遠藤隆吉支那哲學史）

漢志名家鄧析二篇鄭人與子產並時

隋志舊新唐志皆一卷意林一卷二篇崇文總目言劉歆校為二篇今本二篇即歆所分而前有劉向奏稱除復重為一篇者蓋歆書冠以向奏唐本相承如此也或言此奏當為歆作知不著者意林及楊倞注荀子皆云向不云歆也先秦古書佚失者多鄧析幸而僅存即不盡醕要各有所見自成一家左氏好惡合於聖人而於鄧析比之靜女彤管召伯甘棠或非過譽流傳久遠轉寫多訛因據各書引見改補五十餘事疑者闕

之舊三十二章今合并為三十一章節次或不相屬而詞恉完具各書徵用尠出此外惟御覽八十符子引鄧析言曰古詩云堯舜至聖身如脯腊桀紂無道肌膚二尺今本無之當是佚脫或如呂氏春秋淮南所載元不在二篇中亦未可知也嚴可均鐵橋漫稿五

（周）鄧析　撰
王國維　校並跋

鄧析子二卷

民國八年（1919）上海商務印書館《四部叢刊》影印明刊本

鄧析子

鄧析子

四部叢刊子部

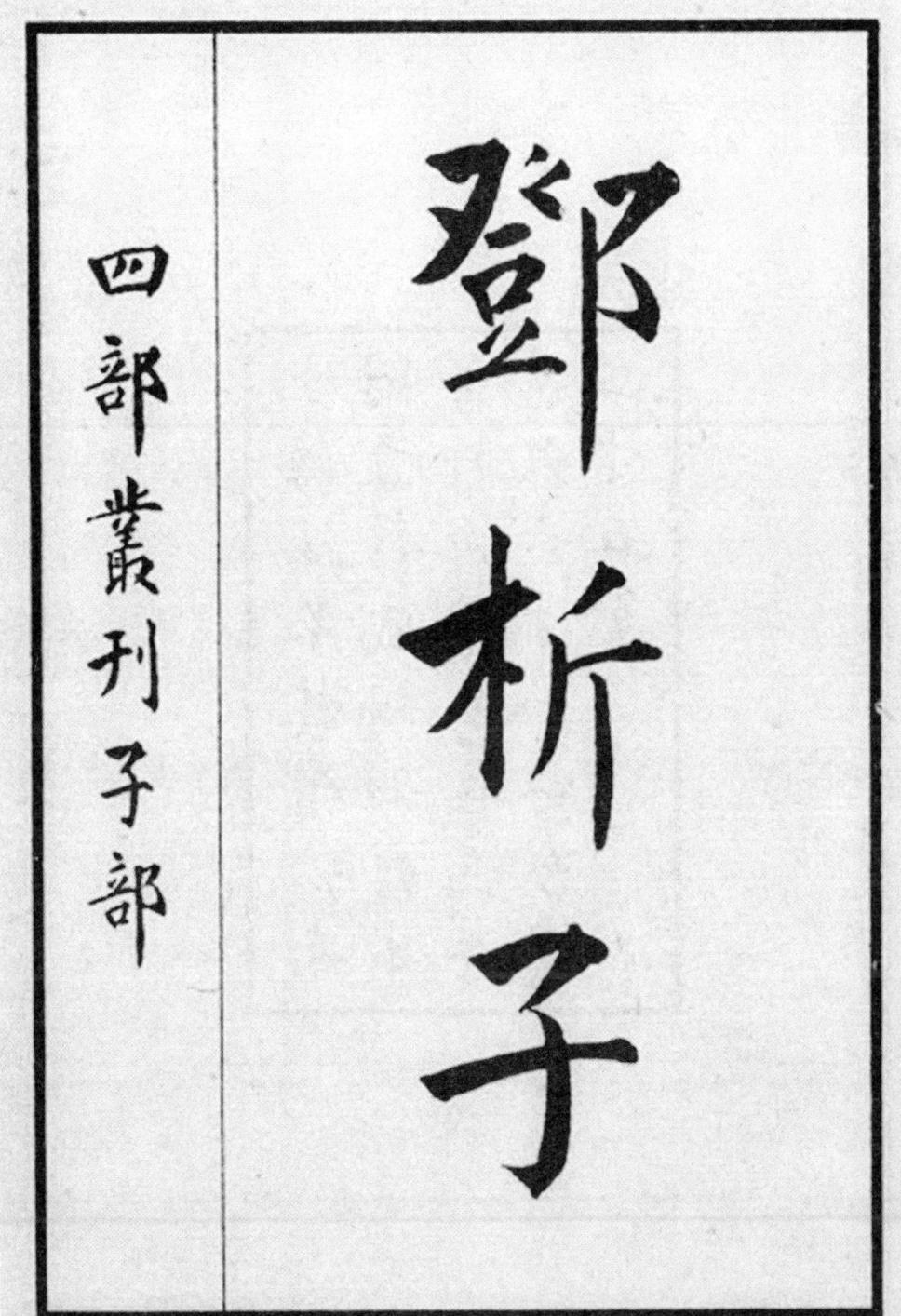

上海涵芬樓借江南圖書館藏明初刊本景印原書版匡高營造尺六寸一二分寬四寸五分

鄧析子

崇文總目鄧析子戰國時人漢志二篇初析著書四篇劉歆有目有一篇凡五歆復校爲二篇中鄧析書四篇臣敘書一篇凡中外書五篇以相校除復重爲一篇皆定殺而書可繕寫也鄧析者鄭人也好刑名操兩可之說設無窮之辭當子產之世數難子產之法記或云子產起而戮之於春秋左氏傳昭公二十年而子產卒子太叔嗣爲政定公八年太叔卒駟歂（市緣）嗣爲政明年乃殺鄧析而用其竹刑君子謂子然於是乎不忠苟有可以加

於國家棄其邪可也靜女之三章取彤管焉竿旄何以告之取其忠也故用其道不棄其人詩之蔽芾甘棠勿剪勿伐召伯所茇思其人猶愛其樹也況用其道不恤其人乎然無以勸能矣竹刑簡法也久遠世無其書子產卒後二十年而鄧析死傳說或稱子產誅鄧析非也其論無厚者言之異同與公孫龍同類謹第一

鄧析子卷上

無厚篇

天於人無厚也君於民無厚也父於子無厚也兄於弟無厚也何以言之天不能屏勃厲之氣全天折之人使爲善之民必壽此於民無厚也凡民有穿窬爲盜者有詐僞相迷者此皆生於不足起於貧窮而君必執法誅之此於民無厚也堯舜位爲天子而丹朱商均爲布衣此於子無厚也周公誅管蔡此於弟無厚也推此言之何厚之有

循名責實君之事也奉法宣令臣之職也下不得

黑口本不提行

自擅上操其柄而不理者未之有也君有三累臣有四責何謂三累惟親所信一累以名取士二累近故親疎三累何謂四責受重賞而無功一責居大位而不治二責理官而不平三責御軍陣而奔北四責君無三累臣無四責可以安國

勢者君之輿威者君之策臣者君之馬民者君之輪勢固則輿安威定則策勁臣順則馬良民和則輪利爲國失此必有覆車奔馬折輪敗載之患安得不危

與同之不可別是非之不可定白黑之不可分清

濁之不可理久矣誠聽能聞於無聲視能見於無形計能規於未兆慮能防於未然斯無他也不以耳聽則通於無聲矣不以目視則照於無形矣不以心計則達於無兆矣不以知慮則合於無然矣君者藏形匿影群下無私掩目塞耳萬民恐震循名責實察法立威是明王也夫明於形者分不遇於事察於動者用不失則利故明君審一萬物自定名不可以外務智不可以從他求諸己之謂也

治世位不可越職不可亂百官有司各務其刑上

循名以督實下奉教而不違所美觀其所終所惡計其所窮喜不以賞怒不以罰可謂治世

夫負重者患塗遠據貴者憂民離負重塗遠者身疲而無功在上離民者雖勞而不治故智者量塗而後負明君視民而出政

獵羆虎者不於外圂釣鯨鯢者不居清池何則圂非羆虎之窟也池非鯨鯢之泉也楚之不泝流陳之不束麾長盧之不士吕子之蒙耻

夫游而不見敬不恭也居而不見愛不仁也言而不見用不信也求而不能得無始也謀而不見喜

無理也計而不見從遺道也因勢而發譽則行等
而名殊人齊而得時則力敵而功倍其所以然者
乘勢之在外推辯說非所聽也虛言向非所應也
無益亂非舉也故談者別殊類使不相害序異端
使不相亂諭志通意非務相乖也若飾詞以相亂
匿詞以相亂移非古之辯也
慮不先定不可以應卒兵不閑習不可以當敵廟
筭千里帷幄之奇百戰百勝黃帝之師
死生自命貧富自時怨夭折者不知命也怨貧賤
者不知時也故臨難不懼知天命也貧窮無懾達

時序也凶饑之歲父死於室子死於戶而不相怨
者無所顧也同舟渡海中流遇風救患若一所憂
同也張羅而畋唱和不差者其利等也故體痛者
口不能不呼心悅者顏不能不笑責疲者以舉千
鈞責者以及走驅逸足於庭求猨捷於檻斯逆理
而求之猶倒裳而索領
事有遠而親近而踈就而不用去而反求風此四
行明主大憂也
夫水濁則無掉尾之魚政苛則無逸樂之士故令
煩則民詐政擾則民不定不治其本而務其末譬

如拯溺錘之以石救火投之以薪
夫達道者無知之道也無能之道也是知大道不
知而中不能而成無有而足守虛責實而萬事畢
忠言於不忠義生於不義音而不收謂之放言出
而不督謂之闇故見其象致其形循其理正其名
得其端知其情若此何往不復何事不成有物者
意也無外者德也有人者行也無人者道也故德
非所覆處非所處則失道非其道不道則諂意無
賢慮無忠行無道言虛如受實萬事畢
夫言榮不若辱非誠辭也得不若失非實談也不

進則退不喜則憂不得則亡此世人之常眞人危
斯十者而爲一矣所謂大辯者别天下之行具天
下之物選善退惡時措其宜而功立德至矣小辯
則不然别言異道以言相射以行相伐使民不知
其要無他故焉故淺知也君子并物而錯之兼塗
而用之五味未嘗而　於口五行在身而布於人
故何方之道不從面從之義不行治亂之法不用
惔然寬裕蕩然簡易略而無失精詳入纖微也
夫舟浮於水車轉於陸此自然道也有不治者知
不豫焉

夫木擊折轊水戾破舟不怨木石而罪巧拙故不載焉故有知則感德有心則嶮有目則眩是以規矩一而不易不爲秦楚緩節不爲胡越改容一而不邪方行而不流一日形之萬世傳之無爲爲之也

夫自見之明借人見之闇也自聞之聽借人聞之聾也明君知此則去就之分定矣爲君當若冬日之陽夏日之陰萬物自歸莫之使也恬臥而功自成優游而政自治豈在振目搤腕手據鞭朴而後爲治歟

夫合事有不合者知與未知也合而不結者陽親而陰疎故遠而親者忘相應也近而疎者忘不合也就而不用者策不得也去而反求者無違行也近而不御者心相乖也遠而相思者合其謀也故明君擇人不可不審士之進趣亦不可不詳

鄧析子卷下

轉辭篇

世間悲哀喜樂嗔怒憂愁久惑於此今轉之在已爲哀在他爲悲在已爲樂在他爲喜在已爲嗔在他爲怒在已爲愁在他爲憂在已若扶之與攜謝之與議故之與右諾之與已相去千里也夫言之

術與智者言依於博與博者言依於辯與辯者言依於安與貴者言依於勢與富者言依於豪與貧者言依於利與勇者言依於敢與愚者言依於說此言之術也[illegible]不用在早圖不窮在早稼非所宜言勿言非所宜為勿為以避其危非所宜取勿[illegible]取以避其咎非所宜爭勿爭以避其聲一聲而非駟馬勿追一言而急駟馬不及故惡言不出口苟語不留耳此謂君子也

夫任臣之法闇則不任也慧則不從也仁則不親也勇則不近也信則不信也不以人用人故謂之

神怒出於不怒爲出於不爲視於無有則得其所見聽於無聲則得其所聞故無形者有形之本無聲者有聲之母循名責實實之極也按實定名名之極也參以相平轉而相成故得之形名

夫川竭而谷虛丘夷而淵實聖人以死大盜不起天下平而故也聖人不死大盜不止何以知其然爲之斗斛而量之則并斗斛而均之爲之權衡以平之則并與權衡而竊之爲之符璽以信之則并與符璽而功之爲之仁義以教之則并仁義以竊之何以知其然彼竊財誅竊國者爲諸侯諸侯之

門仁義存焉是非竊仁義邪故遂於大盜霸諸侯
此重利也盜跖所不可禁者乃聖人之罪也欲之
與惡善之與善四者變之失恭之與儉敬之與傲
四者失之脩故善素朴任惔憂而無失未有脩焉
此德之永也言有信而不爲信言有善而不爲善
者不可不察也
夫治之法莫大於私不行功莫大於使民不爭今
也立法而行私與法爭其亂也甚於無法立君而
尊愚與君爭其亂也甚於無君故有道之國則私
善不行君立而愚者不尊民一於君事斷於法此

國之道也明君之督大臣緣身而責名緣名而責形緣形而責實臣懼其重誅之至於不敢行其私矣

心欲安靜慮欲深遠心安靜則神策生慮深遠則計謀成心不欲躁慮不欲淺心躁則精神滑慮淺則百事傾

治世之禮簡而易行亂世之禮煩而難遵上古之樂質而不悲當今之樂邪而爲淫上古之民質而敦朴今世之民詐而多行上古象刑而民不犯教有墨劓不以爲恥斯民所以亂多治少也堯置敢

諫之鼓舜立誹謗之木湯有司直之人武有戒慎之銘此四君子者聖人也而猶若此之勤至于桀陸氏殺東里子宿沙氏戮箕文桀誅龍逢紂刳比干四主者亂君故其疾賢若仇是以賢愚之相覺若百丈之谿與萬仞之山若九地之下與重天之顛

明君之御民若御奔而無轡履冰而負重親而踈之踈而親之故畏儉則福生驕奢則禍起聖人逍遙一世罕匹萬物之形寂然無鞭朴之罰莫然無呪咤之聲而家給人足天下太平視昭昭知冥冥

推未運覩未然故神而不可見幽而不可見此之
謂也
君人者不能自專而好任下則智日困而數日窮
迫於下則不能申行隨於國則不能持知不足以
爲治威不足以行誅則無以與下交矣故喜而使賞
不必當功怒而使誅不必值罪不慎喜怒誅賞從
其意而欲委任臣下故亡國相繼殺君不絶古人
有言衆口鑠金三人成虎不可不察也
夫人情發言欲勝舉事欲成故明者不以其短疾
人之長不以其拙病人之工言有善者則而賞之

言有非者顯而罰之塞邪枉之路蕩淫辭之端臣下閔之左右結舌可謂明君爲善者君與之賞爲惡者君與之罰因其所以來而報之循其所以進而答之聖人因之故能用之因之循理故能長久今之爲無堯舜之才而慕堯舜之治故終顛殞乎混冥之中而事不覺於昭明之術是以虛慕欲治之名無益亂世之理也

患生於官成病始於少瘳禍生於懈慢孝衰於妻子此四者慎終如始也富必給貧壯必給老快情恣欲必多侈侮故曰尊貴無以高人聰明無以寵

人資給無以先人剛勇無以勝人能履行此可以爲天下君

夫謀莫難於必聽事莫難於必成成必合於數聽必合於情故抱薪加火爍者必先燃平地注水濕者必先濡故曰動之以其類安有不應者獨行之術也

明君立法之後中程者賞缺繩者誅此之謂君曰亂君國曰亡國

智者寂於是非故善惡有別明者寂於去就故進退無類若智不能察是非明不能審去就斯非虛

妄

目貴明耳貴聰心貴公以天下之目視則無不見以天下之耳聽則無不聞以天下之智慮則無不知得此三術則存於不爲也

癸亥正月明初黑口本校　觀莿

鄧析子卷下終

鄧析子一卷

（周）鄧析 撰
張維翰 圈點

民國八年（1919）上海商務印書館《四部叢刊》影印明刊本

鄧析子

鄧析子

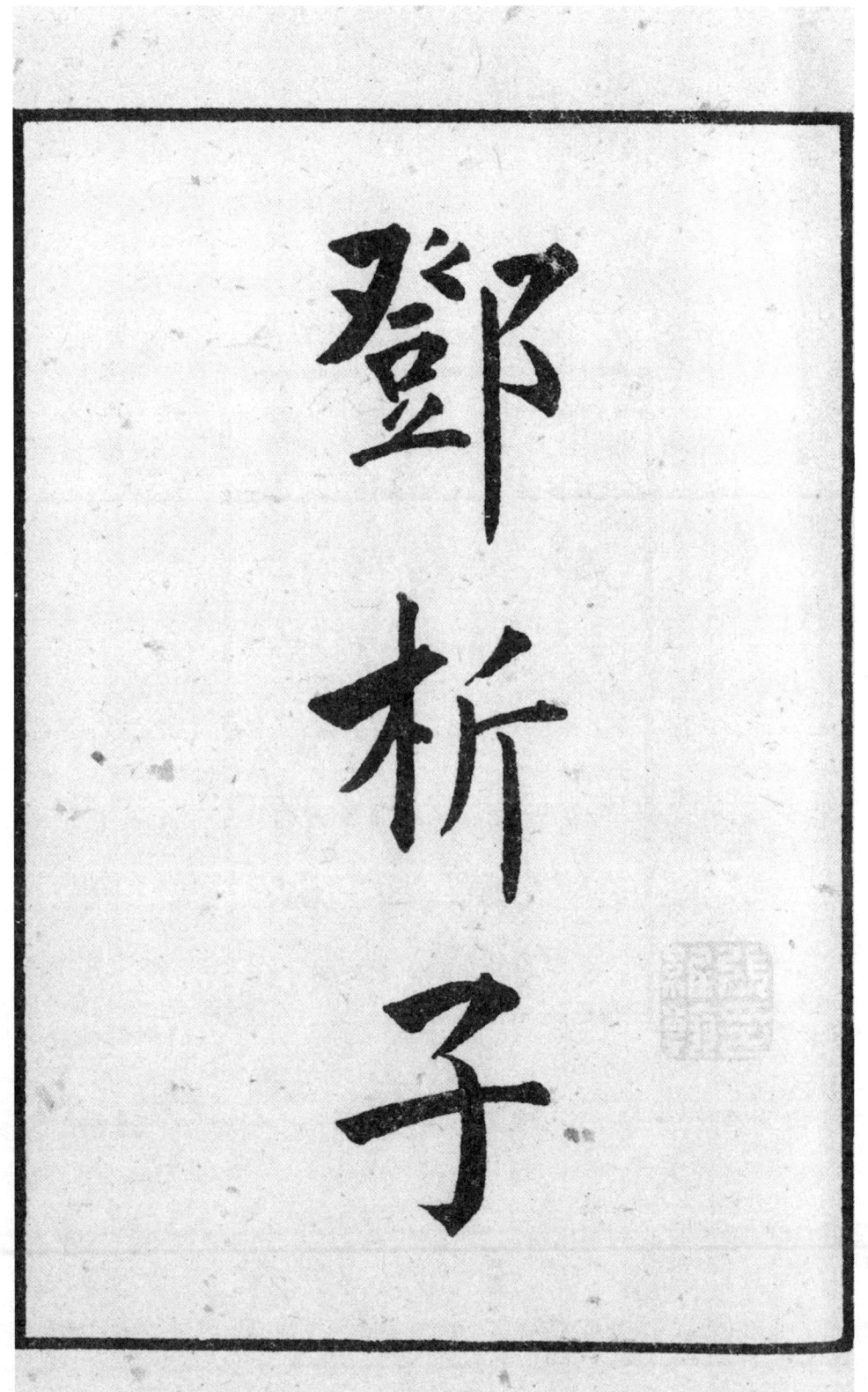

上海涵芬樓借江南
圖書館藏明初刊本
景印原書版匡高營
造尺六寸一二分寬
四寸五分

鄧析子

崇文總目鄧析子戰國時人漢志二篇初析著書四篇劉歆有目有一篇凡五歆復校爲二篇

中鄧析書四篇臣叙書一篇凡中外書五篇以相校除復重爲一篇皆定殺而書可繕寫也鄧析者鄭人也好刑名操兩可之說設無窮之辭當子產之世數難子產之法記或云子產起而戮之於春秋左氏傳昭公二十年而子產卒子太叔嗣爲政定公八年太叔卒駟歂嗣爲政明年乃殺鄧析而用其竹刑君子謂子歂於是乎不忠苟有可以加

於國家棄其邪可也靜女之三章取彤管焉竿旄何以告之取其忠也故用其道不棄其人詩之蔽芾甘棠勿剪勿伐召伯所茇思其人猶愛其樹也況用其道不恤其人乎然無以勸能矣竹刑簡法也久遠世無其書子産卒後二十年而鄧析死傳說或稱子産誅鄧析非也其論無厚者言之異同與公孫龍同類謹第一

鄧析子

無厚篇

天於人無厚也君於民無厚也父於子無厚也兄於弟無厚也何以言之天不能屏勃厲之氣全夭折之人使爲善之民必壽此於民無厚也凡民有穿窬爲盜者有詐僞相迷者此皆生於不足起於貧窮而君必執法誅之此於民無厚也堯舜位爲天子而丹朱商均爲布衣此於子無厚也周公誅管蔡此於弟無厚也推此言之何厚之有

循名責實君之事也奉法宣令臣之職也下不得

自擅上操其柄而不理者未之有也君有三累臣有四責何謂三累惟親所信一累以名取士二累近故親疎三累何謂四責受重賞而無功一責居大位而不治二責理官而不平三責御軍陣而奔北四責君無三累臣無四責可以安國

勢者君之輿威者君之策臣者君之馬民者君之輪勢固則輿安威定則策勁臣順則馬良民和則輪利爲國失此必有覆車奔馬折輪敗載之患安得不危

異同之不可別是非之不可定白黑之不可分清

濁之不可理久矣誠聽能聞於無聲視能見於無
形計能規於未兆慮能防於未然斯無他也不以
耳聽則通於無聲矣不以目視則照於無形矣不
以心計則達於無兆矣不以知慮則合於無然矣
君者藏形匿影群下無私掩目塞耳萬民恐震
循名責實察法立威是明王也夫明於形者分不
遇於事察於動者用不失則利故明君審一萬物
自定名不可以外務智不可以從他求諸己之謂
也
治世位不可越職不可亂百官有司各務其刑上

循名以督實下奉教而不違所美觀其所終所惡計其所窮喜不以賞怒不以罰可謂治世

夫負重者患塗遠據貴者憂民離負重塗遠者身疲而無功在上離民者雖勞而不治故智者量塗而後負明君視民而出政

獵羆虎者不於外圂釣鯨鯢者不居清池何則圂非羆虎之窟也池非鯨鯢之泉也楚之不泝流陳之不束麾長盧之不士呂子之蒙耻

夫游而不見敬不恭也居而不見愛不仁也言而不見用不信也求而不能得無始也謀而不見喜

無理也計而不見從遺道也因勢而發譽則行等
而名殊人齊而得時則力敵而功倍其所以然者
乘勢之在外推辯說非所聽也虛言向非所應也
無益亂非舉也故談者別殊類使不相害序異端
使不相亂諭志通意非務相乖也若飾詞以相亂
匿詞以相亂移非古之辯也
慮不先定不可以應卒兵不閑習不可以當敵廟
筭千里帷幄之奇百戰百勝黃帝之師
死生自命貧富自時怨夭折者不知命也怨貧賤
者不知時也故臨難不懼知天命也貧窮無慴達

時序也凶饑之歲父死於室子死於戶而不相怨者無所顧也同舟渡海中流遇風救患若一所憂同也張羅而畋唱和不差者其利等也故體痛者口不能不呼心悅者顏不能不笑責疲者以舉千鈞責兀者以及䞤驅逸足於庭求猨捷於檻斯逆理而求之猶倒裳而索領事有遠而親近而疎就而不用去而反求風此四行明主大憂也

夫水濁則無掉尾之魚政苛則無逸樂之士故令煩則民詐政擾則民不定不治其本而務其末譬

如拯溺錘之以石救火投之以薪
夫達道者無知之道也無能之道也是知大道不
知而中不能而成無有而足守虛責實而萬事畢
忠言於不忠義生於不義音而不收謂之放言出
而不督謂之闇故見其象致其形循其理正其名
得其端知其情若此何往不復何事不成有物者
意也無外者德也有人者行也無人者道也故德
非所覆處非所處則失道非其道不道則諂意無
賢慮無忠行無道言虛如受實萬事畢
夫言榮不若辱非誠辭也得不若失非實談也不

進則退不喜則憂不得則亡此世人之常眞人危
斯十者而爲一矣所謂大辯者別天下之行具天
下之物選善退惡時措其宜而功立德至矣小辯
則不然別言異道以言相射以行相伐使民不知
其要無他故焉故淺知也君子并物而錯之兼塗
而用之五味未嘗而　於口五行在身而布於人
故何方之道不從面從之義不行治亂之法不用
惔然寬裕蕩然簡易略而無失精詳入纖微也
夫舟浮於水車轉於陸此自然道也有不治者知
不豫焉

夫木擊折轊水戾破舟不怨木石而罪巧拙故不載焉故有知則感德有心則嶮有目則眩是以規矩一而不易不爲秦楚緩節不爲胡越改容一而不邪方行而不流一日形之萬世傳之無爲爲之也

夫自見之明借人見之闇也自聞之聽借人聞之聾也明君知此則去就之分定矣爲君當若冬日之陽夏日之陰萬物自歸莫之使也恬臥而功自成優游而政自治豈在振目搤腕手擄鞭朴而後爲治歟

夫合事有不合者知與未知也合而不結者陽親而陰疎故遠而親者忘相應也近而疎者忘不合也就而不用者策不得也去而反求者無違行也近而不御者心相乖也遠而相思者合其謀也故明君擇人不可不審士之進趣亦不可不詳

轉辭篇

世間悲哀喜樂嗔怒憂愁久惑於此今轉之在已爲哀在他爲悲在已爲樂在他爲喜在已爲嗔在他爲怒在已爲愁在他爲憂在已若扶之與携謝之與議故之與右諾之與已相去千里也夫言之

術與智者言依於博與博者言依於辯與辯者言
依於安與貴者言依於勢與富者言依於豪與貧
者言依於利與勇者言依於敢與愚者言依於說
此言之術也[redacted]不用在早圖不窮在早稼非所宜
言勿言非所宜爲勿爲以避其危非所宜取勿[redacted]
取以避其咎非所宜爭勿爭以避其聲一聲而非
駟馬勿追一言而急駟馬不及故惡言不出口苟語不
留耳此謂君子也
夫任臣之法闇則不任也慧則不從也仁則不親
也勇則不近也信則不信也不以人用人故謂之

神怒出於不怒爲出於不爲視於無有則得其所見聽於無聲則得其所聞故無形者有形之本無聲者有聲之母循名責實實之極也按實定名名之極也參以相平轉而相成故得之形名

夫川竭而谷虛丘夷而淵實聖人以死大盜不起天下平而故也聖人不死大盜不止何以知其然爲之斗斛而量之則并斗斛而均之爲之權衡以平之則并與權衡而竊之爲之符璽以信之則并與符璽而功之爲之仁義以教之則并仁義以竊之何以知其然彼竊財誅竊國者爲諸侯諸侯之

門仁義存焉是非竊仁義邪故遂於大盜霸諸侯此重利也盜跖所不可禁者乃聖人之罪也欲之與惡善之與善四者變之失恭之與儉敬之與傲四者失之脩故善素朴任惔憂而無失未有脩焉此德之永也言有信而不爲信言有善而不爲善者不可不察也

夫治之法莫大於私不行功莫大於使民不爭今也立法而行私與法爭其亂也甚於無法立君而尊愚與君爭其亂也甚於無君故有道之國則私善不行君立而愚者不尊民一於君事斷於法此

國之道也明君之督大臣緣身而責名緣名而責形緣形而責實臣懼其重誅之至於不敢行其私矣

心欲安靜慮欲深遠心安靜則神策生慮深遠則計謀成心不欲躁慮不欲淺心躁則精神滑慮淺則百事傾

治世之禮簡而易行亂世之禮煩而難遵上古之樂質而不悲當今之樂邪而爲淫上古之民質而敦朴今世之民詐而多行上古象刑而民不犯教有墨劓不以爲恥斯民所以亂多治少也堯置敢

諫之鼓舜立誹謗之木湯有司直之人武有戒愼
之銘此四君子者聖人也而猶若此之勤至于桀
陸氏殺東里子宿沙氏戮箕文桀誅龍逢紂刳比
干四主者亂君故其疾賢若仇是以賢愚之相覺
若百丈之谿與萬仞之山若九地之下與重天之
顚
明君之御民若御奔而無轡履冰而負重親而疎
之疎而親之故畏儉則福生驕奢則禍起聖人逍
遙一世罕匹萬物之形寂然無鞭朴之罰莫然無
叱咤之聲而家給人足天下太平視昭昭知冥冥

推未運覩未然故神而不可見幽而不可見此之
謂也

君人者不能自專而好任下則智日困而數日窮
迫於下則不能申行隨於國則不能持知不足以
爲治威不足以行誅無以與下交矣故喜而使賞
不必當功怒而使誅不必值罪不慎喜怒誅賞從
其意而欲委任臣下故亡國相繼殺君不絕古人
有言衆口鑠金三人成虎不可不察也

夫人情發言欲勝舉事欲成故明者不以其短疾
人之長不以其拙病人之工言有善者則而賞之

言有非者顯而罰之塞邪枉之路蕩淫辭之端臣下閔之左右結舌可謂明君爲善者君與之賞爲惡者君與之罰因其所以來而報之循其所以進而答之聖人因之故能用之因之循理故能長久今之爲無堯舜之才而慕堯舜之治故終顛殞乎混冥之中而事不覺於昭明之術是以虛慕欲治之名無益亂世之理也

患生於官成病始於少瘳禍生於懈慢孝衰於妻子此四者慎終如始也富必給貧壯必給老快情恣欲必多侈悔故曰尊貴無以高人聰明無以寵

人資給無以先人剛勇無以勝人能履行此可以爲天下君

夫謀莫難於必聽事莫難於必成成必合於數聽必合於情故抱薪加火爍者必先燃平地注水濕者必先濡故曰動之以其類安有不應者獨行之術也

明君立法之後中程者賞缺繩者誅此之謂君曰亂君國曰亡國

智者寂於是非故善惡有別明者寂於去就故進退無類若智不能察是非明不能審去就斯非虛

妄

目貴明耳貴聰心貴公以天下之目視則無不見以天下之耳聽則無不聞以天下之智慮則無不知得此三術則存於不爲也

（周）鄧析　撰　佚名過録馬釗、陳奐、李滂跋

鄧析子二卷

清影抄本

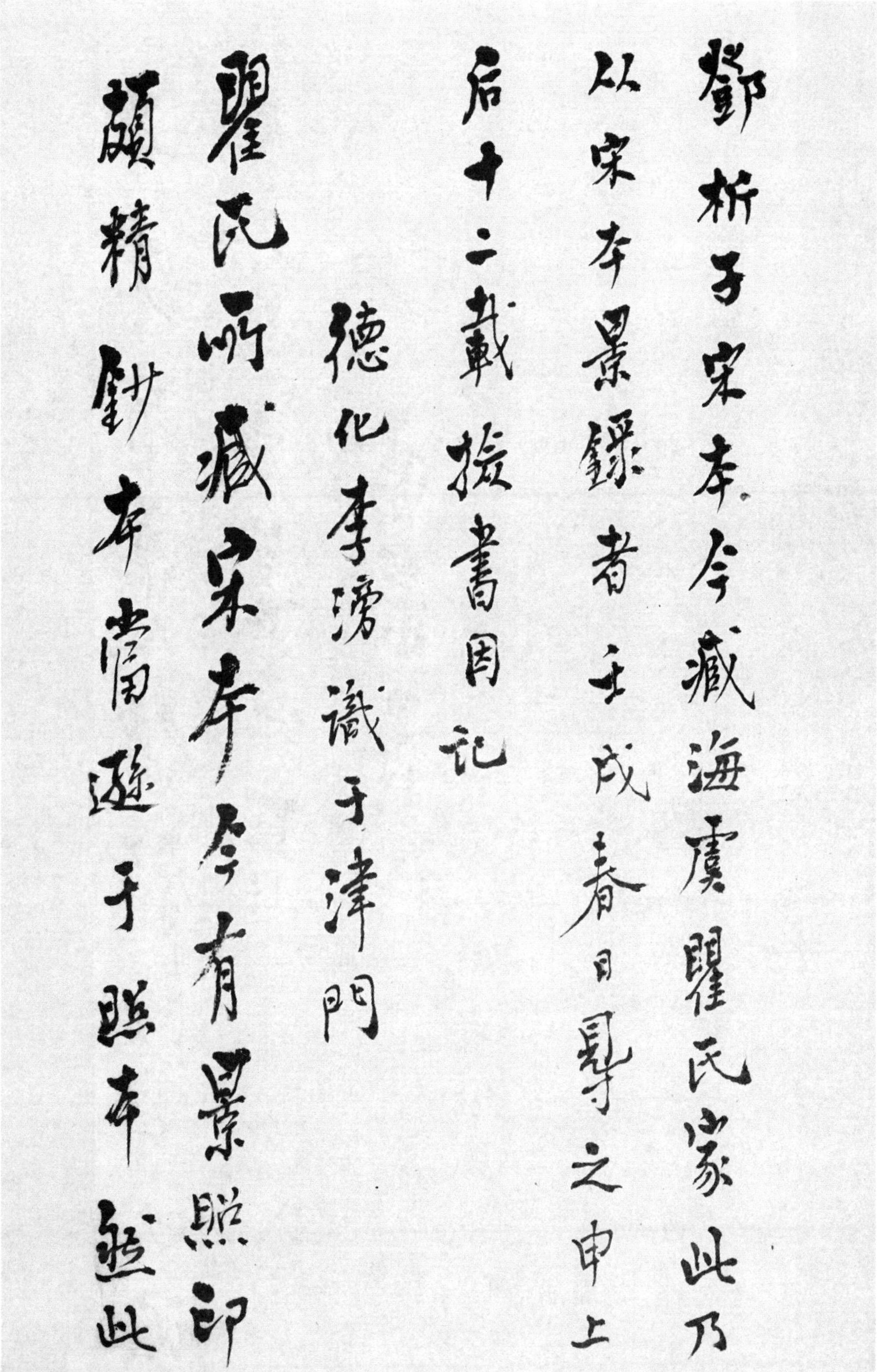
鄧析子宋本今藏海虞瞿氏家此乃
以宋本景錄者壬戌春日得之申上
后十二載撿書因記
德化李滂識于津門
瞿氏所藏宋本今有景照印
頗精鈔本當遜于照本遠此

本末有儒人傳錄陳奐跋語
似不失為善本耳
雷翁再記

序
書四篇臣敘書一篇凡中
相校除復重爲一篇皆定
阝析者鄭人也好刑名
丿之辞當子產之世
子產起而戮
十年而

万是乎不忠
家棄甚邪可也靜女之三章

竿旄何以告之取其忠也故用棄其人詩之蔽芾甘棠勿翦勿伐所茇思其人猶愛其樹也況用其道不恤其人乎然無以勸能矣竹刑簡法久遠世無其書子產卒後二十年而析死傅說或稱子產誅鄧析非也其論無厚者言之異同與公孫龍同類謹第一

鄧析子卷上

無厚篇

天於人無厚也君於民無厚也父於子無厚也兄於弟無厚也何以言之天不

能屏勃厲之氣全夭折之人使爲善之
民必壽此於民無厚也凡民有穿窬爲
盜者有詐僞相迷者此皆生於不足起
於貧窮而君必執法誅之此於民無厚
也堯舜位爲天子而丹朱商均爲布衣
此於子無厚也周公誅管蔡此於弟無
厚也推此言之何厚之有
循名責實君之事也奉法宣令臣之職
也下不得自擅上操其柄而不理者未
之有也君有三累臣有四責何謂三累
惟親所信一累以名取士二累近故親

踈三累何謂四責受重賞而無功一責居大位而不治二責理官而不平三責御軍陣而奔背四責君無三累臣無四責可以安國

勢者君之輿威者君之策臣者君之馬民者君之輪勢固則輿安威定則策勁臣順則馬良民和則輪利爲國失此必有覆車奔馬折輪敗載之者安得不危異同之不可別是非之不可定白黑之不可分清濁之不可理久矣斯誠明聽能聞於無聲視能見於無形計能規於

未兆慮能防於未然斯無他也不可耳
聽則通於無形矣不以心計則達於無
兆矣不以知慮則合於無然矣君者藏
形匿影群下無私掩目塞耳萬民恐震
循名責實察法立威是明王也夫明於
形者分不遇於事察於動者用不失其
利故明君審一萬物自定名不可以外
務智不可以從他求諸巳之謂也
治世位不可越職不可亂百官有司各
務其刑上循名以督實下奉教而不達
所美觀其所終所惡計其所窮喜不以

賞怒不以罰可謂治世
夫負重者患塗遠據貴者憂民離負重
塗遠者身疲而無功在上離民者雖勞
而不治故智者量塗而後負明君視民
而出政獵羆虎者不於外圂鈎鯨鯢者
不居清池何則圂非羆虎之處也池非
鯨鯢之泉也楚之不泝流陳之不束麾
長盧之不士呂子之蒙恥
夫游而不見敬不恭也居而不見愛不
仁也言而不見用不信也求而不能得
無始也謀而不見喜無理也計而不見

從遺道也因勢而發譽則行等而名殊
人齊而得時則力敵而功倍其所以然
者乘勢之在外推辯說非所聽也虛言
向非所應也無益亂非舉也故談者別
殊類使不相害序異端使不相亂諭志
通意意非務相乖也若飾詞以相亂匿
詞以相亂移非古之辯也
慮不先定不可以應卒兵不閑習不可
以當敵廟勝千里帷幄之奇百戰百勝
黃帝之師
死生自命貧富自時怨夭折者不知命

也怨貧賤者不知時也故臨難不懼知天命也貧窮無懾達時序也凶飢之歲父死於室子死於户而不相怨者無所顧也同舟渡海中流遇風救患若一所憂同也張羅而畋唱和不差者其利等也故躰痛者口不能不呼心悅者顔不能不笑責疲者以舉千鈞冗者以及走乎驅逸足於庭求猨捷於檻斯逆理而求之猶倒索裳而索領

事有遠而親近而疎就而不用去而反求風此四行明主大憂也

夫水濁則無掉尾之魚政苛則無逸樂之士故令煩則民詐政擾則民不定不治其本而務其末譬如拯溺錘之以石救火投之以薪

夫達道者無知之道也無能之道是知大道不知而中不能無成無有而足守虛責實而萬事畢

忠言於不忠義生於不義音而不收謂之放言出而不督謂之闇故見其象致其形循其理正其名得其端知其情若此何往不復何事不成有物者意也無

外者德也有人者行也無人者道也故
德非所履處非所處則失道非其道不
道則諂意無賢慮無忠行無道言虛如
受實萬事畢
夫言榮不若辱非誠僻辟也得不若失
非實談也不進即退不喜則憂不得則
亡此世人之常真人危斯十者而爲一
矣所謂大辨者别天下之行具天下之
物選善退惡時措其宜而功立德至矣
小辨則不然别言異道以言相射以行
相伐使民不知其要無他故焉故淺知

也君子并物而鎔之兼塗而用之五味未嘗而於口五行在身而布於人故何方之道不從而從之義不行治亂之法不用掞然寬裕蕩然簡易略而無失精詳入纖微也

夫舟浮於水車轉於陸此自然道也有不治者知不豫焉

夫木擊折轊水戾破舟不怨木石而罪巧拙故不載焉故有知則感德有心則嶮有目則眩是以規矩一而不易不為秦楚緩節不爲胡越改容一而不邪方

行而不流一日形之萬世傳之無爲爲之也
天自見之明借人見之闇也自聞之聰借人聞之聾也明君知此則去就之分定矣爲君當若冬日之陽夏日之陰萬物自歸莫之使也恬臥而功自成優遊而政自治豈在振目搤腕乎摽鞭朴而後爲治欤
夫合事有不合者知與未知也合而不結者陽親而陰踈故遠而親者忘相應也近而踈者忘不合也就而不用者策

不得也去而反求者無違行也近而不御者心相乖也遠而相思也合其謀也故明君擇人不可不審士之進趣亦不可不詳

鄧析子卷上

鄧析子卷下

轉辭篇

世間悲哀喜樂嗔怒憂喜久惑於此今轉之在已爲哀在他爲悲在已爲樂在他爲喜在已爲嗔在他爲怒在已爲愁在他爲憂在已若扶之攜謝之與議故之與右諾之與已相去千里也夫言之術與智者言依於博與博者言依於辨與辨者言依於安與貴者言依於勢與冨者言依於豪與貧言依於利與勇者言依於敢與愚者言依於説此言之術也

○不用在早圖不窮在早稼非所宜言勿言非所宜爲勿爲以避其危非所宜取勿取以避其咎非所宜爭勿爭以避其聲一聲而非罵勿追一言而忽罵不及故惡言不出口苟語不留耳此謂君子也

夫狂臣之法闇則不任也慧則不從也仁則不親也勇則不近也信則不信也不以人用人故謂之神怒出於不怒爲出於不爲視於無有則得其所見聽於無聲則得其所聞故刑者有形之本無

聲者有聲之母循名責實實之極也按
實定名名之極也參以相平轉而相成
故得之形名
夫川竭而谷虛丘夷而淵實聖人以死
大盜不起天下平而故也聖人不死大
盜不止何以知其然爲之斗斛而量之
則并斗斛而均之爲之權衡以平之則
并與權衡而竊之爲之符璽以信之則
并與符璽而功之爲之仁義以教之則
并仁義以竊之何以知其然被竊財誅
竊國者爲諸侯諸侯之門仁義存焉是

非竊仁義耶故遂於大盜覇諸侯此重利也盜跖所不可桀者乃聖人之罪也欲之與惡喜之與善四者變之失恭之與儉敬之與傲四者失之修故善素朴任惔憂而無失未有修焉此德之永也言有信而不為信言有善而不爲善者不可不察也

夫治之法莫大於私不行功莫大於使民不爭今也立法而行私與法爭其亂也甚於無法立君而尊愚與君爭其亂也甚於無君故有道之國則私善不行

君立而愚者不尊民一於君事斷於法
此國之道也
明君之督大臣緣身而責名緣名而責
形緣形而責實臣懼其重誅之至於不
敢行其私矣
心欲安靜慮欲深遠心安靜則神策生
慮深遠則計謀成心不欲躁慮不欲淺
心躁則精神滑慮淺則百事傾
治世之禮簡而易行亂世之禮煩而難
遵上古之樂質而不悲當今之樂邪而
爲淫上古之民質而敦朴今世之民詐

而多行上古象刑而民不犯教有墨劓
不以爲恥斯民所以亂多治少也堯置
欲諫之鼓舜之非謗之木湯有司直之
人武有戒慎之銘此四君子者聖人也
而猶若此之勤至于粟陸氏殺東里子
宿沙文戮箕文桀誅龍逢紂刳比干四
主者亂君故其疾賢若仇是以賢愚之
相覺若百丈之谿與萬仞之山若九地
之下與重天之顛
明君之御民若御奔而無轡履冰而負
重親而疏之疏而親之故畏儉則福生

驕奢則禍起聖人逍遥一世宰匠萬物之形寂然無鞭朴之罰莫然無叱咤之聲而家給人足天下太平視昭昭知冥冥榷未運覩未然故神而不可見幽而不可見此之謂也

君人者不能自專而好任下則智日困而數日窮迫於下則不能申行隨於國則不能持知不足以爲治威不足以行誅則無以與下交矣故喜而使賞不必當功怒而使誅不必值罪不愼喜怒誅賞從其意而欲委任臣下故亡國相繼

殺君不絶古人有言衆口鑠金三人成虎不可不察也

夫人情發言欲勝舉事欲成故明者不以其短疾人之長不以其拙病人之工言有善者則而賞之言有非者顯而罰之塞邪枉之路蕩淫辟之端臣下閉之左右結舌可謂明君爲善者君與之賞爲惡者君與之罰因其所以來而報之循其所以進而荅之聖人因之故能用之因之循理故能長久今之爲無堯舜之才而慕堯舜之治故終顛殞乎混冥

之中而事不覺於昭明之術是以虛慕
欲治之名無益亂世之理也
患生於官成病始於少瘳禍生於懈慢
孝衰於妻子此四者慎終如始也富必
給貧壯必給老快情恣欲必多侈侮故
曰尊貴無以高人聰明無以寵人資給
無以先人剛勇無以勝人能履行此可
以爲天下君
夫謀莫難於必聽事莫難於必威威必
合於數聽必合於情故抱薪加火爍者
必先燃平地注水濕者必先濡故曰動

之以其類安有不應者獨行之術也
明君立法之後中程者賞缺繩者誅此
之謂君曰亂君國曰亡國
智者寂於是非故善惡有別明者寂於
去就故進退無類若智不能察是非明
不能審去就斯非虛妄
目貴明耳貴聰心貴聰以天下之目視
則無不見以天下之耳聽則無不聞以
天下之知慮則無不知得此四術則有
於不爲也
鄧析子卷終

吴君子魚偕得宋本鄧析子影抄副本一通原書卷首半葉斷爛序文左側有季振宜藏書印蓋季滄葦舊物也書中慎字缺筆此本當刻於南宋孝宗以後茲從子魚偕抄一部書中脱誤未敢肊改以存宋本面目時咸豐七年重昜日長洲馬釗跋

馬釗令伊子文藻為余精書副本余按文辭似戰國人口脗或戰國人學鄧析竹刑之學故名之曰鄧析子與鄧析被殺於鄭駟歂見左氏定九年傳 陈奐記 年七十二

（周）鄧析 撰

鄧析子一卷

清刊本

鄧子序

中鄧析書四篇臣敘書一篇凡中外書五篇以相校除復重爲一篇皆定殺而書可繕寫也鄧析者鄭人也好刑名操兩可之說設無窮之辭當子產之世數難子產之法記或云子產起而戮之於春秋左氏傳昭公二十年而子產卒子太叔嗣爲政定公八年太叔卒駟歂嗣爲政明年乃殺鄧析而用其竹刑君子謂子歂於是乎不忠苟有可以加於國家棄其邪可也靜女之三章取彤管焉竿旄何以告之取其忠也

故用其道不棄其人詩之蔽芾甘棠勿剪勿伐召伯所茇思其人猶愛其樹也況用其道不恤其人乎然無以勸能矣竹刑簡法也久遠世無其書子產卒後二十年而鄧析死傳說或稱子產誅鄧析非也其論無厚者言之異同與公孫龍同類謹上

鄧子小引

骨塡肉補之藥長於養體益壽而不可以救陷溺之急務寛含垢之政可以莅敦御朴而不可以拯衰獘之變此鄧析一書所由作也或謂子產殺其身而用其言倘亦疑其無厚一論微有過情焉者乎今讀其書雖覺仁氣少而義氣多然其通練精深之言眞可與申商竝垂不朽余故與躬三次第行之若欲以此入文士之胸發

其筆光舌電則余何敢乙丑長至日西湖張鴻

舉漫題於竹浪館

鄧析子

虎林 張鴻舉子羽父點次
呂昭世躬三父參閱

無厚篇

天於人無厚也君於民無厚也父於子無厚也兄於弟無厚也何以言之天不能屏勃厲之氣全夭折之人使爲善之民必壽此於民無厚也凡民有穿窬爲盜者有詐僞相迷者此皆生於不足起於貧窮而君必執法誅之此於民無厚也堯舜位爲天子而丹朱

商均爲布衣此於子無厚也周公誅管蔡此於弟無厚也推此言之何厚之有

循名責實君之事也奉法宣令臣之職也下不得自擅上操其柄而不理者未之有也君有三累臣有四責何謂三累惟親所信一累以名取士二累近故親速三累何謂四責受重賞而無功一責居大位而不治二責理官而不平三責御軍陣而奔北四責君無三累臣無四責可以安國

勢者君之輿威者君之策臣者君之馬民者君之輪

勢固則輿安威定則策勁臣順則馬良民和則輪利爲國失此必爲覆車奔馬折輪敗載之患安得不危異同之不可別是非之不可定白黑之不可分清濁之不可理久矣誠聽能聞於無聲視能見於無形計能規於未兆慮能防於未然斯無他也不以耳聽則通於無聲矣不以目視則照於無形矣不以心計則達於無兆矣不以知慮則合於未然矣君者藏形匿影羣下無私掩目塞耳萬民恐震

循名責實察法立威是明王也夫明於形者分不遇

於事察於動者用不失於利故明君審一萬物自定

名不可以外務智不可以從他求諸己之謂也

治世位不可越職不可亂百官有司各務其刑上循

名以督實下奉教而不違所美觀其所終所惡計其

所窮喜不以賞怒不以罰可謂治世

夫負重者患塗遠據貴者患民離負重塗遠者身疲

而無功在上離民者雖勞而不治故智者量塗而後

負明君視民而出政

獵羆虎者不於外圂釣鯨鯢者不於清池何則圂非

羆虎之窟也池非鯨鯢之泉也楚之不泝流陳之不
束麾長盧之不士呂子之蒙耻
夫游而不見敬不恭也居而不見愛不仁也言而不
見用不信也求而不能得無始也謀而不見喜無理
也計而不見從遺道也因勢而發譽則行等而名殊
人齊而得時則力敵而功倍其所以然者乘勢之在
外推辯說非所聽也虛言向非所應也無益亂非舉
也故談者別姝類使不相害序異端使不相亂諭志
通意非務相乖也若飾詞以相亂匿詞以相移非古

之辯也
慮不先定不可以應卒兵不閑習不可以當敵廟筭
千里帷幄之奇百戰百勝黃帝之師
死生自命貧富自時怨夭折者不知命也怨貧賤者
不知時也故臨敵不懼知天命也貧窮無懾達時序
也凶饑之歲父死於室子死於戶而不相怨者無所
顧也同舟渡海中流遇風救患若一所患同也張羅
而畋唱和不差者其利等也故體痛者口不能不呼
心悅者顏不能不笑責疲者以舉千鈞責兀者以及

走兎驅逸足於庭求猨捷於檻斯逆理而求之猶倒裳而索領

事有遠而親近而疎就而不用去而反求凡此四行明主大憂也

夫水濁則無掉尾之魚政苛則無逸樂之士故令煩則民詐政擾則民不定不治其本而務其末譬如拯溺捶之以石救火投之以薪

夫達道者無知之道也無能之道也是知大道不知而中不能而成無有而足守虛責實而萬事畢忠言

於不忠義生於不義音而不收謂之放言出而不督謂之闇故見其象致其形循其理正其名得其端知其情若此何往不復何事不成有物者意也無外者德也有人者行也無人者道也故德非所履處非所處則失道非其道不道則諂意無賢慮無忠行無道言虛如受實萬事畢

夫言榮不若辱非誠辭也得不若失非實談也不進則退不喜則憂不得則亡此世人之常眞人危斯十者而爲一矣所謂大辯者別天下之行具天下之物

選善退惡時措其宜而功立德至矣小辯則不然別言異道以言相射以行相伐使民不知其要無他故焉故淺知也君子并物而錯之兼塗而用之五味未嘗而辨於口五行在身而布於人故何方之道不從面從之義不行治亂之法不用惔然寬裕蕩蕩然簡易略而無失精詳入纖微也

夫舟浮於水車轉於陸此自然道也有不治者知不豫焉

夫木擊折槥水戾破舟不怨木石而罪巧拙故不載

焉故有知則惑有心則嶮有目則眩是以規矩一而不易不爲秦楚緩節不爲胡越改容一而不邪方行而不流一日形之萬世傳之無爲爲之也

夫自見之明借人見之闇也自聞之聰借人聞之聾也明君知此則去就之分定矣爲君當若冬日之陽夏日之陰萬物自歸莫之使也恬卧而功自成優游而政自治豈在振目搤腕手據鞭朴而後爲治歟

夫合事有不合者知與未知也合而不結者陽親而陰疎故遠而親者志相應也近而疎者志不合也就

而不用者策不得也去而反求者無違行也近而不
御者心相乖也遠而相思者合其謀也故明君擇人
不可不審士之進趣亦不可不詳

轉辭篇

世間悲哀喜樂嗔怒憂愁久惑於此今轉之在已爲
哀在他爲悲在已爲樂在他爲喜在已爲嗔在他爲
怒在已爲愁在他爲憂在已若扶之與攜謝之與議
故之與右諾之與已相去千里也夫言之術與智者
言依於博與博者言依於辯與辯者言依於安與貴

者言依於勢與富者言依於豪與貧者言依於利與勇者言依於敢與愚者言依於說此言之術也不用在早圖不窮在早稼非所宜言勿言非所宜爲勿爲以避其危非所宜取勿取以避其咎非所宜爭勿爭以避其聲一聲而非駟馬難追一言而急駟馬不及故惡言不出口苟語不留耳此謂君子也

夫任臣之法闇則不任也慧則不從也仁則不親也勇則不近也信則不信也不以人用人故謂之神怒出於不怒爲出於不爲視於無有則得其所見聽於

無聲則得其所聞故無形者有形之本無聲者有聲之母循名責實實之極也按實定名名之極也參以相平轉而相成故得之形名

夫川竭而谷虛丘夷而淵實聖人以死大盜不起天下平而故也聖人不死大盜不止何以知其然爲之斗斛而量之則并斗斛而竊之爲之權衡以平之則并與權衡而竊之爲之符璽以信之則并與符璽而竊之爲之仁義以教之則并仁義以竊之何以知其然彼竊財誅竊國者爲諸侯諸侯之門仁義存焉是

非竊仁義邪故遂於大盜霸諸侯此重利也盜跖所不可禁者乃聖人之事也欲之與惡善之與惡四者變之失恭之與儉敬之與傲四者失之修故善索朴任惔憂而無失未有修焉此德之永也言有信而不爲信言有善而不爲善者不可不察也

夫治之法莫大於私不行功莫大於使民不爭今也立法而行私與法爭其亂也甚於無法立君而爭愚與君爭其亂也甚於無君故有道之國則私善不行君立而愚者不尊民一於君事斷於法此國之道也

明君之督大臣緣身而責名緣名而責形緣形而責實臣懼其重誅之至於是不敢行其私矣

心欲安靜慮欲深遠心安靜則心策生慮深遠則計謀成心不欲躁慮不欲淺心躁則精神滑慮淺則百事傾治世之禮簡而易行亂世之禮煩而難遵上古之樂質而不悲當今之樂邪而爲淫上古之民質而敦朴今世之民詐而多行上古象刑而民不犯教有墨劓不以爲恥斯民所以亂多治少也堯置敢諫之鼓舜立誹謗之木湯有司直之人武有戒慎之銘此

四君子者聖人也而猶若此之勤至於栗陸氏殺東
里子宿沙氏戮箕文桀誅龍逢紂刳比干四主者亂
君故其疾賢若仇是以賢愚之相覺若百丈之谿與
萬仞之山若九地之下與重山之顛
明君之御民若御奔而無轡履氷而負重親而踈之
踈而親之故畏儉則福生驕奢則禍起聖人逍遥一
世罕匹萬物之形寂然無鞭朴之罰莫然無叱咤之
聲而家給人足天下太平視昭昭知冥冥推未運覩
未然故神而不可見幽而不可見此之謂也

君人者不能自專而好任下則智日困而數日窮迫於下則不能申行隨於國則不能持知不足以爲治威不足以行誅無以與下交矣故喜而使賞不必當功怒而使誅不必值罪不慎喜怒誅賞從其意而欲委任臣下故亡國相繼殺君不絕古人有言衆口鑠金三人成虎不可不察也

夫人情發言欲勝舉事欲成故明者不以其短疾人之長不以其拙病人之工言有善者則而賞之言有非者顯而戮之塞邪枉之路蕩淫辭之端臣下閔之

左右結之可謂明君爲善者君與之賞爲惡者君與之罰因其所以來而報之循其所以進而答之聖人因之故能用之因之循理故能長久今之爲君無堯舜之才而慕堯舜之治故終顛殞乎混冥之中而事不覺於昭明之術是以虛慕欲治之名無益亂世之理也

患生於宦成病始於少瘳禍生於懈慢孝衰於妻子此四者慎終如始也富必給貧壯必給老快情恣欲必多侈侮故曰尊貴無以高人聰明無以籠人資給

無以先人。剛勇無以勝人。能履行此。可以爲天下君。
夫謀莫難於必聽。事莫難於必成。成必合於數。聽必
合於情。故抱薪加火。爍者必先燃。平地注水。濕者必
先濡。故曰動之以其類。安有不應者。獨行之術也。
明君立法之後。中程者賞。缺繩者誅。此之謂君曰亂
君。國曰亡國。
智者寂於是非。故善惡有別。明者寂於去就。故進退
無類。若智不能察是非。明不能審去就。斯謂虛妄。
目貴明。耳貴聰。心貴公。以天下之目視。則無不見。以

天下之耳聽。則無不聞。以天下之智慮。則無不知。得此三術。則存於不爲也。

（周）鄧析　撰　（清）佚名　校

鄧析子一卷

手抄本

鄧析子

崇文總目鄧析子戰國時人漢志二篇初析著書四篇劉歆有目有一篇凡五歆復校為二篇

中鄧析書四篇臣敘書一篇凡中外書五篇以相校除復重為一篇皆定殺青而書可繕寫也

鄧析者鄭人也好刑名操兩可之說設無窮之辞當子產之世數難子產之法記或云子產起

而戮之於春秋左氏傳昭公二十年而子産卒子太叔嗣為政定公八年太叔卒駟歂嗣為政明年乃殺鄧析而用其竹刑君子謂子歂於是乎不忠苟有可以加於國家棄其邪可也靜女之三章取彤管焉竿旄何以告之取其忠也故用其道不棄其人詩之蔽芾甘棠勿剪勿伐召伯所茇思其人猶愛其樹也況用其道不恤其

人爭然無以勸能矣竹刑簡法也久遠世無其
書子産卒後二十年而鄧析死傳說或稱子産
誅鄧析非也其論無厚者言之異同與公孫龍
同類謹第上
晁氏曰析之學蓋兼名法家也其大旨訏而
刻其間時劓取他書頗駮雜不倫豈後人附
益之歟

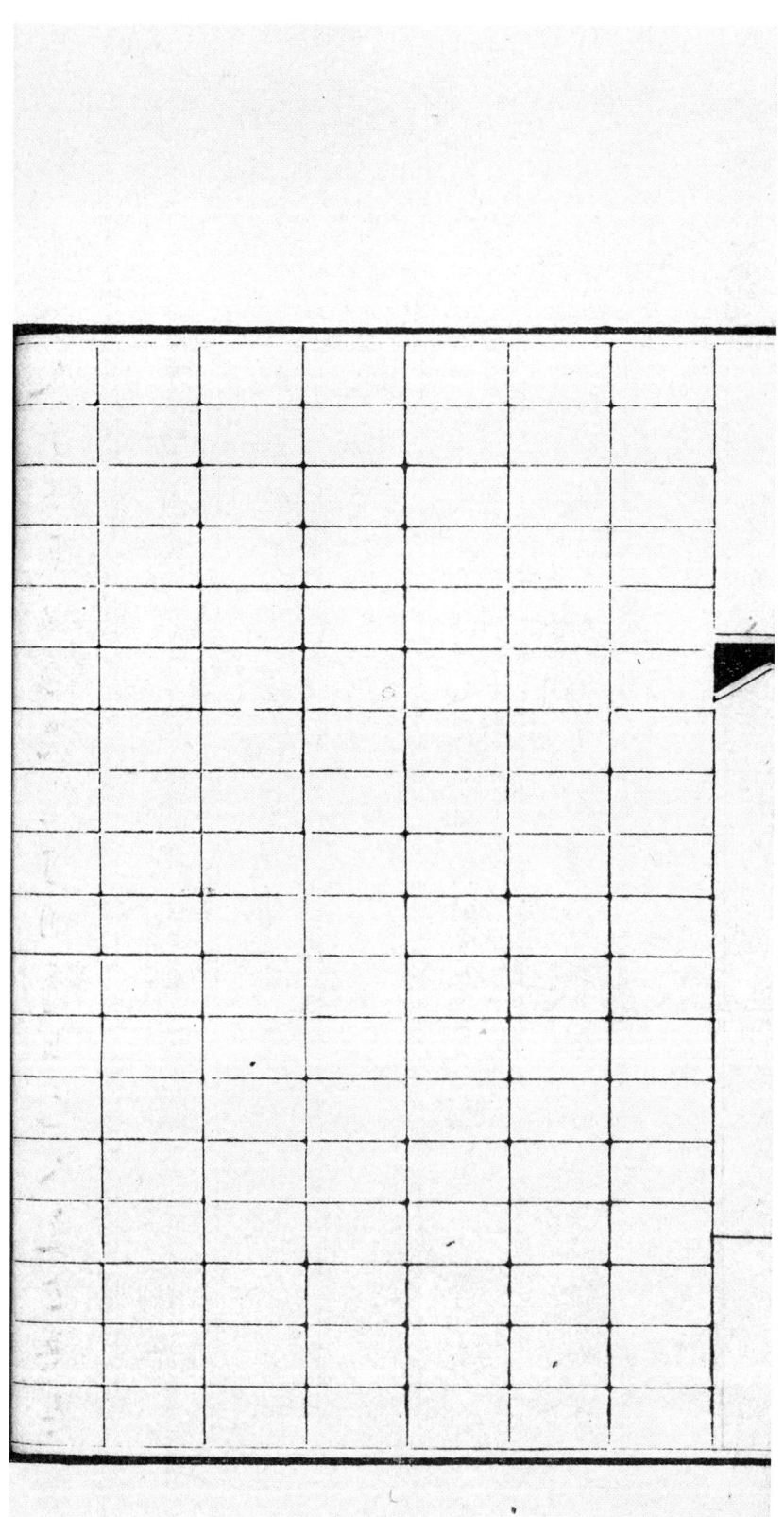

鄧析子

無厚論

天於人無厚也君於民無厚也父於子無厚也兄於弟無厚也何以言之天不能屏勃厲之氣全夭折之人使為善之民必壽此於民無厚也凡民有穿窬為盜者有詐偽相迷者此皆生於不足起於貧窮而君必執法誅之此於民無厚

也堯舜位為天子而丹朱商均為布衣此於子無厚也周公誅管蔡此於弟無厚也推此言之何厚之有

循名責實君之事也奉法宣令臣之職也下不得自擅上操其柄而不理者未之有也君有三累臣有四責何謂三累惟親所信一累以名取士二累近故親疏三累何謂四責受重賞而無

功一責居大位而不治二責理官而不平三責
御軍陣而奔北四責君無三累臣無四責可以
安國
勢者君之輿威者君之策臣者君之馬民者君
之輪勢固則輿定威定則策勁臣順則馬良民
和則輪利為國失則必有覆車奔馬折輪敗載
之患安得不危

亭玩下文勢
擬補

異同之不可别是非之不可定白黑之不可分
清濁之不可理久矣誠聽能聞於無聲視能見
於無形計能規於未兆慮能防於未然斯無他
也不以耳聽則通於無聲矣不以目視則昭於
無形矣不以心計則達於無兆矣不以知慮則
合於未然矣君者藏形匿影群下無私掩目塞
耳萬民恐震

循名責實察法立威是明王也夫明王形者分不遇於事察於動者用不失則利故明君審一萬物自定名不可以外務智不可以從他求諸己之謂也

治世位不可越職不可乱百官有司各務其刑上循名以督實下奉教而不違所美觀其所終所惡計其所窮喜不以賞怒不以罰可謂治世

夫負重者患塗遠據貴者憂民離負重塗遠者
身疲而無功在上離民者雖勞而不治故智者
量塗而後負明君視民而出政
獵羆虎者不於外圂釣鯨鯢者不居清池何則
圂非羆虎之窟也池非鯨鯢之泉也楚之不汻
流陳之不東塵長盧之不士呂子之蒙恥
夫游而不見敬不恭也居而不見愛不仁也言

而不見用不信也求而不能得無始也謀而不
見喜無理也計而不見從遺道也因勢而發譽
則行等而名殊人齊而得時則力敵而功倍其
所以然者乘勢之在外推辯說非所聽也虛言
向非所應也無益亂非舉也故談者別殊類使
不相害序異端使不相亂論志通意非務相乖
也若飾詞以相亂匿詞以相移非古之辯也

慮不先定不可以應卒兵不閑習不可以當敵
廟筭千里帷幄之奇百戰百勝黄帝之師
死生有命貧富自時怨天折者不知命也怨貧
賤者不知時也故臨難不懼知天命也貧窮無
懾達時序也以饑之歲父死於室子死於戶而
不相怨者無所顧也同舟渡海中流遇風救患
若一所憂同也張羅而畋唱和不差者其利等

也故體痛者口不能不呼口悅者顏不能不笑
責疲者以舉千鈞責兀者以及走兎驅逸足於
庭求援捷於檻斯逆理而求之猶倒裳而索領
事有遠而親近而疎就而不用去而反求風此
四行明主大憂也
夫水濁則無掉尾之魚政苛則無逸樂之士故
令煩則民詐政擾則民不定不治其本而務其

末譬如拯溺錘之以石救火投之以薪
夫達道者無知之道也無能之道也是知大道
不知而中不能而成無有而足守虛責實而萬
事畢忠言於不忠義生於不義音而不收謂之
放言出而不督謂之闇故見其衆致其形循其
理正其名得其端知其情若此何往不復何事
不成有物者意也無外者德也有人者行也無

人者道也故德非所履處非所處則失道非其道不道則諂意無賢慮無忠行無道言虛如受實萬事畢。

夫言榮不若辱非誠辭也得不若失非實談也不進則退不喜則憂。不得則亡此世人之常真人危斯十者而為一矣所謂大辯者別天下之行具天下之物選善退惡時措其宜而功立德

至矣小辯則不然别言異道以言相射以行相
伐使民不知其要無他故焉故淺知也君子并
物而錯之兼塗而用之五味未嘗不辨於口五
行在身而布於人故何方之道不從面從之義
不行治亂之法不用恢然寬裕蕩然簡易略而
無失精詳入纖微也
夫舟浮於水車轉於陸此自然道也有不治者

知不諫焉

夫木擊折轊水戾破舟不怨木石而罪巧拙故

不載焉故有知則惑有心則嶮有目則眩是以

規矩一而不易為秦楚緩節不為胡越改容一

而不邪方行而不流一日行之萬世傳之無為

為之也

夫自見之明借人見之闇也自聞之聰借人聞

之聾也明君知此則去就之分定矣為君當若
冬日之陽夏日之陰萬物自歸莫之使也恬卧
而功自成優游而政自治豈在振目搤腕手據
鞭朴而後為治歟
夫合事有不合者知與未知也合而不結者陽
親而陰踈故遠而親者志相應也近而踈者志
不合也就而不用者策不得也去而反求者無

違行也近而不御者心相弃也遠而相思者合其謀也故明君擇人不可不審士之進趣亦不可不詳

轉辭篇

世間悲哀喜樂嗔怒憂愁久惑於此今轉之在已為哀在他為悲在已為樂在他為喜在已為嗔在他為怒在已為愁在他為憂在已若扶之

與攜謝之與議故之與右諾之與已相去千里也夫言之術與智者言依於愽與博者言依於辯與辯者言依於安與貴者言依於勢與富者言依於豪與貧者言依於利與勇者言依於敢與愚者言依於說此言之術也不用在早圖不窮在早稼非所宜言勿言非所宜為勿為以避其危非所宜取勿取以避其咎非所宜爭勿爭

以避其聲一聲而非駟馬勿追一言而急駟馬不及故惡言不出口苟語不留耳此謂君子也夫任臣之法闇則不任也慧則不從也仁則不親也勇則不近也信則不信也不以人用人故謂之神怒出於不怒為出於不為視於無有則得其所見聽於無聲則得其所聞故無形者有形之本無聲者有聲之母循名責實實之極也

按實定名名之極也參以相平轉而相成故得
之形名
夫川竭而谷虛丘夷而淵實聖人以死大盜不
起天下平而故也聖人不死大盜不止何以知
其然為之斗斛而量之則并斗斛而均之為之
權衡以平之則并與權衡而竊之為之符璽以
信之則并與符璽而竊之為之仁義以教之則

并仁義以竊之何以知其然彼竊財誅竊國者為諸侯諸侯之門仁義存焉是非竊仁義邪故遂於大盜霸諸侯此重利也盜跖所不可禁者乃聖人之罪也欲之與惡善之與惡四者變之失恭之與儉敬之與傲四者失之脩故善素朴任侠憂而無失未有脩焉此德之永也言有信而不為信言有善而不為善者不可不察也

夫治之法莫大於私不行功莫大於使民不争
今也立法而行私與法争其乱也甚於無法立
君而尊愚與君争其乱也甚於無君故有道之
國則私善不行。君立而愚者不尊民一於君事
断於法此國之道也明君之督大臣縁身而責
名縁名而責形縁形而責實臣懼其重誅之至
於是不敢行其私矣

心欲安靜慮欲深遠心安靜則神策生慮深遠則計謀成心不欲躁慮不欲淺心躁則精神滑慮淺則百事傾治世之礼簡而易行乱世之礼煩而難遵上古之樂質而不悲當今之樂邪而為淫上古之民質而敦朴今世之民詐而多行上古象刑而民不犯教有墨劓不以為耻斯民所以乱多治少也堯置敢諫之鼓舜立誹謗之

木湯有司直之人武有戒慎之銘此四君子者
聖人也而猶若此之勤至于栗陸氏殺東里子
宿沙氏戮箕文桀誅龍逄紂剄比干四主者亂
君故其疾賢若仇是以賢愚之相覺若百丈之
谿與萬仞之山若九地之下與重山之顛
明君之御民若御奔而無轡履氷而負重親而
疎之踈而親之故畏儉則福生驕奢則禍起聖

人逍遥一世罕匹萬物之形寂然無鞭朴之罰
莫然無叱咤之聲而家給人足天下太平視昭
昭知冥冥推未運覩未然故神而不可見幽而
不可見此之謂也
君人者不能自專而好任下則智日困而數日
窮迫於下則不能申行隨於國則不能持知不
足以為治威不足以行誅無以與下交矣故喜

而使賞不必當功怒而使誅不必值罪不慎喜
怒誅賞從其意而欲委任臣下故亡國相繼殺
君不絕古人有言衆口鑠金三人成虎不可不
察也
夫人情發言欲勝舉事欲成故明者不以其短
疾人之長不以其拙病人之工言有善者則而
賞之言有非者顯而罰之塞邪枉之路蕩淫辭

之端臣下閔之左右結舌可謂明君為善者君
與之賞為惡者君與之罰因其所以來而報之
循其所以進而答之聖人因之故能用之因之
循理故能長久今之為君無堯舜之才而慕堯
舜之治故終顛殞乎混冥之中而事不覺於昭
明之述是以虛暴欲治之名無益亂世之理也
患生於官成病始於少瘳禍生於懈慢孝衰於

妻子此四者慎終如始也富必給貧壯必給老
怏情恣欲必多後悔故曰尊貴無以高人聰明
無以寵人資給無以先人剛勇無以勝人能履
行此可以為天。下君

夫謀莫難於必聽事莫難於必成成必合於數
聽必合於情故抱薪加火爍者必先然乎地注
水濕者必先濡故曰動之以其類安有不應者

獨行之術也

明君立法之後中程者賞缺繩者誅此之謂君

曰乱君國曰亡國

智者寂於是非故善惡有別明者寂於去就故

進退無類若智不能察是非明不能審去就斯

謂虛矣

目貴明耳貴聰心貴公以天下之目視則無不

見以天下之耳聽則無不聞以天下之智慮則
無不知得此三術則存於不爲也

嘉慶辛未六月朔日斠

鄧析子一卷

(周)鄧析 撰

民國十六至二十三年(1927—1934)上海中華書局排印《四部備要》本

鄧析子

四部備要

子部

上海中華書局據指海本校

原序

中鄧析書四篇臣敘書一篇凡中外書五篇以相校除復重爲一篇〇漢志作二篇與今本合此一字誤皆定殺而書可繕寫也〇殺下脫青字

鄧析者鄭人也好刑名操兩可之說設無窮之詞當子產之世數難子產之法記或曰子產起而戮之于春秋左氏傳昭公二十年而子產卒子太叔嗣爲政定公八年太叔卒駟歂嗣爲政明年乃

殺鄧析而用其竹刑君子謂駟歂于是乎不忠苟有可以加于國家棄其邪可也靜女之三章取彤管焉竿旄何以告之取其忠也故用其道不棄其人詩之（○當依傳文作云）蔽芾甘棠勿翦勿伐召伯所茇思其人猶愛其樹也況用其道不恤其人乎然無以勸能矣竹刑簡法也久遠世無其書子產卒後二十年而鄧析死傳說或稱子產誅鄧析非也其論無

厚者言之異同與公孫龍同類謹上

珍倣宋版印

欽定四庫全書提要

鄧析子一卷周鄧析撰析鄭人列子力命篇曰鄧析操兩可之說設無窮之詞子產執政作竹刑鄭國用之數難子產之治子產屈之子產執而戮之俄而誅之劉歆奏上其書（案高似孫子略誤以此奏爲劉向今據書錄解題改正）則曰於春秋左氏傳昭公二十年而子產卒子太叔嗣爲政定公八

年太叔卒駟歂嗣爲政明年乃殺鄧析而用其竹刑然則列子爲誤矣其書漢志作二篇今本仍分無厚轉辭二篇而併爲一卷然其文節次不相屬似亦掇拾之本也其言如天於人無厚君於民無厚父於子無厚兄於弟無厚勢者君之輿威者君之策則其旨同於申韓如令煩則民詐政擾則民不定心

欲安靜慮欲深遠則其旨同於黃老然其大旨主於勢統於尊事覈於實於法家爲近故竹刑爲鄭所用也至於聖人不死大盜不止一條其文與莊子同析遠在莊周以前不應預有剿說而莊子所載又不云鄧析之言或篇章殘缺後人摭莊子以足之歟

珍倣宋版印

鄧析子　　指海本校

周　鄧析　撰

無厚篇

天于人無厚也君于民無厚也父于子無厚也兄于弟無厚也何以言之天不能屏勃厲之氣令夭折之人更生○原本令作全無更生二字依文選安陸昭王碑注引此文補正使爲善之民必壽此于民無厚也凡民有穿窬爲盜者有詐僞相迷者此皆生于不足起

于貧窮而君必執法誅之此于民無厚
也堯舜位爲天子而丹朱商均爲布衣
此于子無厚也推此言之何厚之有
循名責實君之事也奉法宣令臣之職
也下不得自擅上操其柄而不理者未
之有也君有三累臣有四責何謂三累
惟親所信一累也○也字依御覽六百二十補下並同以
名取士二累也近故親疏○此二字御覽倒三
累也何謂四責受重賞而無功一責也

居大位而不治二責也爲理官而不平○爲字依意林補御覽作爲理而不平三責也御軍陣而奔北○意林御作在四責也君無三累臣無四責可以安國○御覽作可謂安國家也

勢者君之輿威者君之策臣者君之馬民者君之輪勢固則輿安威定則策勁臣順則馬良○意林良作馴民和則輪利爲國失此○意林作治國者失此必有覆車奔馬折策敗輪之患○原作折輪敗載依意林改安得不危○此

句意林作輪敗策折馬奔輿覆則載者亦傾矣十四字

異同之不可別是非之不可定白黑之不可分清濁之不可理久矣誠聽能聞于無聲視能見于無形計能規于未兆慮能防于未然斯無他也不以耳聽則通于無聲矣不以目視則照於無形矣不以心計則達于無兆矣不以知慮則合于未然矣爲君者○爲字依御覽藏六百二十補形匿影○御覽藏作滅羣下無私掩目塞耳萬

民恐震

循名責實案法立成○原作察法立威依御覽六百二十改又御覽引此文與上條末四句相屬則宋初本尚不分段也是明王也○御覽作是謂明主夫明于形者分不遇于事察于動者用不失于利故明君審一萬物自定名不可以外務智不可以從他求諸己之謂也

治世位不可越職不可亂百官有司各務其刑上循名以督實下奉教而不違

所美觀其所終所惡計其所窮喜不以賞怒不以罰可謂治世

夫負重者患塗遠據貴者憂民離〇一本憂作患負重塗遠者身疲而無功在上離民者雖勞而不治故智者量塗而後負明君視民而出政

獵罷虎者不于外圂〇御覽九百三十八作獵猛虎者不於後圂釣鯨鯢者不于清池何則圂非罷虎之窟也池非鯨鯢之泉也〇御覽作圂非虎處

池非鯨淵蓋約其文也此淵作泉則避唐諱楚之不泝流陳之不東麾長盧之不士呂子之蒙恥夫游而不見敬不恭也居而不見愛不仁也言而不見用不信也求而不能得無始也謀而不見喜無理也計而不見從遺道也因勢而發譽則行等而名殊人齊而得時則力敵而功倍其所以然者乘勢之在外推辯說非所聽也虛言向非所應也無益亂非舉也故談者別

殊類使不相害序異端使不相亂諭志通意非務相乖也若飾詞以相亂匿詞以相移非古之辯也

慮不先定不可以應卒兵不閑習○意林作預整不可以當敵廟算千里帷幄之奇百戰百勝黄帝之師

死生自命貧富自時怨夭折者不知命也怨貧賤者不知時也故臨難不懼○一本難作敵知天命也貧窮無懾達時序也凶

飢之歲父死于室子死于戶而不相怨者無所顧也同舟渡海○意林作同船涉海又書鈔百三十七藝文七十一御覽七百六十八並作涉惟文選王仲宣贈文叔良詩注引作渡與今本同中流遇風救患若一所憂同也○一本憂作患張羅而畋唱和不差者其利等也○意林等作同故體痛者口不能不呼○意林痛作病心悅者顏不能不笑責瘠者以舉千鈞○瘠原作疲依御覽六百九十六改督跛者以及走兎○督跛者原作責几者依御覽改驅逸足于庭○御覽逸

足作騏驥求猨捷于檻斯逆理而求之猶倒裳而索領○御覽作猶倒裳以索領也

事有遠而親近而疏就而不用去而反求凡此四行明主大憂也

夫水濁則無掉尾之魚政苛則無逸樂之士故令煩則民詐政擾則民不定不治其本而務其末譬如拯溺而硾之以石救火而投之以薪○原脫兩而字又硾作錘依藝文八十御覽五十二補正又御覽如作猶

夫達道者無知之道也無能之道也是知大道不知而中不能而成無有而足守虛責實而萬事畢忠言于不忠義生于不義音而不收謂之放言出而不督謂之闇故見其象致其形循其理正其名得其端知其情若此何往不復何事不成有物者意也無外者德也有人者行也無人者道也故德非所履處非所處則失道非其道不道則諂意無賢慮

無忠行無道言虛如受實萬事畢
夫言榮不若辱非誠詞也得不若失非
實談也不進則退不喜則憂不得則亡
此世人之常真人危斯十者而為一矣
所謂大辯者別天下之行具天下之物
選善退惡時措其宜而功立德至矣小
辯則不然別言異道以言相射以行相
伐使民不知其要無他故焉故知淺也
(○一本知淺二字倒)君子并物而錯之兼塗而用

之五味未嘗而辨于口五行在身而布
于人故何方之道不從面從之義不行
治亂之法不用惔然寬裕蕩然簡易略
而無失精詳入纖微也
夫舟浮于水〇御覽七百六十八浮作行車轉于陸
此勢自然者也〇原作此自然道也依御覽改與淮南主術訓合
有不治者知不豫焉
夫木擊折轉水戾破舟不怨木石而罪
巧拙故不載焉故有知則惑有心則嶮

有目則眩是以規矩一而不易不爲秦楚緩節○淮南主術訓作變節不爲胡越改容○一本胡作吳一而不邪方行而不流一日形之萬世傳之無爲爲之也夫自見之明○意林之作則下三句同借人見之闇也自聞之聰借人聞之聾也明君知此則去就之分定矣爲君者○原脫者字依文選褚淵碑注御覽四又六百二十補當若冬日之陽夏日之陰萬物自歸○御覽四又六百二十並作歸之莫之使也恬臥而功自

成〇御覽六百二十恬作偃優游而政自治豈在振目搤腕手操鞭朴〇操原作據依御覽二十七改而後爲治與

夫合事有不合者知與未知也合而不結者陽親而陰疏故遠而親者志相應也〇志原作志依文選曹子建贈白馬王詩注改近而疏者志不合也〇此志字亦誤鬼谷子內揵篇作志就而不用者策不得也去而反求者無違行也近而不御者心相乖也遠而相思者合其謀

也故明君擇人不可不審士之進趣亦不可不詳

轉辭篇

世間悲哀喜樂嗔怒憂愁久惑于此今轉之在己爲哀在他爲悲在己爲樂在他爲喜在己爲嗔在他爲怒在己爲愁在他爲憂在己若扶之與攜謝之與議（○淮南說林訓作讓）故之與右（○淮南作先）諾之與已相去千里也夫言之術與智者言依于

博與博者言依于辯與辯者言依于要〇原作安依鬼谷子權篇改與貴者言依于勢與富者言依于豪與貧者言依于利與勇者言依于敢與愚者言依于說〇鬼谷子作銳此言之說也不用在早圖不窮在早稼非所宜言勿言〇此下脫一句非所宜為勿為以避其危非所宜取勿取以避其咎非所宜爭勿爭以避其聲一言而非〇言原作聲依意林改與文選竟陵文宣王行狀注合駟馬不能追〇原作駟

馬勿追依意林文選注藝文十九御覽三百九十改一言而急駟馬不能及○原脫能字依意林文選注藝文御覽補故惡言不出口苟語不留耳○藝文作苛聲不入耳此謂君子也夫任臣之法闇則不任也慧則不從也仁則不親也勇則不近也信則不信也不以人用人故謂之神怒出于不怒爲出于不爲視于無有則得其所見聽于無聲則得其所聞故無形者有形之本無聲者有聲之母循名責實實

之極也按實定名名之極也參以相平轉而相成故得之形名

夫川竭而谷虛邱夷而淵實聖人以死大盜不起天下平而無故也○原脫無字依莊子胠篋篇補聖人不死大盜不止何以知其然爲之斗斛而量之則幷與斗斛而竊之爲之權衡以平之則幷與權衡而竊之爲之符璽以信之則幷與符璽而竊之爲之仁義以教之則幷與仁義而竊之

何以知其然彼竊財者誅竊國者爲諸
侯諸侯之門仁義存焉是非竊仁義耶
故遂于大盜霸諸侯此重利也盜跖所
不可禁者○莊子云此重利盜跖而使不可禁者乃聖人
之罪也欲之與惡善之與惡四者變之
失恭之與儉敬之與傲四者失之修故
善素朴任惔憂而無失未有修焉此德
之永也言有信而不爲信言有善而不
爲善者不可不察也

夫治之法莫大于私不行君之功莫大于使民不爭〇原脫君之二字依愼子補今愼子無此文見藝文五十四御覽六百三十八今也立法而行私與法爭其亂也甚于無法立君而尊賢〇原作爭愚依愼子逸文改與君爭其亂也甚于無君故有道之國法立則私善不行〇原脫法立二字依愼子逸文補君立而賢者不尊〇賢原作愚依愼子逸文改民一于君事斷于法此國之道也明君之督大臣緣身而責名緣名而責形緣

形而責實臣愼其重誅之至于是不敢行其私矣

心欲安靜慮欲深遠心安靜則神策生○神原作心繹史作神與鬼谷子本經篇合慮深遠則計謀成心不欲躁慮不欲淺心躁則精神滑慮淺則百事傾治世之禮簡而易行亂世之禮煩而難遵上古之樂質而不悲當今之樂邪而爲淫上古之民質而敦朴今世之民詐而多行上古象刑而民

不犯教令墨劓不以爲恥斯民所以亂多治少也堯置敢諫之鼓（○文選策秀才文注御覽七十七敢並作欲）舜立誹謗之木湯有司直之人武有戒慎之銘此四君者（○四君下原衍子字依御覽刪）聖人也而猶若此之勤至于栗陸氏殺東里子宿沙氏戮箕文（○御覽四百九十二作宿沙君）桀誅龍逢紂刳比干四主者（○御覽七十七作此四君者）亂君故其疾賢若仇是以賢愚之相覺（○御覽覺作較二字古通）若百丈之谿與

萬仞之山若九地之下與重天之巔○天原作山依文選西征賦注漢高祖功臣頌注御覽七十七改明君之御民若御奔而無轡○御覽六十八作乘奔而去轡又藝文九文選東京賦注王元長曲水詩序注並作乘奔履冰而負重○意林作負重而履冰檢文選注御覽所引與今本同親而疏之疏而親之故畏儉則福生驕奢則禍起聖人逍遙一世之間宰匠萬物之形○原脫之間二字宰匠作罕匹並依文選南州桓公九井詩注宣德皇后令注策秀才文注三國名臣序贊注補正寂然無鞭朴之

罰漠然無叱咤之聲而家給人足天下太平視昭昭知冥冥推未運覩未然故神而不可見幽而不可見此之謂也

君人者不能自專而好任下則智日困而數日窮迫于下則不能申行隨于國則不能持知不足以爲治威不足以行誅無以與下交矣故喜而便賞○便原作使依意林改下句同不必當功怒而便誅不必值罪不慎喜怒誅賞從其意而欲委任臣下

故亡國相繼弒君不絕○一本弒作殺古人有言衆口鑠金三人成虎不可不察也夫人情發言欲勝舉事欲成故明者不以其短疾人之長不以其拙病人之工言有善者則而賞之言有非者顯而罰之○一本罰作戮塞枉邪之路○一本枉邪二字倒蕩淫辭之端臣下閉口○原作閔之依慎子改今慎子無此文見文選謝平原內史表注左右結舌可謂明君為善者君與之賞為惡者君與之罰因其所

以來而報之循其所以進而答之聖人因之故能用之用之循理故能長久今之爲君無堯舜之才而慕堯舜之治故終顛殞乎混冥之中而事不覺于昭明之術是以虛慕欲仕之名無益亂世之理也

忠怠于宦成○原作患生于宦成依意林改病始于少瘳禍生于懈慢孝衰于妻子此四者愼終如始也富必給貧壯必給老快情恣

欲必多修侮故曰尊貴無以高人聰明無以籠人資給無以先人剛勇無以勝人能履行此可以爲天下君

夫謀莫難于必聽事莫難于必成成必合于數聽必合于情故抱薪加火爍者必先燃○爍原作爍依藝文八十改又藝文加作爇燃作著平地注水濕者必先濡故曰動之以其類安有不應者獨行之術也

明君立法之後中程者賞缺繩者誅○此

下有脫簡此之謂君曰亂君國曰亡國

智者寂于是非故善惡有别明者寂于去就故進退無類若智不能是非明不能審去就斯謂虛妄

目貴明耳貴聰心貴公以天下之目視則無不見以天下之耳聽則無不聞以天下之智慮則無不知得此三術則存于不爲也

鄧析子終

（周）鄧析 撰 佚名 校

鄧析子一卷

手抄本

鄧析子 錄

原序

中鄧析書四篇臣敘書一篇凡中外書五篇以相校除復重爲一篇（漢志作二篇與今本合此一字誤）皆定殺而書可繕寫也（殺下脫青字）鄧析者鄭人也好刑名操兩可之說設無窮之詞當子產之世數難子產之法記或曰子產起而戮之于春秋左氏傳昭公二十年而子產卒子太叔嗣爲政定公元年太叔卒駟歂嗣爲政明年乃殺鄧析而用其竹刑君子謂駟歂于是乎不忠苟有可以加于國家棄其邪可也靜女之三章取彤管焉竿旄何以告之取其

忠也故用其道不棄其人詩之（當依傳文作云）蔽芾甘棠勿翦勿伐召伯所茇思其人猶愛其樹也況用其道不恤其人乎然無以勸能矣竹刑簡法也久遠世無其書子産卒後二十年而鄧析死傳說或稱子産誅鄧析非也其論無厚者言之異同與公孫龍同類謹上

周　鄧析　撰

無厚篇

天于人無厚也君于民無厚也父于子無厚也兄于弟無厚也何以言之天不能屏勃厲之氣令夭折之人更生（原本令作全無更生二字依文選安陸昭王碑注引此文補正）使為善之民必壽此于民無厚也凡民有穿窬為盜者有詐偽相迷者此皆生于不足起于貧窮而君必執法誅之此于民無厚也堯舜位為天子而丹朱商均為布衣此于子無厚也

推此言之何厚之有

循名責實君之事也奉法宣令臣之職也下不得自擅上操其柄而不理者未之有也君有三累臣有四責何謂三累惟親所信一累也（也字依御覽六百二十補下並同）以名取士二累也近故親疏（此二字御覽倒）三累也何謂四責受重賞而無功一責也居大位而不治二責也為理官而不平（為字依意林補御覽作為理而不平）三責也御軍陣而奔北（意林御作在）四責也君無三累臣無四責可以安國（御覽作可謂安國家也）勢者君之輿威者君之策臣者君之馬民者君之輪勢

固則輿安威定則策勁臣順則馬良意林良作馴民和則輪
利為國失此意林作治國者失此必有覆車奔馬折策敗輪之
患原作折輪敗載依意林改安得不危此句意林作輪敗策折馬奔輿覆則載者亦傾矣
十四字
異同之不可別是非之不可定白黑之不可分清濁之
不可理久矣誠聽能聞於無聲視能見於無形計能規
於未兆慮能防於未然斯無他也不以耳聽則通于無
聲矣不以目視則照于無形矣不以心計則達于無兆
矣不以知慮則合于未然矣為君者為字依御覽六百二十補藏

形匿影（御覽藏作滅）羣下無私掩目塞耳萬民恐震

循名責實案法成立（原作案法立威依御覽六百二十改又御覽引此文與上條末四句相屬則宋初本尚不分段也）是明王也（御覽作是謂明主）夫明于形者分不遇于事察于動者用不失於利故明君審一萬物自定名不可以外務智不可以從他求諸己之謂也

治世位不可越職不可亂百官有司各務其刑上循名以督實下奉教而不違所美觀其所終所窮（惡）計其所窮喜不以賞怒不以罰可謂治世

夫負重者患塗遠據貴者憂民離（一本憂作患）負重塗遠者

身疲而無功在上離民者雖勞而不治故智者量塗而後負明君視民而出政獵羆虎者不于外圂御覽九百三十八作獵猛虎者不於後園釣鯨鯢者不于清池何則圂非非虎之窟也池非鯨鯢之泉也御覽作園非虎處池非鯨淵蓋約其文也此淵作泉則避唐諱楚之不沂流陳之不東麋長盧之不士呂子之蒙恥夫游而不見敬不恭也居而不見愛不仁也言而不見用不信也求而不能得無始也謀而不見喜無理也計而不見從遺道也因勢而發譽則行等而名殊人齊而

得時則力敵而功倍其所以然者乘勢之在外推辯說非所聽也虛言向非所應也無益亂非舉也故談者别殊類使不相害序異端使不相亂諭志通意非務相乘也若飾詞以相亂匿彩詞以相移非古之辯也

慮不先定不可以應卒兵不閑習（意林作預整）不可以當敵

廟算千里帷幄之奇百戰百勝黃帝之師

死生自命（貧）富貴自時怨夭折者不知命也怨貧賤者不知時也故臨難不懼（一本難作敵）知天命也貧窮無懾達時序也凶飢之歲父死于室子死于戶而不相怨者無所

顧也同舟渡海意林作同船涉海又書鈔百三十七藝文七十一御覽七百六十八並作涉惟文選王仲宣贈文叔良詩注引作渡與今本同中流遇風救患若一所憂同也一本憂作患張羅而畋唱和不差者其利等也意林等作同故體痛者口不能不呼意林痛作病心悅者顏不能不笑責瘠者以舉千鈞瘠原作疲依御覽六百九十六改督跛者以及走兔督跛者原作責兀者依御覽改驅逸足于庭御覽逸足作騏驥求猿捷於檻斯逆理而求之猶倒裳而索領御覽作猶倒裳以索領也事有遠而親近而疏就而不用去而反求凡此四行明主大憂也

夫水濁則無掉尾之魚政苛則無逸樂之士故令煩則民詐政擾則民不定不治其本而務其末譬如拯溺而硾之以石救火而投之以薪原脫兩而字又硾作錘依藝文八十御覽五十二補正又御覽知作猶

夫達道者無知之道也無能之道也是知大道不知而中不能而成無有而足守虛責實而萬事畢忠言于不忠義生于不義音而不收謂之放言出而不督謂之闇故見其象致其形循其理正其名得其端知其情若此何往不復何事不成有物者意也無外者德也有人者

行也無人者道也故德非所履處非所處則失道非其
道不道則諂意無賢慮無忠行無道言虛如受實則萬
畢
夫言榮不若辱非誠詞也得不若失非實談也不進則
退不喜則憂不得則失此世人之常真人危斯十者而
為一矣所謂大辯者別天下之行具天下之物選善退
惡時措其宜而功立德至矣小辯則不然別言異道以
言相射以行相伐使民不知其要無他故焉故知淺也
一本知淺二字倒君子并物而錯之兼塗而用之五味未嘗而

辨于口五行在身而布于人故何方之道不從面從之義不行治亂之法不用惔然寬裕蕩然簡易略而無失精詳入纖微也

夫舟浮于水（御覽七百六十八浮作行）車轉于陸此勢自然者也（原作此自然道也依御覽改與淮南主術訓合）有不治者知不豫焉

夫木擊折轊水戾破舟不怨木石而罪巧拙故不載焉故有知則惑有心則嶮有目則眩是以規矩一而不易不爲秦楚緩節（淮南主術訓作變節）不爲胡越改容（一本胡作吳）一而不邪方行而不流一日形之萬世傳之無爲爲之也

為君者御覽二十七者作自
若御覽四引作如

夫自見之明（意林之作則下三句同）借人見之闇也自聞之聰借人聞之聾也明君知此則去就之分定矣為君者（原脫者字依文選褚淵碑注御覽四又六百二十補）當若冬日之陽夏日之陰萬物自歸（御覽四又六百二十並作歸之又六百二十七作歸）莫之使也恬臥而功自成（御覽六百二十恬作偃）優游而政自治豈在振目搤腕手操鞭朴（操原作據依御覽二十七改）而後為治與

夫合事有不合者知與未知也合而不結者陽親而陰疏故遠而親者志相應也（志原作忘依文選曹子建贈白馬王詩注改）近而疏者志不合也（此志字亦誤鬼谷子內揵篇作志）就而不用者策不得

也去而反求者無違行也近而不御者心相乖也遠而相思者合其謀也故明君擇人不可不審士之進趣亦不可不詳

轉辭篇

世間悲哀喜樂嗔怒憂愁久惑於此今轉之在己為哀在他為悲在己為樂在他為喜在己為嗔在他為怒在己為愁在他為憂在己若扶之與攜謝之與議（淮南說林訓作讓）故之與右（淮南作先）諾之與己相去千里也夫言之術與智者言依于博與博者言依于辯與辯者言依于要

（原作安依鬼谷子權篇改）與貴者言依于勢與富者言依于豪與貧者言依于利與勇者言依于敢與愚者言依于說（鬼谷子作銳）此言之說也不用在早圖不窮在早稼非所宜言勿言（此下脫一句）非所宜為勿為以避其危非所宜取勿取以避其咎非所宜爭勿爭以避其聲一言而非（言原作聲依意林改與文選竟陵文宣王行狀注合）駟馬不能追（原作駟馬勿追依意林文選注藝文十九御覽三百九十改）一言而急駟馬不能及（原脫能字依意林文選注藝文御覽補）故惡言不出口苟語不留耳（藝文作苟聲不入耳）此謂君子也夫任臣之法闇則不任也慧則不從也仁則不親也勇

則不近也信則不信也不以人用人故謂之神怒出于不怒為出于不為視于無有則得其所見聽于無聲則得其所聞故無形者有形之本無聲者有聲之母循名責實實之極也按實定名名之極也參以相平轉而相成故得之形名

夫川竭而谷虛邱夷而淵實聖人以死大盜不起天下平而無故也（原脱無字依莊子胠篋篇補）聖人不死大盜不止何以知其然為之斗斛而量之則并與斗斛而竊之為之權衡以平之則并與權衡而竊之為之符璽以信之則并

與符璽而竊之為之仁義以教之則并與仁義而竊之何以知其然彼竊財者誅竊國者為諸侯諸侯之門仁義存焉是非竊仁義耶故遂于大盜霸諸侯此重利也盜跖所不可禁者（莊子云此重利盜跖而使不可禁者）乃聖人之罪也

欲之與惡善之與惡四者變之失恭之與儉敬之與傲四者失之修故善素朴任惔憂而無失未有修焉此德之永也言有信而不為信言有善而不為善者不可不察也

夫治之法莫大于私不行君之功莫大于使民不爭原

脫君之二字依慎子補今慎子無此文見藝文五十四御覽六百三十八今也立法而行私與法爭其亂也甚于無法立君而尊賢原作爭愚依慎子逸文改與君爭其亂也甚于無君故有道之國法立則私善不行原脫法立二字依慎子逸文補君立而賢者不尊賢原作愚依慎子逸文改民一于君事斷于法此國之道也明君之督大臣緣身而責實名緣名而責形緣形而責實臣慎其重誅之至于是不敢行其私矣

心欲安靜慮欲深遠心安靜則神策生神原作心繹史作神與鬼谷子本經篇合慮深遠則計謀成心不欲躁慮不欲淺心躁則

御覽七十七文猶作由無若字

精神滑處淺則百事傾治世之禮簡而易行亂世之禮煩而難遵上古之樂質而不悲當今之樂邪而為淫上古之民質而敦朴今世之民詐而多行上古象刑而民不犯教令墨劓不以為耻斯民所以亂多治少也堯置敢諫之鼓文選策秀才文注御覽七十七敢並作欲舜立誹謗之木湯有司直之人武有戒慎之銘此四君者四君下原衍子字依御覽刪聖人也而猶若此之勤至于栗陸氏殺東里子宿沙氏戮箕文御覽四百九十二並作宿沙君桀誅龍逢紂剖比干四主者御覽七十七作此四君者亂君故其疾賢若仇是以賢愚之相覺御覽覺

御覽巔作顛

（作較二字古通）若百丈之谿與萬仞之山若九地之下與重天之巔（天原作山依文選西征賦注漢高祖功臣頌注御覽七十七改）明君之御民若御奔而無轡（御覽六十八作乘奔而去轡又藝文九文選東京賦注王元長曲水詩序注並作乘奔）履冰而負重（意林作負重而履冰檢文選注御覽所引與今本同）親而疏之疏而親之故畏儉則福生驕奢則禍起聖人逍遙一世之間宰匠萬物之形（原脱之間二字宰匠作罕匹並依文選南州桓公九井詩注宣德皇后令注策秀才文注三國名臣序贊注補正）寂然無鞭朴之罰漠然無叱咤之聲而家給人足天下太平視昭昭知冥冥推未運覩未然故神而不可見幽而不可見此之

謂也

君人者不能自專而好任下則智日困而數日窮迫于下則不能申行隨于國則不能持知不足以為治威不足以行誅無以與下交矣故喜而便賞（便原作使依意林改下句同）不必當功怒而便誅不必值罪不慎喜怒誅賞從其意而欲委任臣下故亡國相繼弒君不絕（一本弒作殺）古人有言衆口鑠金三人成虎不可不察也

夫人情發言欲勝舉事欲成故明者不以其短疾人之長不以其拙病人之工言有善者則而賞之言有非者

顯而罰之一本罰作戮塞枉邪之路一本枉邪二字倒蕩淫辭之端
臣下閉口原作閔之依慎子改今慎子無此文見文選謝平原内史表注左右結舌
可謂明君為善者君與之賞為惡者君與之罰因其所
以來而報之循其所以進而答之聖人因之故能用之
用之循理故能長久今之為君無堯舜之才而慕堯舜
之治故終顛殞乎混冥之中而事不覺于昭明之術是
以虛欲（慕）欲仕之名無益亂世之理也
忠怠于宦成原作患生于宦成依意林改病始于少瘳禍生于懈慢
孝衰于妻子此四者慎終如始也富必給貧壯必給老

怏情恣慾必多侈侮故曰尊貴無以高人聰明無以寵人資給無以先人剛勇無以勝人能履行此可以為天下君

夫謀莫難于必聽事莫難于必成成必合于數聽必合于情故抱新加火燥者必先燃燥原作爍依藝文八十改又藝文加作爇燃作著平地注水濕者必先濡故曰動之以其類安有不應者獨行之術也

明君立法之後中程者賞缺繩者誅此下有脫簡此之謂君曰亂君國曰亡國

智者寂于是非故善惡有別明者寂于去就故進退無類若智不能是非明不能審去就斯謂虛妄

目貴明耳貴聰心貴公以天下之目視則無不見以天下之耳聽則無不聞以天下之智慮則無不知得此三術則存于不爲也

鄧析子終

皇清道光十九年歲次己亥金山錢熙祚錫之甫校梓

子藏

名家部

鄧析子卷

2

華東師範大學「子藏」編纂中心編

總編纂　方勇

副總編纂　吳平

國家圖書館出版社

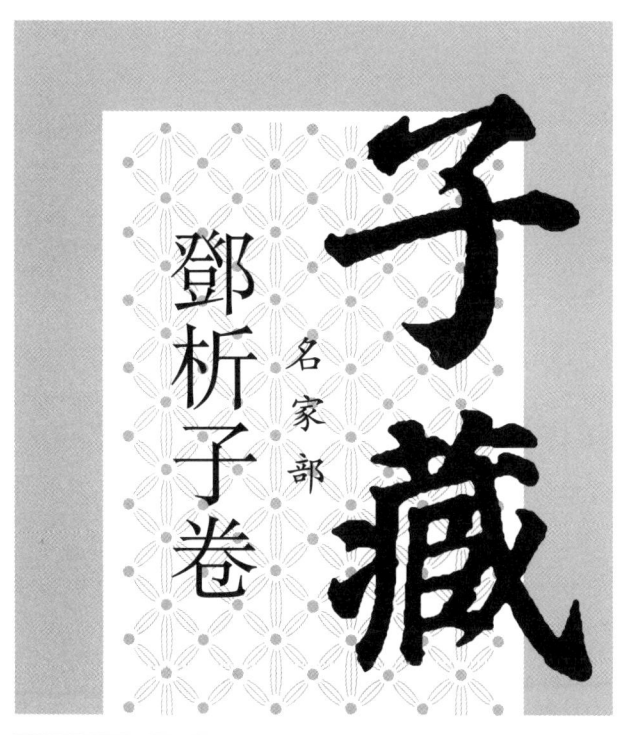

第二册目録

鄧析子校正　王愷鑾　撰
民國二十四年(1935)上海商務印書館排印《國學小叢書》本……三八三
鄧析子探源　羅根澤　撰
一九五八年人民出版社排印《諸子考索》本……四一三
鄧析的名辯思想　汪奠基　撰
一九六一年中華書局排印《中國邏輯思想史料分析》本……四三三
鄧析子辯僞　伍非百　撰
一九八三年中國社會科學出版社排印《中國古名家言》本……四五七

鄧析子

（元）陶宗儀　輯

明抄本《説郛》

鄧析子二弓全

中鄧析書四篇臣叙書一篇凡中外書五篇以相校除複重爲一篇皆定叙而書可繕寫也鄧析者鄭人也好刑名操兩可之說設無窮之辞也當子產之世數难子產之法記或云子產起而戮之於春秋左氏傳昭公二十年而子產卒子太

叔嗣為政定公八年太叔卒四嗣為政明年乃殺鄧析而用其竹刑君子謂子然於是乎不忠苟有可以加於国家棄其邪可也静女之三章取彤管焉竿旄何以告之取其忠也故用其道不棄其人詩之蔽芾甘棠勿剪勿伐召伯所茇思其人猶愛其樹也況用其道不恤其人乎然無以勸能矣竹刑簡法也久遠世無其書子產卒後二十年而鄧析死傳說或稱子產誅鄧析非也其論無厚者言之異同與公孫龍同類

謹題

無厚篇

天於人無厚也君於民無厚也父於子無厚也兄於弟無厚也何以言之天不能屏悖厲之氣全夭折之人使為善之民必壽此於民無厚也凡民有穿窬為盜者何詐偽相迷者此皆生於不足起於貧窮而君必執法誅之此於民無厚也堯舜

位為天子而丹朱商均為布衣此於子無孝也周公誅管蔡此於弟無孝也推此言之何孝之有

循名責実君之事也奉法宣令臣之職也下不得自擅上操其柄而不理者未之有也君有三累臣有四責何謂三累惟親所信一累以名取士二累近故親疎三累何謂四責受重賞而無功一責居大位而不治二責理官而不平三責御軍陣而奔潰四責君無三累臣無四責可以安国

勢者君之輿威者君之策臣者君之馬民者車之輪勢固則輿安威定則策勁臣順則馬良民和則輪利為国失此必有覆車奔馬折輪敗載之安得不危異同之不可別是非之不可定黑白之不可分清濁之不可理以斯誠明聽能聞於無声視能見於無形計能規於未兆慮能防於未然斯無他也不以耳聽則通於無形矣不以心計則達於無兆矣不以知

慮則合於自然矣君者藏形匿形群下無私掩目塞目万民恐震循名責實察法立威是明王也夫明於形者不遇於事察於動者用不失其利故明君審一方物自定名不可以外務智不可以他從求諸己之謂也

夫負重者患塗遠據貴者憂民離負重塗遠者身疲而無功在上離民者雖勞而不治故智者量塗而後負明君親民而出政獵羆虎者不於外釣鯨鯢者不居清河則罔非羆虎之處也池非鯨鯢之泉也楚之不泝流陳之不東魔長盧之不士吕子之蒙恥

夫游而不見敬不恭也居而不見愛不仁也言而不見用不信也求而不能得無始也謀而不見善無理也計而不見從遺道也因勢而發譽則行等而名殊人齊而得時則力敵而功倍其所以然者乘勢之在外辯說而非所听也虛言向非

而所應也無之辭非所達也故談者別殊類使不相害序異端使不相亂諭志通意非務相乖也若飾詞以相亂匿辭以相移非古之辯也

慮不先定不可以應卒兵不閑習不可以當敵廟勝千里惟惶之奇百戰百勝黃帝師之

死生有命貧富有時怨天折者不知命也怨貧賤者不知時也故臨難不懼知天命也貧窮無懾達時序也凶飢之歲父死於室子死於戶而不相怨者無所顧也同舟渡海中流遇風救患若一所憂同也張羅畋野唱和而不差者其利等也故躰痛者口不能不呼心忻者顏不能不笑責疲者以舉千鈞兀者以及走馬驅逸足於庭求猨捷於檻斯逆理而求之猶倒裳而索領事有遠而親近而疏就而不用去而反求凡此四行明主大憂也夫水濁則無掉尾之魚政苛則無逸

樂之士故令煩則民詐政擾則民不定不治其本而務其末
譬如拯溺投之以石救火投之以薪夫達道者無知之道也
無能之道也是知大道不知而中不能而成無有而足守虛
責實而萬事畢

忠生於不忠義生於不義音出而不收謂之放言出而不智
謂之闇故見其家致其行循其理正其名得出其端知情若
此何往不復何是不成有物者意也無外者德也有人者行
也無人者道也故德非所履處非所處則失道非其道則諂
意無賢慮無忠行無道言虛如受實而萬事畢

走言榮不若辱非誠辭也得不若失非實談也不進則退不
喜則憂不得則亡此世人之常真人危斯十者而爲一矣所
謂大辯者別天下之行具天下之物選善退惡時揩其宜而
功立得志矣小辯則不然別言善道以言招對以行相代使

民不知其悪無他故爲故淺知也君子并物而錯之兼塗而
用之五味未嘗而辨於口五形在身而布於人故何方之道
不從而徙之義不行治乱之法不許淡然寬裕蕩然簡易略
而無失精誠入微也
夫舟浮於水車轉於陸此自然之道也有不治者知不豫焉
夫木擊折轊水戾破舟不怨木石而罪巧拙故不載焉故有
知則惑有心則嶮有目則眩是以規矩一西不易不爲秦楚
緩節不爲胡越改容一而不邪方行而不況一日行之萬世
傳之無爲爲之也矣夫自見之明借人見之闇也自聴之聰
借人聞之聾也明君知此則去就之分定矣爲君當若冬日
之陽夏日之陰万物自帰莫之使也恬而功自成優游而政
自治其在振目搤腕手標鞭扑而後爲治歟
夫合事由不合者知與未而也合而不能者賜覩而會流故

遠而親者忘相應者也近而踈者忘不合也就而不用者策不得也去而反求者無遠行也近而不御者心相華也遠而相思者合其謀也故明君擇人不可不審士之遠進趣亦不可不詳

轉亂篇

世間悲哀喜樂嗔怒憂愁久感於此令轉之在己爲哀在他爲悲在己爲樂在他爲喜在己爲嗔在他爲怒在己爲愁在他爲憂在己若快之與慊謝之與議故之與右諾之與已相去千里也夫言之術與智者言依於博與博者言依於辯與辯者言依於要與貴者言依於勢與富者言依於豪与貧者言依於利與勇者言依於敢與愚者言依於說此言之術也不用在早圖不窮在早稼非所宜言勿言以避其禍非所宜爲勿爲以避其爲非所宜取勿取以避其咎非所宜爭勿

爭以避其声一声而非駡勿追一言而怨駡不及故惡言不
口苟語不留耳此謂君子也
夫任臣之法闇則不任也慧則不從也仁則不近也言則不
信也不以神人兩人故謂之神怒出於不怒爲出於不爲視
於無色得則其所見听於無声則得其所聞故無形者有形
之本無声者有声之母循名責实之極也按实定名名之極
也參以相平轉而相成故得之形名
夫川竭而谷虚丘夷而渊实圣人不死大盗不起天下平故
也圣人不死大盗不止何以知其然爲之斗斛而量之則并
斗斛而竊之爲之權衡以平之則并與權衡而竊之爲之符
璽以信之則并與符璽而竊之爲之仁義以教之則并義仁
以竊之何以知其然被竊財竊国者爲諸侯門仁義存焉是
非竊仁義耶故遂於大盗霸諸侯此重利也盗跖所不可禁

[illegible]者乃圣人之罪也

欲之与恶喜之与善四者变之失恭之与险敬之与教四者失之脩故善素朴任悮憂而無失未有脩焉此德之永也言有信而不爲信言有而善不爲善者不可不察也

夫治之法莫大於私不行功莫大於使民不争於法而行与法争其乱也甚於無法立君而尊愚与君争其乱也甚於無君故有道之国則法立而私善不行君立而愚者不尊民一於君争断於法此国之道也

明君之督大臣缘身而责名缘名而责形缘形而责实臣慎其重誅至於不敢行其私矣

心欲安静虑欲深遠心安静則神策生虑深遠則計謀成心不欲躁虑不欲浅心躁則精神滑虑浅則事計傾

治世之礼簡而易行乱世之礼煩而难遵上古之樂質而不

悲當今之樂邪而為淫上古之民質而敦朴今世之民詐而
多行上古象形而民不犯教令有黑劓不以為耻斯民所以
乱多治少也尧置敢諫之鼓舜立誹謗之木湯有司直之人
武有戒慎之名此四君者圣人也而猶若此之勤至於栗
陸氏殺東里子宿沙氏戮其文桀誅龍逢紂刳比干四主
者乱君也故其疾賢若仇是以賢愚之相覔若百丈之壑与
万仞之山若九地之下与重天之上明君之御民若御奔而
無轡履氷而負重親而疎之疏而親之故畏慎則福生驕奢
則禍起聖人之道逍遥一世罕匹万物之形寂然無鞭朴之
罰漠然無叱咤之声而家給人足天下太平視昭昭之冝冝
推未然故神而不可見幽而不可見此之謂也
君人者不能自専而好任下則智日困而数日窮迫於下則
不能行遁於困則不能持智不足以為治威不足以行誅則

無以与下交矣故善言而使賞不必當功怒而不必值罪
不慎喜怒誅賞從其意而欲委在臣下故亡國相継殺君不
絕古人有言衆口鑠金三人成虎不可不察也
夫人情發言欲勝舉事欲成故明者不以其短疾人之長不
以其拙病人之工言有善者明而賞之言有非者顯而罰之
塞邪枉之路蕩淫辭之端臣下閉之左右結舌可謂明君爲
善者君與之賞爲惡者君與之罰因其所以來而報之循其
所以進而荅之聖人因之故能用之因之循理故能長久今
之爲非堯舜之才而慕堯舜之治故終顛殞乎混冥之中而
事不免於昭明之術是以虛慕欲治之名無益亂世之理也
患生於官成病始於少瘳禍生於懈怠孝衰於妻子此四者慎
終而始也富必給貧壯必給老快情恣欲必多侵侮故曰高
貴無以高人聰明無以寵人資給無以先入剛毅無以勝人

人能履行此可以為天下君

夫謀莫难於必听事莫难於必成〻必合於數听不合於情

故抱薪加火燥者必先爍平地注水濕者必先濡故曰動之

以其類安有不應者独行之術也

明君立治之後法中程者不賞缺漏者不誅此之者謂君曰

亂君国曰亡國

智者寂於是非故善惡有別明者寂於去就故進退無類若

智不能察是非明不能審去就斯亦虛妄

目貴明耳貴聰心貴慮以天下之目視則無不見以天下之

耳听則無不聞以天下之智慮則無不知得此四術則存於

不為矣

鄧析子

（元）陶宗儀 輯
張宗祥 重校

民國十六年（1927）上海商務印書館排印《說郛》本

鄧析子 二卷全

中鄧析書四篇臣敍書一篇凡中外書五篇以相校除重複爲一篇皆可定殺而書可繕寫也鄧析者鄭人也好刑名操兩可之說設無窮之辭當子產之世數難子產之法記或云子產起而戮之于春秋左氏傳昭公二十年而子產卒子太叔嗣爲政定公八年太叔卒駟歂嗣爲政明年乃殺鄧析而用其竹刑君子謂子然于是乎不忠苟有可以加于國家棄其邪可也靜女之三章取彤管

焉竿旄何以告之取其忠也故用其道不棄其人詩云蔽芾甘棠勿翦勿伐召伯所憩思其人猶愛其樹也况用其道不恤其人乎子然無以勸能矣竹刑簡法也久遠世無其書子產卒後二十年而鄧析死傳說或稱子產誅鄧析非也其論無厚者言之異同與公孫龍同類謹第上

無厚篇

天于人無厚也君于民無厚也父于子無厚也兄于弟無厚也何以言之天不能屏悖厲之氣全夭折之人使爲善之民必壽此于民無厚也凡民有穿窬爲盜者有詐僞相迷者此皆生于不足起于貧窮而君必執法誅之此于民無厚也堯舜位爲天子而丹朱商均爲布衣此于子無厚也周公誅管蔡此于弟無厚也推此言之何厚之有

循名責實君之事也奉法宣令臣之職也下不得自擅上操其柄

而不理者未之有也君有三累臣有四責何謂三累惟親所信一累以名取士二累近故親疏三累何謂四責受重賞而無功一責居大位而不治二責理官而不平三責御軍陣而奔潰四責君無三累臣無四責可以安國

勢者君之輿威者君之策臣者君之馬民者君之輪勢固則輿安威定則策勁臣順則馬良民和則輪利爲國失此必有覆車奔馬折輪敗載之患安得不危異同之不可別是非之不可定黑白之不可分清濁之不可理以斯誠聽能聞于無聲視能見于無形計能規于未兆慮能防于未然斯無他也不以耳聽則通于無聲矣不以目視則照于無形矣不以心計則達于未兆矣不以知慮則合於未然矣君者藏形匿影羣下無私掩目塞耳萬民恐震循名責實察法立威是明王也夫明于形者分不遇于事察于動者用不失其利故明君審一萬物自定名不可以外務智不可以他從

求諸己之謂也
夫負重者患途遠據貴者憂民離負重途遠者身疲而無功在上離民者雖勞而不治故智者量途而後負明君親民而出政
獵羆虎者不于外圂釣鯨鯢者不居淸池何則圂非羆虎之處也池非鯨鯢之泉也楚之不泝流陳之不束麾長盧之不士呂子之蒙恥
夫游而不見敬不恭也居而不見愛不仁也言而不見用不信也求而不能得無始也謀而不見善無理也計而不見從遺道也因勢而發譽則行等而名殊人齊而得時則力敵而功倍其所以然者乘勢之在外推辨說而非所聽也虛言向非所應也無益亂非所達也故談者別殊類使不相害序異端使不相亂諭志通意非務相乖也若飾詞以相亂匿辭以相移非古之辨也
慮不先定不可以應卒兵不閑習不可以當敵廟勝千里帷幄之

奇百戰百勝黃帝之師

死生有命貧富有時怨夭折者不知命也怨貧賤者不知時也故臨難不懼知天命也貧窮無懾達時序也凶飢之歲父死于室子死于戶而不相怨者無所顧也同舟渡海中流遇風救患若一所憂同也張羅畋野唱和而不差者其利等也故體痛者口不能不呼心悅者顏不能不笑責疲者以舉千鈞兀者以及走馬驅逸足于庭求猨捷于檻斯逆理而求之猶倒裳而索領事有遠而親近而疏就而不用去而反求凡此四行明主大憂也

夫水濁則無掉尾之魚政苛則無逸樂之士故令煩則民詐政擾則民不定不治其本而務其末譬如拯溺投之以石救火投之以薪

夫建道者無知之道也無能之道也是知大道不知而中不能而成無有而足守虛責實而萬事畢

忠生于不忠義生于不義音出而不收謂之放言出而不督謂之
闇故見其象致其行循其理正其名得其端知其情若此何往不
復何事不成有物者意也無外者德也有人者行也無人者道也
故德非所履處非所處則失道非其道不道則諂意無賢慮無忠
行無道言虛如受實而萬事畢
夫言榮不若辱非誠辭也得不若失非實談也不進則退不喜則
憂不得則亡此世人之常眞人危斯十者而爲一矣所謂大辨者
別天下之行具天下之物選善退惡時措其宜而功立德至矣小
辨則不然別言異道以言相射以行相代使民不知其要無他故
焉故淺知也君子并物而錯之兼途而用之五味未嘗而辨于口
五行在身而布于人故何方之道不從面從之義不行治亂之法
不用淡然寬裕蕩然簡易略而無失精神入微也
夫舟浮于水車轉于陸此自然之道也有不治者知不豫焉夫木

擊折轉水戾破舟不怨木石而罪巧拙故不載焉故有知則惑有心則險有目則眩是以規矩一而不易不爲秦楚緩節不爲胡越改容一而不邪方行而不流一日行之萬世傳之無爲爲之也矣夫自見之明借人見之闇也自聽之聰借人聞之聾也明君知此則去就之分定矣爲君當若冬日之陽夏日之陰萬物自歸莫之使也恬臥而功自成優游而政自治其在振目搤腕手據鞭扑而後爲治歟

夫合事有不合者知與未知也合而不結者陽親而陰疏故遠而親者忘相應者也近而疏者忘不合也就而不用者策不得也去而反求者無違行也近而不御者心相乖也遠而相思者合其謀也故明君擇人不可不審士之進趣亦不可不詳

轉辭篇

世間悲哀喜樂嗔怒憂愁久惑于此今轉之在己爲哀在他爲悲

在己爲樂在他爲喜在己爲嗔在他爲怒在己爲愁在他爲憂在己若扶之與攜謝之與議故之與右諾之與己相去千里也夫言之術與智者言依于博與博者言依于辨與辨者言依于安與貴者言依于勢與富者言依于豪與貧者言依于利與勇者言依于敢與愚者言依于說此言之術也不用在早圖不窮在早稼非所宜言勿言以避其禍非所宜爲勿爲以避其危非所宜取勿取以避其咎非所宜爭勿爭以避其聲一聲而非四馬勿追一言而忽四馬不及故惡言不出口苟語不留耳此謂君子也

夫任臣之法闇則不任也慧則不從也仁則不親也勇則不近也言則不信也不以神人用人故謂之神怒出于不怒爲出于不爲視于無色則得其所見聽于無聲則得其所聞故無形者有形之本無聲者有聲之母循名責實實之極也按實定名名之極也參以相平轉而相成故得之形名

夫川竭而谷虛丘夷而淵實聖人不死大盜不起天下平故也聖人不死大盜不止何以知其然爲之斗斛而量之則并斗斛而竊之爲之權衡以平之則并與權衡而竊之爲之符璽以信之則并與符璽而竊之爲之仁義以教之則并仁義而竊之何以知其然彼竊財者誅竊國者爲諸侯諸侯之門仁義存焉是非竊仁義耶故遂于大盜霸諸侯此重利也盜跖所不可禁者乃聖人之罪也」欲之與惡善之與惡四者變之失恭之與儉敬之與傲四者失之修故善素朴任惔憂而無失未有修焉此德之永也言有信而不爲信言有善而不爲善者不可不察也

夫治之法莫大于私不行功莫大于使民不爭今也立法而行私與法爭其亂也甚于無法立君而爭愚與君爭其亂也甚于無君故有道之國則法立而私善不行君立而愚者不尊民一于君事斷于法此國之道也

明君之督大臣緣身而責名緣名而責形緣形而責實臣懼其重誅之至于是不敢行其私矣

心欲安靜慮欲深遠心安靜則神策生慮深遠則計謀成心不欲躁慮不欲淺心躁則精神滑慮淺則事計傾

治世之禮簡而易行亂世之禮煩而難遵上古之樂質而不悲當今之樂邪而爲淫上古之民質而敦朴今世之民詐而多行上古象形而民不犯教今有墨劓不以爲恥斯民所以亂多治少也堯置敢諫之鼓舜立誹謗之木湯有司直之人武有戒愼之銘此四君者聖人也而猶若此之勤至于栗陸氏殺東里子宿沙氏戮箕文桀誅龍逢紂刳比干四主者亂君也故其疾賢若仇是以賢愚之相覺若百丈之谿與萬仞之山若九地之下與重天之上

明君之御民若御奔而無轡履冰而負重親而疏之疏而親之故畏儉則福生驕奢則禍起聖人之道逍遙一世宰匹萬物之形寂

然無鞭扑之罰漠然無叱咤之聲而家給人足天下太平視昭昭知冥冥推末運覩未然故神而不可見幽而不可見此之謂也

君人者不能自專而好任下則智日困而數日窮迫于下則不能申行隨于國則下能持智不足以爲治威不足以行誅則無以與下交矣故喜而使賞不必富功怒而使誅不必值罪不慎喜怒誅賞從其意而欲委在臣下故亡國相繼殺君不絕古人有言衆口鑠金三人成虎不可不察也

夫人情發言欲勝舉事欲成故明者不以其短疾人之長不以其拙病人之工言有善者明而賞之言有非者顯而罰之塞邪枉之路蕩淫辭之端臣下閉之左右結舌可謂明君爲善者君與之賞爲惡者君與之罰因其所以來而報之循其所以進而答之聖人因之故能用之因之循理故能長久今之爲君非堯舜之才而慕堯舜之治故終顛殞乎混冥之中而事不覺于昭明之術是以虛

慕欲治之名無益亂世之理也
患生于宦成病始于少瘳禍生于懈怠孝衰于妻子此四者慎終
而始也富必給貧壯必給老快情恣欲必多侵侮故曰尊貴無以
高人聰明無以籠人資給無以先人剛毅無以勝人人能履行此
可爲天下君
夫謀莫難于必聽事莫難于必成成必合于數聽必合于情故抱
薪加火燥者必先爍平地注水溼者必先濡故曰動之以其類安
有不應者獨行之術也
明君立法之後中程者不賞缺漏者不誅此之謂君曰亂君國曰
亡國
智者寂于是非故善惡有別明者寂于去就故進退無類若智不
能察是非明不能審去就斯謂虛妄
目貴明耳貴聰心貴公以天下之目視則無不見以天下之耳聽

則無不聞以天下之智慮則無不知得此三術則存于不爲矣

(明)歸有光 輯評 文震孟 參訂

鄧析子

明天啓五年(1625)刊《諸子彙函》本

李見羅曰：莫公於天，與君莫親於父子兄弟，而無厚。鄧子此論雖出於偽時，但混而行生，混而刑賞，混而賢愚善惡，有此別一天地世界乎。

鄧析子

鄭人，好刑名，撰竹刑之書，析著書四篇，漢劉歆復校為二篇。

○○○無厚篇　一

天於人無厚也，君於民無厚也，父於子無厚也，兄於弟無厚也。何以言之？天不能屏勃厲之氣，全夭折之人，使為善之民必壽，此於民無厚也。凡民有穿窬為盜者，有詐僞相迷者，此皆生於不足，起於貧窮，而君必執法誅之，此於民無厚也。堯舜位為天子，而丹朱商均為布衣，此於子

孚先羅曰此段與無厚意相反俱非正大之論

無厚也周公誅管蔡此於弟無厚也堯以丹朱不肖傳位於舜舜以商均不肖傳位於禹武王死成王立年幼周公負扆而朝於是管叔蔡叔霍叔流言周公將不利於孺子與武庚叛公避王居東王悟迎公歸命討而征之誅管叔囚蔡叔降霍叔庶人推此言之何厚之有第一段循名責實君之事也奉法宣令臣之職也下不得自擅上操其柄而不理者未之有也君有三累臣有四責何謂三累惟親所信一累以名取士二累近故親疏三累何謂四責受重賞而無功一責居大位而不治二責理官而不平三責御軍陣而奔非四

何椒邱曰論君臣不可不及民正論

王少廣曰即循名責實一段而意更入[illegible]

責君無三累臣無四責可以安國」第二段

勢者君之輿威者君之策臣者君之馬民者君之輪勢固則輿安威定則策勁臣順則馬良民和則輪利爲國失此必有覆車奔馬折輪敗載之患安得不危」第三段

異同之不可別是非之不可定白黑之不可分清濁之不可理久矣誠聽能聞於無聲視能見於無形計能規於未兆慮能防於未然斯無他也不以耳聽則通於無聲矣不以目視則照於無形矣不以心計則達於無兆矣

李見羅曰此段照第二段循名責實與三累

王少廣曰末段又申言循名責實奉法宣令正治世之事

不以知慮則合於無無然矣君者藏形匿影羣下無私掩目塞耳萬民恐震（第四段）循名責實察法立威是明王也夫明於形者分不遇於事察於動者用不失則利故明君審一萬物自定名不可以外務智不可以從他求諸巳之謂也（第五段）治世位不可越職不可亂百官有司各務其刑上循名以督實下奉教而不違所美觀其所終所惡計其所窮喜不以賞怒不以罰可謂治世（第六段）

王鳳洲曰鄧子循名責實察法立威先申韓而鳴者也至謂天於人父於子兄於弟俱無厚者何哉先王之用刑也本於愛析之用刑也本於無厚嗚呼誅晚矣然三累四責之言非謬言也治世而各務其刑偏言極矣

卷六

四三

李見羅曰視民出政是正論

何椒丘曰喻亦確

王少廣曰此段俱正論

無厚篇二　鄧析子

夫負重者患塗遠據貴者憂民離負重塗遠者身疲而無功在上離民者雖勞而不治故智者量塗而後負明君視民而出政第一段獵羆虎者不于外圂圂音卷釣鯨鯢者不居清池何則圂非羆虎之窟也池非鯨鯢之泉也楚之不泝流陳之不束麾長盧之不士呂子之蒙耻第二段夫遊而不見敬不恭也居而不見愛不仁也言而不見用不信也求而不能得無始也謀而不見喜

黃旨玄曰古拙之詞

……廣曰可參節略

無理也計而不見從遺道也因勢而發譽則行等而名殊人齊而得時則力敵而功倍其所以然者乘勢之在外推辨說非所聽也虛言向非所應也無益亂非舉也故談者別殊類使不相害序異端使不相亂諭志通意非務相乖也若飾詞以相亂匿詞以相亂移非古之辯也 第三段

慮不先定不可以應卒兵不閑習不可以當敵廟筭千里帷幄之奇百戰百勝黃帝之師 第四段

死生自命貧富自時怨夭折者不知命也怨貧

李見羅曰安命達時之言

王少廣曰此論甚見理

王肯玄曰此古今通弊

賤者不知時也故臨難不懼知天命也貧窮無懾達時序也凶饑之歲父死于室子死于戶而不相怨者無所顧也同舟渡海中流遇風救患若一所憂同也張羅而畋唱和不差者其利等也故體痛者口不能不呼心悅者顏不能不笑責疲者以舉千鈞責兀者以及走兎驅逸足于庭求援捷于檻斯逆理而求之猶倒裳而索領第五段

事有遠而親近而疏就而不用去而反求凡此四行明主大憂也第六段

夫水濁則無棹尾魚

何俶丘曰政令不可煩擾煩擾非治本名言有關治道

之魚政苛則無逸樂之士故令煩則民詐政擾則民不定不治其本而務其末譬如極溺錘之以石救火投之以薪第七段

黃少廣曰此篇總論明主治民以本不宜務末篇中一番議論一番譬喻末一段起末以喻中插正意議頭極幻

王肯玄曰此亦首篇循名責實而勘出道來道又生德行事來而知字是其脉絡能字是帶說者

無厚篇三　　鄧析子

夫達道者無知之道也無能之道也是知大道不知而中不能而成無有而足守虛責實而萬事畢忠言於不忠義生於不義音而不收謂之放言出而不督謂之闇故見其象致其形循其理正其名得其端知其情若此何往不復何事不成有物者意也無外者德也有人者行也無人者道也故德非所履處非所處則失道非其道不道則諂意無賢慮無忠行無道言虛如受

屠赤水曰此段本上文來是於大德字上生出大辯小辯來

實萬事畢第一段　夫言榮不若辱非誠辭也得不若失非實談也不進則退不喜則憂不得則亡此世人之常眞人危斯十者而爲一矣所謂大辯者別天下之行具天下之物選善退惡時措其宜而功立德至矣小辯則不然別言異道以言相射以行相伐使民不知其要無他故焉故淺知也君子并物而錯之兼塗而用之五味未嘗而遍於口五行在身而布於人故何方之道不從而從之義不行治亂之法不用惔惔音閉然

何椒丘曰此三段立喻以發明前二段知字

寬裕蕩然簡易畧而無失精詳入纖微也第二段夫舟浮於水車轉於陸此自然道也有不治者知不豫焉第三段夫木擊折轊（軸音竹 轊車軸頭）水戾破舟不怨木石而罪巧拙故不載焉故有知則惑德有心則嶮有目則眩是以規矩一而不易不爲秦楚緩節不爲吳越改容一而不邪方行而不流一日形之萬世傳之無爲爲之也第四段夫自見之明借人見之闇也自聞之聽借人聞之聾也明君知此則去就之分定矣爲君當若冬

李見羅曰此政治正結前治亂意

日之陽夏日之陰萬物自歸莫之使也恬臥而功自成優游而政自治豈在振目搤腕手據鞭朴而後爲治歟第五段○振目怒目也搤腕怒聲手據操執也夫合事有不合者知與未知也合而不結者陽親而陰疏故遠而親者志相應也近而疏者志不合也就而不用者策不得也去而反求者無違行也近而不御者心相乖也遠而相思者合其謀也故明君擇人不可不審士之進趣亦不可不詳第六段

王亓玄曰此篇雖本前篇而大意以達道由於知行合一則自然德至而爲無爲之爲矣明君爲治擇士貴審而士之進趣貴詳而事無不成矣

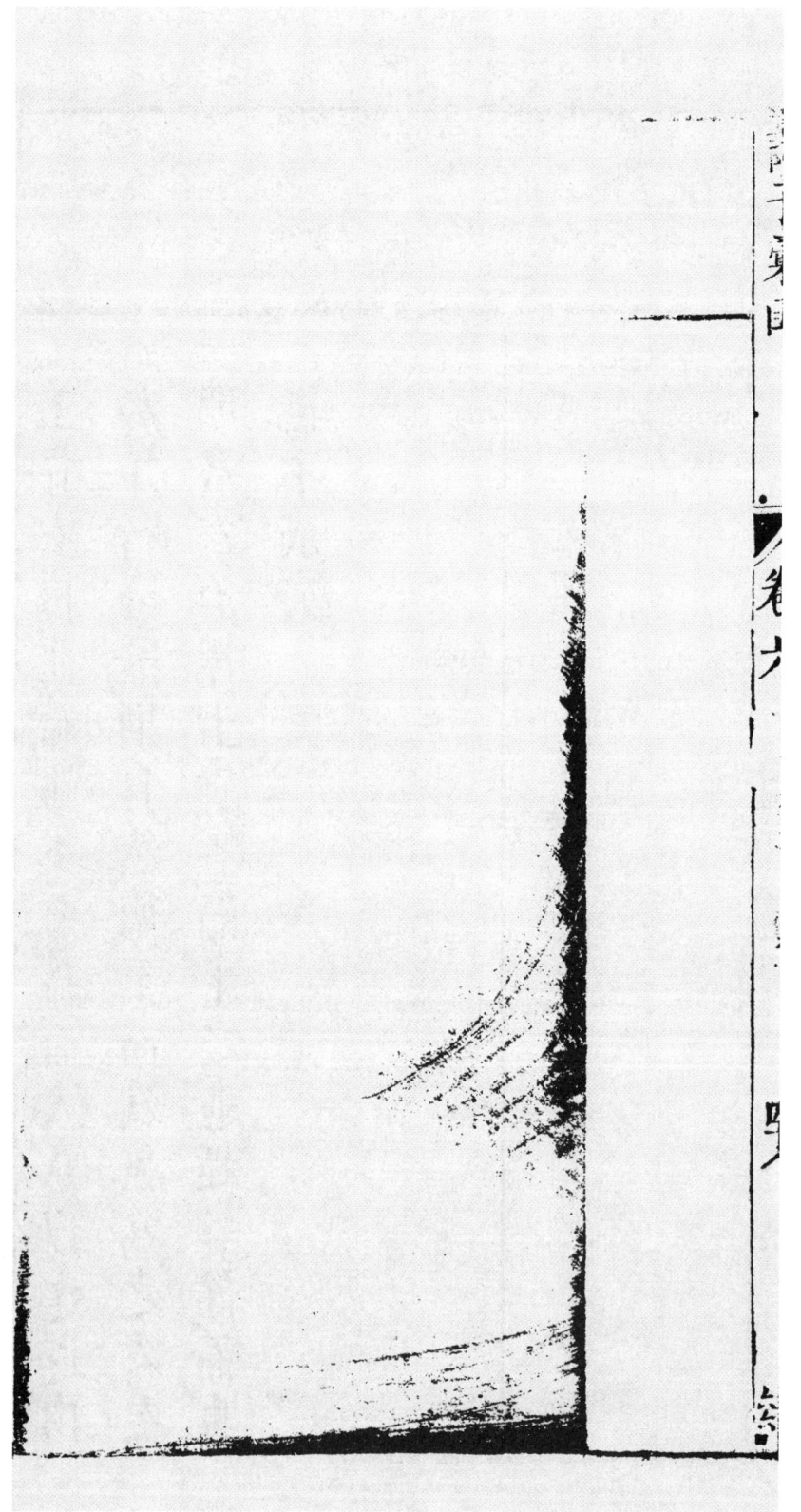

王旨玄曰分別在己在人細入絲

王旨玄曰以下敍言不可不愼術

○○○轉辭篇 一

鄧析子

世間悲哀喜樂嗔怒憂愁久惑於此今轉之在己爲哀在他爲悲在己爲樂在他爲喜在己爲嗔在他爲怒在己爲愁在他爲憂在己若扶之與携謝之與議故之與右諾之與己相去千里也夫言之術與智者言依於博與博者言依於辯與辯者言依於安與貴者言依於勢與富者言依於豪與貧者言依於利與勇者言依於敢與愚者言依於說此言之術也不用在早圖不

李見羅曰即駟不及舌之旨

窮在早稼非所宜言勿言非所宜爲勿爲以避其危非所宜取勿取以避其咎非所宜爭勿爭以避其聲一聲而非駟馬勿追一言而急駟馬不及故惡言不出口苟語不留耳此謂君子也

第段

王鳳洲曰與智者言依於辯數語同思谷子豈後人益其詞也耶要之小人之言往往出於機心之發故不甚相遠耳

王少廣曰首無厚篇循名責實君之事也鄧子以未盡之言復發於此篇

轉辭篇二　　鄧析子

夫任臣之法闇則不任也慧則不從也仁則不親也勇則不近也信則不信也不以人用人故謂之神怒出於不怒爲出於不爲視於無有則得其所見聽於無聲則得其所聞故無形者有形之本無聲者有聲之母循名責實實之極也按實定名名之極也參以相平轉而相成故得之形名　第一段

夫川竭而谷虛丘夷而淵實聖人以死大盜不起天下平而故也聖人不死大盜

李見羅曰子輿云不仁而得國者有之此云竊國者爲諸侯是竊諸侯乃爲大盜則信乎王道之大也

不止何以知其然爲之斗斛而量之則并斗斛而均之爲之權衡以平之則并與權衡而竊之爲之符璽以信之則并與符璽而竊之爲之仁義以敎之則并仁義以竊之何以知其然彼竊財、誅竊國者爲諸侯諸侯之門仁義存焉是非竊仁義耶故逐於大盜霸諸侯此重利也盜跖所不可禁者乃聖人之罪也欲之與惡善之與善四者變之失恭之與儉敬之與傲四者失之脩故善素朴任惔憂而無失未有脩焉此德之何椒丘曰無爭二字正申明上段緣之二字見法不可不立法立則爲有道之國矣。

永也。言有信而不爲信，言有善而不爲善者，不可不察也。第二段

夫治之法，莫大於私不行；功莫大於使民不爭。今也立法而行私，與法爭，其亂也甚於無法；立君而尊愚，與君爭，其亂也甚於無君。故有道之國，法立則私善不行，君立而愚者不尊，民一於君，事斷於法，此國之道也。明君之督大臣，緣身而責名，緣名而責形，緣形而責實，臣懼其重誅之至，於不敢行其私矣。

李見羅曰篇首揭出仁勇信而以不親不近

不信已悖於正矣。而次段曰聖人以死大盜
不起。聖人不死大盜不止。又曰盜跖所不可
桀者。乃聖人之罪也。此又悖理之極者也。唯
末段不爭之旨。差爲之近耳。

見羅曰此即武侯所云非寧靜無以致遠

何椒丘曰見禮樂因乎治亂

王肯玄曰引四聖主之勤於治四亂君之疾其賢見君之賢愚

轉辭篇三

鄧析子

心欲安靜慮欲深遠心安靜則神策生慮深遠則計謀成心不欲躁慮不欲淺心躁則精神滑慮淺則百事傾第一段治世之禮簡而易行亂世之禮煩而難遵上古之樂質而不悲當今之樂邪而爲淫上古之民質而敦朴今世之民詐而多行上古象刑而不犯教有墨劓不以爲恥斯民所以亂多治少也堯置敢諫之鼓舜立誹謗之木湯有司直之人武有戒愼之銘此四君子

分世之治亂

何椒丘曰畏則不驕儉則不奢故杜禍萌者在於未然致禍源者圖於不見

者聖人也而猶若此之勤至於栗陸氏殺東里子宿沙氏戮箕文桀誅龍逢紂刳比干四主者亂君故其疾賢若仇是以賢愚之相覺若百丈之谿與萬仞之山若九地之下與重天之顛第二

設明君之御民若御奔而無轡履氷而負重親而疏之疏而親之故畏儉則福生驕奢則禍起聖人逍遙一世罕匹萬物之形寂然無鞭朴之罰莫然無叱咤之聲而家給人足天下太平視昭昭知冥冥推未運覩未然故神而不可見幽

李見羅曰見人君當虛心任賢遠慮成事則讒口不得撓之而與四亂君相去遠矣

而不可見此之謂也第三段君人者不能自專而好任下則智日困而數日窮迫於下則不能申行隨於國則不能持知不足以爲治威不足以行誅無以與下交矣故喜而使賞不必當功怒而使誅不必値罪不慎喜怒誅賞從其意而欲委任臣下故亡國相繼殺君不絕古人有言衆口鑠金三人成虎人有告者曰前途有虎未必信也又一人曰前途有虎亦未必信也至三人來告曰前途有虎始信而畏避矣不可不察也第四段

王少廣曰此篇論人君治世一在心靜慮遠

以成事。一在制禮作樂以維風。一在謹畏儉約以御民。一在信賞必罰以服衆。則可與堯舜湯武比隆。而與桀紂相懸矣。篇中文詞刻至。如其人。

李見羅曰此篇本前篇喜怒誅賞來

何椒丘曰此即畫虎刻鵠之喻也

轉辭篇四

鄧析子

夫人情發言欲勝舉事欲成故明者不以其短疾人之長不以其拙病人之工言有善者則而賞之言有惡者顯而罰之塞邪枉之路蕩淫辭之端臣下閔之左右結舌可謂明君爲善者君與之賞爲惡者君與之罰因其所以來而報之循其所以進而答之聖人因之故能用之因之循理故能長久今之爲無堯舜之才而慕堯舜之治故終顛殞乎混冥之中而事不覺於昭明

王旨玄曰此四者古今通弊

李見羅曰此申明篇首之意

之術是以虛慕欲治之名無益亂世之理也第一段

患生於官成病始於少瘳禍生於懈慢孝衰於妻子此四者愼終如始也富必給貧壯必給老快情恣欲必多侈悔故曰尊貴無以高人聰明無以寵人資給無以先人剛勇無以勝人能履行此可以爲天下君第二段

夫謀莫難於必聽事莫難於必成成必合於數聽必合於情故抱薪加火爍者必先燃平地注水溼者必先濡故曰動之以其類安有不應者獨行之術也第三段

王少廣曰此照第二篇治法

王少廣曰此照篇首賞罰貴因而用之不在於私智作爲也

明君立法之後，中程者賞，缺繩者誅。此之謂君日亂君國日亡國。（顧立法何如）第四段

智者寂於是非，故善惡有別；明者寂於去就，故進退無類。若智不能察是非，明不能審去就，斯非虛妄。第五段

目貴明，耳貴聰，心貴公。以天下之目視，則無不見；以天下之耳聽，則無不聞；以天下之智慮，則無不知。得此三術，則存於不爲也。第六段

王鳳洲曰：鄧子論賞罰因人之善惡而用之，故能行之久遠，而唐虞之治可臻。不然，虛慕

何益於理亂故爲天下君者必能履而行之者也語曰事求可功求成獨行之術是也人君立法之後上則善惡有別下則進退無類聰明而公三術在我而何必私智穿鑿以有爲哉

鄧子一卷

（明）楊慎 注　張懋寀 校

明天啓五年（1625）武林張懋寀横秋閣刊《楊升庵先生評注先秦五子全書》本

楊升菴先生評註

鄧子

橫秋閣藏板

鄧子序

昔人謂东方曼倩學不純師余于鄧析子亦云從来虛無則老莊习化刑名則商韓執契經濟則敬仲持竅飛箝捭闔則鬼谷導機蓋悉有嵩门各不相借澶々乎如畫界而守也今觀

是書則經緯相雜玄黃互陳宮商迭奏初無定質其言神不可見幽不可見智者察於是非明者寂于玄就則鬼谷子家言也其言百官有司各務其刑循名責實察法立威則商韓氏意也其言達道者無知之道無能之

道聖人以死大盜不起則漆園語也
其言心欲安靜慮欲深遠尊貴無以
高人聰明無以寵人資給無以先人
剛勇無以勝人則柱下史知雄守雌
知白守黑之遺教也至云藏形匿影
群下無私明君視民而出政又云民

一于君事斷于法君人者不能自專
而好任下則智日困而數日窮則又
皆管大夫不失政稱君臣明法之旨
也於篇中多御繩勵臣之譚鄧析殆
長于治國者與雖其書合纂組以成
文於情幾幾乎道可謂列素點絢流

潤叢彩言之成服者矣

成都楊慎撰

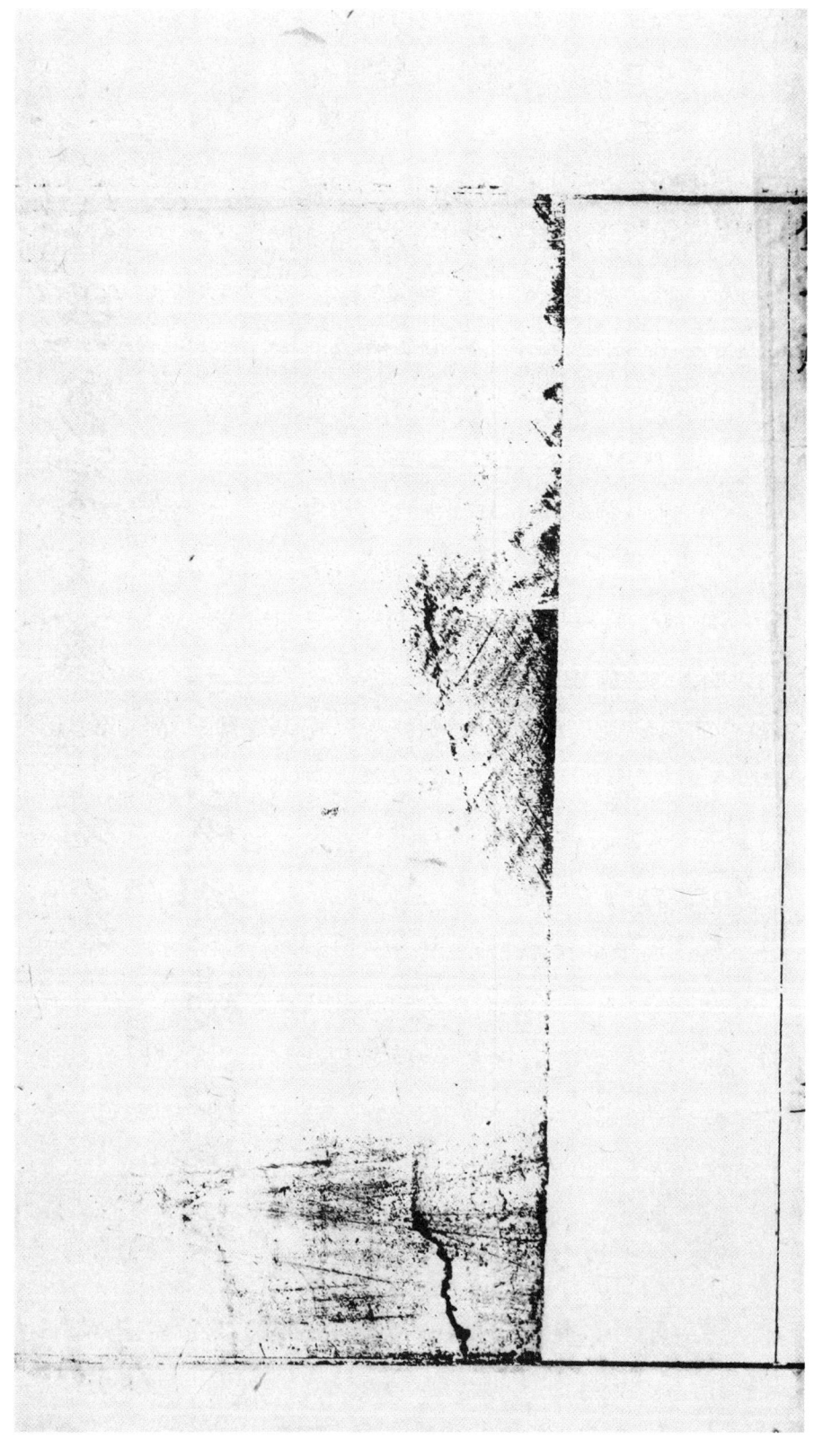

鄧子序

中鄧析書四篇、臣敘書一篇、凡中外書五篇、以相校、除復重爲一篇、皆定殺而書可繕寫也、鄧析者、鄭人也、好刑名、操兩可之說、設無窮之辭、當子產之世、數難子產之法、記或云子產起而戮之、於春秋左氏傳、昭公二十年而子產卒、子太叔嗣爲政、定公八年、太叔卒、駟歂嗣爲政、明年、乃殺鄧析而用其竹刑、君子謂子歂於是乎不忠、苟有可以加於國家。棄其邪可也。靜女之三章。取彤管焉。竿旄何以告之。取其忠也。

故用其道不棄其人詩之蔽芾甘棠勿剪勿伐召伯
所茇思其人猶愛其樹也況用其道不恤其人乎然
無以勸能矣竹刑簡法也久遠世無其書子產卒後
二十年而鄧析死傳說或稱子產誅鄧析非也其論
無厚者言之異同與公孫龍同類謹上

鄧子目錄

鄭鄧析撰　明　楊愼　評註

張懋寀　校梓

鄧子目錄終

大不輟冬地不輟險使有私厚安得人人而給諸

鄧子

無厚篇

天於人無厚也君於民無厚也父於子無厚也兄於弟無厚也何以言之天不能屏勃厲之氣全夭折之人使爲善之民必壽此於民無厚也凡民有穿窬爲盜者有詐僞相迷者此皆生於不足起於貧窮而君必執法誅之此於民無厚也堯舜位爲天子而丹朱商均爲布衣此於子無厚也周公誅管蔡此於弟無厚也推此言之何厚之有

三皇策五帝
輪從來皆御
車策馬者也
故曰貴得其
道

循名責實君之事也奉法宣令臣之職也下不得自擅上操其柄而不理者未之有也君有三累臣有四責何謂三累惟親所信一累以名取士二累近故親疎三累何謂四責受重賞而無功一責居大位而不治二責理官而不平三責御軍陣而奔北四責君無三累臣無四責可以安國

勢者君之輿威者君之策臣者君之馬民者君之輪勢固則輿安威定則策勁臣順則馬良民和則輪利爲國失此必有覆車奔馬折輪敗載之患安得不危

明則電燭千里晦則丘山足下故人主不去旒黈如飲上池水則見垣一方

異同之不可別是非之不可定白黑之不可分清濁之不可理久矣誠聽能聞於無聲視能見於無形計能規於未兆慮能防於未然斯無他也不以耳聽則通於無聲矣不以目視則照於無形矣不以心計則達於無兆矣不以知慮則合於未然矣君者藏形匿影羣下無私掩目塞耳萬民恐震

循名積實察法立威是明王也夫明於形者分不遇於事察於動者用不失則利故明君審一萬物自定名不可以外務智不可以從他求諸巳之謂也

量塗者不蹶視民者不逆膠柱鼓瑟者敗也

獵士張兎罝不能挂龍虎所以青雲人高歌在巖户

治世位不可越職不可亂百官有司各務其刑上循名以督實下奉教而不違所美觀其所終所惡計其所窮喜不以賞怒不以罰可謂治世

夫負重者患塗遠據貴者憂民離負重塗遠者身疲而無功在上離民者雖勞而不治故智者量塗而後負明君視民而出政

獵羆虎者不於外圂釣鯨鯢者不居清池何則圂非羆虎之窟也池非鯨鯢之泉也楚之不泝流陳之不束麾長盧之不士呂子之蒙恥

大游而不見敬不恭也居而不見愛不仁也言而不見用不信也求而不能得無始也謀而不見喜無理也計而不見從遺道也因勢而發譽則行等而名殊人齊而得時則力敵而功倍其所以然者乘勢之在外推辯說非所聽也虛言向非所應也無益亂非舉也故談者別殊類使不相害序異端使不相亂諭志通意非務相乖也若飾詞以相亂匿詞以相移非古之辯也

慮不先定不可以應卒兵不閑習不可以當敵廟筭

裴晉公曰雞豬魚蒜逢着即吃生老病死符到便行

欲走而絆其足欲飛而鎩其翮使之非其術

千里帷幄之奇百戰百勝黃帝之師

死生自命貧富自時怨天折者不知命也怨貧賤者不知時也故臨難不懼知天命也貧窮無懾達時序也凶飢之歲父死於室子死於戶而不相怨者無所顧也同舟渡海中流遇風救患若一所憂同也張羅而畋唱和不差者其利等也故體痛者口不能不呼心悅者顏不能不笑責疲者以舉千鈞責兀者以及走兔驅逸足於庭求猨捷於檻斯逆理而求之猶倒裳而索領

事有遠而親近而疏就而不用去而反求風此四行

明主大憂也

夫水濁則無掉尾之魚政苛則無逸樂之士故令煩則民詐政擾則民不定不治其本而務其末譬如拯溺錘之以石救火投之以薪

夫達道者無知之道也無能之道也是知大道不知而中不能而成無有而足守虛責實而萬事畢忠言於不忠義生於不義音而不收謂之放言出而不督謂之闇故見其象致其形循其理正其名得其端知

其情若此何往不復何事不成有物者意也無外者德也有人者行也無人者道也故德非所履處非所處則失道非其道不道則諂意無賢慮無忠行無道言虛如受實萬事畢

夫言榮不若辱非誠辭也得不若失非實談也不進則退不喜則憂不得則亡此世人之常眞人危斯十者而爲一矣所爲大辯者別天下之行具天下之物選善退惡時措其宜而功立德至矣小辯則不然別言異道以言相射以行相伐使民不知其要無他故

忮心不怨飄瓦。管子精語

焉故淺知也君子弁物而錯之兼塗而用之五味未嘗而辨於口五行在身而布於人故何方之道不從面從之義不行治亂之法不用惔然寬裕蕩然簡易略而無失精詳入纖微也

夫舟浮於水車轉於陸此自然道也有不治者知不豫焉

夫木擊折轊水戾破舟不怨木石而罪巧拙故不載焉故有知則惑有心則嶮有目則眩是以規矩一而不易不爲秦楚緩節不爲胡越改容一而不邪方行

治大國若亨小鮮

而不流。一日形之、萬世傳之、無爲爲之也、
夫自見之明。借人見之闇也。自聞之聰。借人聞之聾
也。明君知此。則去就之分定矣。爲君當若冬日之陽
夏日之陰。萬物自歸。莫之使也。恬臥而功自成。優游
而政自治。豈在振目搤腕。手據鞭朴而後爲治歟。
夫合事有不合者。知與未知也。合而不結者。陽親而
陰疎。故遠而親者。忘相應也。近而疎者。忘不合也。就
而不用者。策不得也。去而反求者。無違行也。近而不
御者。心相乖也。遠而相思者。合其謀也。故明君擇人、

不可不審士之進趣亦不可不詳

轉辭篇

世間悲哀喜樂嗔怒憂愁久惑於此今轉之在己爲哀在他爲悲在己爲樂在他爲喜在己爲嗔在他爲怒在己爲愁在他爲憂在己若扶之與攜謝之與議故之與右諾之與己相去千里也夫言之術與智者言依於博與博者言依於辯與辯者言依於安與貴者言依於勢與富者言依於豪與貧者言依於利與勇者言依於敢與愚者言依於說此言之術也不用

冥冥之中獨見曉焉從外者務華絶根是倍蓰而知言下也

在早圖不窮在早稼非所宜言勿言非所宜爲勿爲以避其危非所宜取勿取以避其咎非所宜爭勿爭以避其聲一聲而非駟馬勿追一言而急駟馬不及故惡言不出口苟語不留耳此謂君子也

夫任臣之法闇則不任也慧則不從也仁則不親也勇則不近也信則不信也不以人用人故謂之神怒出於不怒爲出於不爲視於無有則得其所見聽於無聲則得其所聞故無形者有形之本無聲者有聲之母循名責實實之極也按實定名名之極也參以

相平轉而相成故得之形名

夫川竭而谷虛丘夷而淵實聖人以死大盜不起天下平而故也聖人不死大盜不止何以知其然爲之斗斛而量之則并斗斛而竊之爲之權衡以平之則并與權衡而竊之爲之符璽以信之則并與符璽而竊之爲之仁義以敎之則并仁義而竊之何以知其然彼竊財誅竊國者爲諸侯諸侯之門仁義存焉是非竊仁義耶故遂於大盜霸諸侯此重利也盜跖所不可桀者乃聖人之罪也欲之與惡善之與惡四者

子產以之治鄭管子曰無失其柄其弊也流而爲督責

變之失恭之與儉敬之與傲四者失之修故善素朴
任惔憂而無失未有修焉此德之永也言有信而不
爲信言有善而不爲善者不可不察也
夫治之法莫大於私不行功莫大於使民不爭今也
立法而行私與法爭其亂也甚於無法立君而爭愚
與君爭其亂也甚於無君故有道之國則私善不行
君立而愚者不尊民一於君事斷於法此國之道也
明君之督大臣緣身而責名緣名而責形緣形而責
實臣懼其重誅之至於是不敢行其私矣

淮南子稟此
諸葛公復述
之古人語有
承襲如此

心欲安靜慮欲深遠心安靜則心策生慮深遠則計
謀成心不欲躁慮不欲淺心躁則精神滑慮深則百
事傾治世之禮簡而易行亂世之禮煩而難遵上古
之樂質而不悲當今之樂邪而爲淫上古之民質而
敦朴今世之民詐而多行上古象刑而民不犯教有
墨劓不以爲恥斯民所以亂多治少也堯置敢諫之
鼓舜立誹謗之木湯有司直之人武有戒慎之銘此
四君子者聖人也而猶若此之勤至於桀陸氏殺東
里子宿沙氏戮箕文桀誅龍逢紂刳比干四主者亂

君人者務剛强氣而好委下者必敗趙南子曰執術

君故其疾賢若仇是以賢愚之相覺若百丈之谿與萬仞之山若九地之下與重山之顛

明君之御民若御奔而無轡履冰而負重親而疎之疎而親之故畏儉則福生驕奢則禍起聖人逍遙一世罕匹萬物之形寂然無鞭朴之罰莫然無叱咤之聲而家給人足天下太平視昭昭知冥冥推未運覩未然故神而不可見幽而不可見此之謂也

君人者不能自專而好任下則智日困而數日窮迫於下則不能申行隨於國則不能持知不足以爲治

以御臣下故陽虎終簡子之世不亂

威不足以行誅無以與下交矣故喜而使賞不必當功怒而使誅不必值罪不慎喜怒誅賞從其意而欲委任臣下故亡國相繼殺君不絕古人有言衆口鑠金三人成虎不可不察也

夫人情發言欲勝舉事欲成故明者不以其短疾人之長不以其拙病人之工言有善者則而賞之言有非者顯而罰之塞邪枉之路蕩淫辭之端臣下閉之左右結舌可謂明君爲善者君與之賞爲惡者君與之罰因其所以來而報之循其所以進而荅之聖人

因之故能用之因之循理故能長久今之爲君無堯舜之才而慕堯舜之治故終顛殞乎混冥之中而事不覺於昭明之術是以虛慕欲治之名無益亂世之理也

患生於官成病始於少瘳禍生於懈慢孝衰於妻子此四者愼終如始也富必給貧壯必給老快情恣欲必多侈侮故曰尊貴無以高人聰明無以寵人資給無以先人剛勇無以勝人能履行此可以爲天下君

夫謀莫難於必聽事莫難於必成成必合於數聽必

鷹隼之擊先匿影也日月之速無羈繫也

合於情故抱薪加火爍者必先燃平地注水濕者必先濡故曰動之以其類安有不應者獨行之術也

明君立法之後中程者賞缺繩者誅此之謂君曰亂君國曰亡國

智者寂於是非故善惡有別明者寂於去就故進退無類若智不能察是非明不能審去就斯謂虛妄

目貴明耳貴聰心貴公以天下之目視則無不見以天下之耳聽則無不聞以天下之智慮則無不知得此三術則存於不爲也

鄧子終

天啓乙丑冬日武林

張氏檥秋閣藏板

鄧析子一卷

（明）張子羽 圈點

明天啓間刊《合諸名家批點諸子全書》本

鄧析子

虎林　張鴻舉子翀父點次

呂昭世躬三父參閱

無厚篇

天於人無厚也君於民無厚也父於子無厚也兄於弟無厚也何以言之天不能屏勃厲之氣全夭折之人使為善之民必壽此於民無厚也凡民有穿窬為盜者有詐偽相迷者此皆生於不足起於貧窮而君必執法誅之此於民無厚也堯舜位為天子而丹朱

商均爲布衣此於子無厚也周公誅管蔡此於弟無厚也推此言之何厚之有

循名責實君之事也奉法宣令臣之職也下不得自擅上操其柄而不理者未之有也君有三累臣有四責何謂三累惟親所信一累以名取士二累近故親速三累何謂四責受重賞而無功一責居大位而不治二責理官而不平三責御軍陣而奔北四責君無三累臣無四責可以安國

勢者君之輿威者君之策臣者君之馬民者君之輪

勢固則輿安威定則策勁臣順則馬良民和則輪利爲國失此必爲覆車奔馬折輪敗載之患安得不危異同之不可別是非之不可定白黑之不可分清濁之不可理久矣誠聽能聞於無聲視能見於無形計能規於未兆慮能防於未然斯無他也不以耳聽則通於無聲矣不以目視則照於無形矣不以心計則達於無兆矣不以知慮則合於未然矣君者藏形匿影羣下無私掩目塞耳萬民恐震

循名責實察法立威是明王也夫明於形者分不遇

於事察於動者用不失於利故明君審一萬物自定名不可以外務智不可以從他求諸己之謂也

治世位不可越職不可亂百官有司各務其刑上循名以督實下奉教而不違所美觀其所終所惡計其所窮喜不以賞怒不以罰可謂治世

夫負重者患塗遠據貴者患民離負重塗遠者身疲而無功在上離民者雖勞而不治故智者量塗而後負明君視民而出政

獵羆虎者不於外圂釣鯨鯢者不於清池何則圂非

羆虎之窟也池非鯨鯢之泉也楚之不泝流陳之不
束麾長盧之不士呂子之蒙耻
夫游而不見敬不恭也居而不見愛不仁也言而不
見用不信也求而不能得無始也謀而不見喜無理
也計而不見從遺道也因勢而發譽則行等而名殊
人齊而得時則力敵而功倍其所以然者乘勢之在
外推辯說非所聽也虛言向非所應也無益亂非舉
也故談者别殊類使不相害序異端使不相亂諭志
通意非務相乖也若飾詞以相亂匿詞以相移非古

之辯也

慮不先定不可以應卒兵不閑習不可以當敵廟筭千里帷幄之奇百戰百勝黃帝之師

死生自命貧富自時怨夭折者不知命也怨貧賤者不知時也故臨敵不懼知天命也貧窮無懾達時序也凶饑之歲父死於室子死於戶而不相怨者無所顧也同舟渡海中流遇風救患若一所患同也張羅而畋唱和不差者其利等也故體痛者口不能不呼心悅者顏不能不笑責瘦者以舉千鈞責兀者以及

走兎驅逸足於庭求猨捷於檻斯逆理而求之猶倒裳而索領

事有遠而親近而疎就而不用去而反求風此四行明主大憂也

夫水濁則無掉尾之魚政苛則無逸樂之士故令煩則民詐政擾則民不定不治其本而務其末譬如拯溺捶之以石救火投之以薪

夫達道者無知之道也無能之道也是知大道不知而中不能而成無有而足守虛責實而萬事畢忠言

於不忠義生於不義音而不收謂之放言出而不督謂之闇故見其象致其形循其理正其名得其端知其情若此何往不復何事不成有物者意也無外者德也有人者行也無人者道也故德非所履處非所處則失道非其道不道則諂意無賢慮無忠行無道言虛如受實萬事畢

夫言榮不若辱非誠辭也得不若失非實談也不進則退不喜則憂不得則亡此世人之常眞人危斯十者而爲一矣所謂大辯者別天下之行具天下之物

選善退惡時措其宜而功立德至矣小辯則不然別言異道以言相射以行相伐使民不知其要無他故焉故淺知也君子并物而錯之兼塗而用之五味未嘗而辨於口五行在身而布於人故何方之道不從面從之義不行治亂之法不用惔然寬裕蕩然簡易略而無失精詳入纖微也

夫舟浮於水車轉於陸此自然道也有不治者知不豫焉

夫木擊折槽水戾破舟不怨木石而罪巧拙故不載

焉故有知則惑有心則嶮有目則眩是以規矩一而不易不爲秦楚緩節不爲胡越改容一而不邪方行而不流一日形之萬世傳之無爲爲之也

夫自見之明借人見之闇也自聞之聰借人聞之聾也明君知此則去就之分定矣爲君當若冬日之陽夏日之陰萬物自歸莫之使也恬臥而功自成優游而政自治豈在振目搤腕手據鞭朴而後爲治歟

夫合事有不合者知與未知也合而不結者陽親而陰疎故遠而親者志相應也近而疎者志不合也就

而不用者策不得也去而反求者無違行也近而不
御者心相乖也遠而相思者合其謀也故明君擇人
不可不審士之進趣亦不可不詳

轉辭篇

世間悲哀喜樂嗔怒憂愁久惑於此今轉之在已爲
哀在他爲悲在已爲樂在他爲喜在已爲嗔在他爲
怒在已爲愁在他爲憂在已若扶之與攜謝之與議
故之與右諾之與已相去千里也夫言之術與智者
言依於博與博者言依於辯與辯者言依於安與貴

者言依於勢與富者言依於豪與貧者言依於利與勇者言依於敢與愚者言依於說此言之術也不用在早圖不窮在早稼非所宜言勿言非所宜爲勿爲以避其危非所宜取勿取以避其咎非所宜爭勿爭以避其聲一聲而非駟馬難追一言而急駟馬不及故惡言不出口苟語不畱耳此謂君子也

夫任臣之法闇則不任也慧則不從也仁則不親也勇則不近也信則不信也不以人用人故謂之神怒出於不怒爲出於不爲視於無有則得其所見聽於

無聲則得其所聞故無形者有形之本無聲者有聲之母循名責實實之極也按實定名名之極也參以相平轉而相成故得之形名

夫川竭而谷虛丘夷而淵實聖人以死大盜不起天下平而故也聖人不死大盜不止何以知其然爲之斗斛而量之則并斗斛而竊之爲之權衡以平之則并與權衡而竊之爲之符璽以信之則并與符璽而竊之爲之仁義以教之則并仁義以竊之何以知其然彼竊財誅竊國者爲諸侯諸侯之門仁義存焉是

非竊仁義邪故遂於大盜霸諸侯此重利也盜跖所不可禁者乃聖人之事也欲之與惡善之與惡四者變之失恭之與儉敬之與傲四者失之修故善素朴任惔憂而無失未有修焉此德之永也言有信而不爲信言有善而不爲善者不可不察也

夫治之法莫大於私不行功莫大於使民不爭今也立法而行私與法爭其亂也甚於無法立君而爭愚與君爭其亂也甚於無君故有道之國則私善不行君立而愚者不尊民一於君事斷於法此國之道也

明君之督大臣緣身而責名緣名而責形緣形而責實臣懼其重誅之至於是不敢行其私矣

心欲安靜慮欲深遠心安靜則心策生慮深遠則計謀成心不欲躁慮不欲淺心躁則精神滑慮淺則百事傾治世之禮簡而易行亂世之禮煩而難遵上古之樂質而不悲當今之樂邪而爲淫上古之民質而敦朴今世之民詐而多行上古象刑而民不犯教有墨劓不以爲耻斯民所以亂多治少也堯置敢諫之鼓舜立誹謗之木湯有司直之人武有戒慎之銘此

四君子者聖人也而猶若此之勤至於栗陸氏殺東里子宿沙氏戮箕文桀誅龍逢紂刳比干四主者亂君故其疾賢若仇是以賢愚之相覺若百丈之谿與萬仞之山若九地之下與重山之顛

明君之御民若御奔而無轡履氷而負重親而疎之疎而親之故畏儉則福生驕奢則禍起聖人逍遥一世罕匹萬物之形寂然無鞭朴之罰莫然無叱咤之聲而家給人足天下太平視昭昭知冥冥推未運覩未然故神而不可見幽而不可見此之謂也

君人者不能自專而好任下則智日困而數日窮迫於下則不能申行隨於國則不能持知不足以爲治威不足以行誅無以與下交矣故喜而使賞不必當功怒而使誅不必值罪不慎喜怒誅賞從其意而欲委任臣下故亡國相繼殺君不絕古人有言衆口鑠金三人成虎不可不察也

夫人情發言欲勝舉事欲成故明者不以其短疾人之長不以其拙病人之工言有善者則而賞之言有非者顯而戮之塞邪枉之路蕩淫辭之端臣下閉之

左右結之可謂明君爲善者君與之賞爲惡者君與之罰因其所以來而報之循其所以進而答之聖人因之故能用之因之循理故能長久今之爲君無堯舜之才而慕堯舜之治故[illegible]顛殞乎混冥之中而事不覺於昭明之術是以虛慕欲治之名無益亂世之理也

患生於官成病始於少瘳禍生於懈慢孝衰於妻子此四者慎終如始也富必給貧壯必給老快情恣欲必多侈侮故曰尊貴無以高人聰明無以籠人資給

無以先人剛勇無以勝人能履行此可以爲天下君
夫謀莫難於必聽事莫難於必成成必合於數聽必
合於情故抱薪加火爍者必先燃平地注水濕者必
先濡故曰動之以其類安有不應者獨行之術也
明君立法之後中程者賞缺繩者誅此之謂君曰亂
君國曰亡國
智者寂於是非故善惡有別明者寂於去就故進退
無類若智不能察是非明不能審去就斯謂虛妄
目貴明耳貴聰心貴公以天下之目視則無不見以

天下之耳聽則無不聞以天下之智慮則無不知得此三術則存於不爲也

鄧析子

(明)陳繼儒 撰

明刊《藝林粹言》本

鄧析子

宋潛溪曰鄭人好刑名嘗子產之世數難子產之

法子產卒後駟歂為政殺析而用其竹刑其言不法先王不是禮義好治怪說者也身被誅戮宜哉

水濁則無掉尾之魚政苛則無逸樂之士故令煩則民詐政擾則民不定不治其本而務其末譬如拯溺鍾之以石救火投之以薪

心欲安靜慮欲深遠心安靜則神策生慮深遠則計謀成心不欲躁慮不欲淺心躁則精神滑慮淺則萬事傾

○患生於宦成病始於少瘳禍生於懈慢孝衰於妻子

○循名責實君之事也奉法宣令臣之職也

慮不先定不可以應卒兵不閑習不可以當敵故廟算勝千里

（明）陳仁錫 撰

鄧析子奇賞

明天啓六年（1626）刊《諸子奇賞》本

鄧析子序

鄧析子五篇鄧析子鄭人也或云數難子產之政子產戮之按左氏駟歂嗣子太叔爲政始殺析其人不足論其文辭戰國策士倪耳循名責實察法立威先申韓而鳴者也至謂天於人父於子兄於弟俱無厚者何哉先王之用刑也本於愛析之用刑也本於無厚於乎誅晚矣轉辭篇與智者言依于辯數語同鬼谷子豈後人傳其旨苟益其辭也邪要之小人之言往往出于機心之發故不甚相遠耳呂氏春秋記析

嘗教獲溺屍者、購逆屍者、交勝而不可窮。週市井無
文之魁也、誰謂騶歛失刑哉、并州山人序。

諸子奇賞卷之十二目次

鄧子　節錄

名析，鄭人，循名責實，察法立威，當子產執政，作竹刑，鄭國用之，數難子產之治，子產誅之，按左傳定公九年，鄭駟歂嗣子大叔爲政，殺鄧析而用其竹刑，則誅析者駟歂，非子產也。

無厚

轉辭

諸子奇賞卷之十二

古吳陳仁錫明卿甫評選

鄧析子

無厚篇

此書句句偶對甚疑之然其指論亦不太悖于理

循名責實、君之事也。奉法宣令、臣之職也。下不得自擅、上操其柄而不理者、未之有也。君有三累、臣有四責、何謂三累、惟親所信、一累、以名取士、二累、近故親疏、三累、何謂四責、受重賞而無功、一責、居大位而不治、二責、理官而不平、三責、御軍陣而奔北、四責、君無

三累臣無四責可以安國

勢者君之輿威者君之策臣者君之馬民者君之輪勢固則輿安威定則策勁臣順則馬良民和則輪利爲國失此必有覆車折輪敗載之患安得不危

治世位不可越職不可亂百官有司各務其刑上循名以督實下奉教而不違所美觀其所終所惡計其所窮喜不以賞怒不以罰可謂治世

夫負重者患塗遠據貴者憂民離負重塗遠者身疲而無功在上離民者雖勞而不治故智者量塗而後

負，明君視民而出政，夫游而不見敬，不恭也，居而不見愛，不仁也，言而不見用，不信也，求而不能得，無始也，謀而不見喜，無理也，計而不見從，遺道也。因勢而發譽，則行等而名殊，人齊而得時，則力敵而功倍，其所以然者，乘勢之在外，推辯說，非所聽也，虛言向，非所應也，無益亂，非舉也，故談者別殊類，使不相害，序異端，使不相亂，諭志通意，非務相乖也，若飾詞以相亂，匿詞以相移，非古之辯也。

死生自命貧富自時怨天折者不知命也怨貧賤者不知時也故臨難不懼知天命也貧窮無懾達時序也凶飢之歲父死于室子死于戶而不相怨者無所顧也同舟渡海中流遇風救患若一所憂同也張羅而畋唱和不差者其利等也故體痛者口不能不呼心悦者顔不能不笑責疲者以舉千鈞責亢者以及走兎驅逸足於庭求猨捷于檻斯逆理而求之猶倒裳而索領

有物者意也無外者德也有人者行也無人者道也

其德非所履處非所處則失道非其道不道則詰意
無賢慮無忌行無道言虛如受實萬事畢
夫言榮不若辱非誠辭也得不若失非實談也不進
則退不喜則憂不得則亡此世人之常真人危斯十
者而爲一矣所謂大辯者別天下之行具天下之物
選善退惡時措其宜而功立德至矣小辯則不然別
言異道以言相射以行相伐使民不知其要無他故
焉故淺知也君子并物而錯之兼塗而用之五味未
嘗而辨於口五行在身而布於人故何方之道不從

要能底

虛無下五句解

面從之義不行，治亂之法不用，惔然寬裕，蕩然簡易，略而無失，精詳入纖微也。

夫舟浮於水，車轉於陸，此自然道也。有不治者，知不豫焉。

夫木擊折轊，水戾破舟，不怨木石而罪巧拙，故不載焉。故有知則惑，有心則嶮，有目則眩。是以規矩一而不易，不為秦楚緩節，不為胡越改容，一而不邪，方行而不流，一日形之，萬世傳之，無為為之也。

夫合事有不合者，知與未知也。合而不治者易見有

違趣之上
多不能詳

陰踈故遠而親者忘相應也近而踈者忘不合也就而不用者策不得也去而反求者無違行也近而不御者心相乖也遠而相思者合其謀也故明君擇人不可不審士之進趣亦不可不詳

轉辭篇

夫治之法莫大於私不行功莫大于使民不爭今也立法而行私與法爭其亂也甚于無法立君而尊愚與君爭其亂也甚於無君故有道之國則私善不行君立而愚者不尊民一於君事斷於法此國之道也

注行自在

疾人者臣
亡不自知

明君之督大臣，緣身而責名，緣名而責形，緣形而責實。臣懼其重誅之至，于是不敢行其私矣。

夫人情發言欲勝，舉事欲成，故明者不以其短疾人之長，不以其拙病人之工，言有善者，則而賞之，言有非者，顯而罰之，塞邪枉之路，蕩淫辭之端，臣下閔之，左右結舌，可謂明君。爲善者君與之賞，爲惡者君與之罰，因其所以來而報之，循其所以進而答之，聖人因之，故能用之，因之循理，故能長久。今之爲君，無堯舜之才，而慕堯舜之治，故終顛殞乎混冥之中，而齊

有去就又不如寂之妙

不覺於昭明之術、是以虛慕欲治之名、無益亂世之理也、

夫謀莫難于必聽、事莫難于必成、成必合於數、聽必合於情、故抱薪加火、爍者必先燃、平地注水、濕者必先濡、故曰動之以其類、安有不應者、獨行之術也、

智者寂於是非、故善惡有別、明者寂於去就、故進退無類、若智不能察是非、明不能審去就、斯謂虛妄、

(清)洪頤煊 撰

鄧析子叢録

清光緒十三年(1887)醉六堂刊《傳經堂叢書·讀書叢録》本

循名責實

鄧析子無厚篇循名責實察法立威是明王也頤煊案影宋鈔北堂書鈔卷十五引作脩名責實意林引亦作脩名責實管子九守篇脩名而督實脩循字形相似太平御覽卷六百二十引作循名責實案法立

成是謂明主第二句足訂今本之誤

　外圂

獵罷虎者不於外圂釣鯨鯢者不居清池何則圂非罷虎之窟也池非鯨鯢之泉也頤煊案太平御覽卷九百六十八引作獵猛虎者　不於後園釣鯨鯢者不於清池何則園非虎處池非鯨淵一切經音義卷九引蒼頡圂豕所居也字从囗豕在其中義亦得通

　故之與古

轉辭篇若扶之與攜謝之與議故之與右諸之與已相去千里也頤煊案右當作古淮南說林訓扶之與提謝之與讓故之與先諸之與已也之與矣相去千

里古猶先也

（清）孫詒讓 撰

鄧析子札迻

清光緒二十年（1894）瑞安孫氏刊《札迻》本

札迻卷五

瑞安孫詒讓

鄧析子 劉履芬景宋刊本 錢熙祚校刊本 譚儀校文校

無厚篇 長盧之不士呂子之蒙恥 案史記孟子荀卿傳云楚有尸子長盧漢書藝文志道家長盧子九篇楚人列子天瑞篇作長廬子殷敬順釋文盧作廬卽此人也士與仕通呂子無攷

求而不能得無始也謀而不見喜無理也 案始疑當爲媒與理對文媒理義略同詳後楚辭

辯景宋本作辨下竝同今從錢本正說非所聽也虛言向非所應也無益亂非舉也故談者別殊類使不相害序異端使不相亂諭志通意景宋本重意字衍今從錢本刪非務相乖也若飾詞以相亂匿詞以相景宋本衍亂字今從錢本刪移非古之辯也 案此文多譌挩虛言向向當

作者無諠亂當作無諠之辭非舉也當作非所舉也別殊

類使不相害以下七句與劉向別錄引鄧子及韓詩外傳

文略同詳前

忠言於不忠義生於不義　案二句文例同言疑亦當爲生

非其道不道則諂　案不當爲而篆文不作𠀚而作𠕒相似

而誤

故何方之道不從　案何疑無之誤呂氏春秋必已篇云如

此其無方也高注云方術也

夫合事有不合者知與未知也　案此章亦見鬼谷子內揵

篇彼作事有不合者有所未知也疑此文本作事有合不

合者今本合字誤移事字上遂不可通

轉辭篇　抂已彼若扶之與景宋本挩今據錢本增撟謝之與義故之與右

洪頤煊讀書叢錄云當作古淮南子說林訓作先古先義同諾之與己相去千里也　案抂己下當更有抂字今本誤挩

患生於官成病始於少瘳禍生於懈慢孝衰於妻子此四者慎終如始也錢校依意林引作忠怠於宦成　案說苑敬慎篇引曾子云官怠於宦成病加於少愈禍生於懈惰孝衰於妻子察此四者慎終如始與此正同韓詩外傳八文亦略同　此始當作殆四者上亦當有察字文子符言篇作宦敗于官茂則繆

（清）俞樾　撰　李天根　輯録

鄧析子平議一卷

民國十一年（1922）雙流李氏念劬堂刊《諸子平議補録》本

諸子平議補錄卷二　錄著書餘料

德清俞樾

鄧析子

鄧析子二卷江陰劉氏影宋本刊於吳中余得其書偶校出誤字數處若其錯誤顯然人所共見或疑似難明不可校正者則姑不及焉

不以知慮則合於無然矣

樾謹按然乃朕字之誤朕誤爲肰因誤爲然矣無朕與上文無形無兆一律

上循名以督實下奉教而不違

樾謹按逹當作達字形相近而誤也

責疲者以舉千鈞冗者以及走乎

樾謹按冗乃兀字之誤莊子德充符篇魯有兀者釋文引李云刖足曰兀是也乎乃守字之誤守讀爲獸古人或叚狩爲獸漢張遷碑帝遊上林問禽狩所有石門頌惡虫蔽狩狩皆卽獸字是其證也此云走守葢又省狩爲守耳責疲者以舉千鈞兀者以及走獸文義甚明因兀誤爲冗叚守爲獸而又誤作乎字遂不可讀

豈在振目搤腕乎摽鞭朴而後爲治歟

樾謹按乎字亦手字之誤手摽鞭朴四字爲句摽字無義或是操字形近而誤歟

故遠而親者忘相應也近而疏者忘不合也

樾謹按兩忘字皆志字之誤

若扶之攜謝之與讓故之與右諾之與已相去千里也

樾謹按此文有脫誤文子上德篇作扶之與提謝之與讓得之與失諾之與已相去千里當據以訂正惟提與攜義本相近不必改也

一聲而非罵勿追一言而急罵不及

樾謹按罵字無義乃四馬二字之誤一聲而非四馬

匆追一言而忽四馬不及卽所謂駟不及舌也

爲之斗斛而量之則并斗斛而均之爲之權衡以平之則并與權衡而竊之爲之符璽以信之則并與符璽而功之爲之仁義以敎之則并仁義以竊之

樾謹按均之功之皆無義均與功并竊字之誤俗書竊字或作窃故或誤爲均或誤爲功也莊子胠篋篇文與此同而皆作竊之可據以訂正

此重利也盜跖所不可桀者乃聖人之罪也

樾謹按此有錯誤莊子胠篋篇作此重利盜跖而使不可禁者是乃聖人之過也據此則重利下衍也字

趾當作跖桀當作禁所當作而

雙流李天根校刊

雙流謝家玉
成都舒君實 覆校

諸子平議補錄卷二

李寶淦 撰

鄧析子文粹

民國六年(1917)上海商務印書館排印《諸子文粹》本

諸子文粹卷二十八

武進李寶淦纂

鄧析子 法家二

無厚篇

循名責實君之事也奉法宣令臣之職也下不得自擅上操其柄而不理者未之有也君有三累臣有四責何謂三累惟親所信一累以名取士二累近故親疏三累何謂四責受重賞而無功一責居大位而不治二責理官而不平三責御軍乘而奔北四責君無三累臣無四責可以安國

勢者君之輿威者君之策臣者君之馬民者君之輪勢固則輿安威定則策勁臣順則馬良民和則輪利爲國失此必有覆馬奔馬折輪敗載之患安得不危異同之不可別是非之不可定白黑之不可分淸濁之

不可理。久矣。

君者藏形匿影。羣下無私。掩目塞耳。萬民震恐。

夫負重者患塗遠。據貴者憂民離。負重塗遠者。身疲而無功。在上離民者。雖勞而不治。故智者量塗而後負。明君視民而出政。

獵羆虎者。不於外圂。釣鯨鯢者。不於淸池。何則。圂非羆虎之窟也。池非鯨鯢之泉也。楚之不泝流。陳之不束麾。長盧之不士。呂子之蒙恥。

夫游而不見敬。不恭也。居而不見愛。不仁也。言而不見用。不信也。求而不能得。無始也。謀而不見喜。無理也。計而不見從。遺道也。因勢而發譽則行等而名殊。人齊而得時則力敵而功倍

慮不先定。不可以應卒。兵不閑習。不可以當敵。廟算千里。帷幄之奇。百戰百勝。黃帝之師。

死生自命。貧富自時。怨夭折者不知命也。怨貧賤者不知時也。故臨難不懼。知天命也。貧窮無懾。達時序也。凶饑之歲。父死於室。子死於戶。而不相怨者。無所顧也。同舟渡海。中流遇風。救患若一。所憂同也。張羅而畋。唱和不差者。其利等也。故體痛者口不能不呼。心悅者顏不能不笑。責疲者以舉千鈞。責兀者以及走兎。驅逸足於庭。求猨捷於檻。斯逆理而求之。猶倒裳而索領。

夫水濁則無掉尾之魚。政苛則無逸樂之士。故令煩則民詐。政擾則民不定。不治其本而務其末。譬如拯溺錘之以石。救火投之以薪。

夫木擊折轊。水戾破舟。不怨木石而罪巧拙。故不載焉。故有知則惑。有心則嶮。有目則眩。是以規矩一而不易。不爲秦楚緩節。不爲胡越改容。一而不邪。方行而不流。一日形之。萬世傳之。無爲爲之也。

轉辭篇

夫言之術。與智者言依於博。與博者言依於辯。與辯者言依於安。與貴者言依於勢。與富者言依於豪。與貧者言依於利。與勇者言依於敢。與愚者言依於說。此言之術也。不用在早圖。不窮在早稼。非所宜言勿言。非所宜爲勿爲以避其危。非所宜取勿取以避其咎。非所宜爭勿爭以避其聲。一聲而非。駟馬勿追。一言而急。駟馬不及。故惡言不出口。苟語不留耳。此謂君子也。寶淦案鬼谷子小異

心欲安靜。慮欲深遠。心安靜則心策生。慮深遠則計謀成。心不欲躁。慮不欲淺。心躁則精神滑。慮淺則百事傾。治世之禮。簡而易行。亂世之禮煩而難遵。上古之樂。質而不悲。當今之樂。邪而易淫。上古之民。質而敦朴。今世之民。詐而多行。

明君之御民。若御奔而無轡。履冰而負重。親而疏之。疏而親之。故畏儉則福生。驕奢則禍起。聖人逍遙。一世罕匹。萬物之形。寂然無鞭朴之罰。莫然無叱咤之聲。而家給人足。天下太平。視昭昭。知冥冥。推未運。覩未然。故神而不可見。幽而不可見。此之謂也。

患生於官成。病始於少瘳。禍生於懈慢。孝衰於妻子。此四者愼終如始也。富必給貧。壯必給老。快情恣欲。必多侈侮。故曰尊貴無以高人。聰明無以寵人。資給無以先人。剛勇無以勝人。能履行此。可以爲天下君。

夫謀莫難於必聽。事莫難於必成。成必合於數。聽必合於情。故抱薪加火。爍者必先燃。平地注水。溼者必先濡。故曰。動之以其類。安有不應者。獨行之術也。

目貴明。耳貴聰。心貴公。以天下之目視。則無不見。以天下之耳聽。則無不聞。以天下之智慮。則無不知。得此三術。則存於不爲也。

諸子文粹卷二十八

馬敘倫 撰

鄧析子校録二卷補遺一卷

民國十四年排印《天馬山房叢著》本

鄧析子校録

鄧析子校錄

杭縣馬叙倫

序

中鄧析書四篇。臣叙書倫案原脫書字依各本補一篇。凡中外書五篇。以相校。除復重爲二倫案原作一依王應麟漢書埶文志攷證引改與漢志合篇。皆定殺青。倫案錢熙祚曰殺下脫青字今依錢說補而書可繕寫也。鄧析者。鄭人也。好形倫案原作刑陳祖范曰申韓形名之學其法在審合形名故曰不知其名復修其形形名參同用其所生又曰君操其名臣效其形今作刑法之刑訛今依陳說改名。操兩可之說。設無窮之辭。指海本作詞當子產之世。數難子產之法。記或云指海本作曰子產起而戮之於指海本作于下同春秋左氏傳昭公二十年而子產卒子太叔嗣爲政定公八年太叔卒駟歂倫案原作顓依緜眇閣本嘉靖本萬曆本指海本改嗣爲政明年乃殺鄧析而用其竹刑君子謂子指海本作駟然嘉靖本作歂緜眇閣本萬曆本指海本作歂倫案左定八年傳杜注子然駟歂字又案九年傳則此本爲長於是乎不忠苟有可以加於國家棄其倫案原作甚明初本亦作甚依嘉靖本緜眇閣本萬曆本指海本改邪可也靜女之三章取形管焉竿旄何以告之取其忠也故用其道不棄其人詩云倫案原作之錢熙祚曰當依傳文作云今依錢說改蔽芾甘棠勿翦嘉靖本萬曆本作剪勿伐召伯所茇思其人猶愛其樹也況用其道

不恤其人乎。子倫案子字依左定八年傳補然無以勸能矣。竹刑。簡法也。久遠。世無其書。子產卒後二十年而鄧析死。倫案子產上疑有脫文傳倫案原作傳依各本改說或稱子產誅鄧析。非也。其論無厚者言之異同。倫案此句疑有脫譌與公孫龍同類。謹第緜眇閣本無第字上。倫案原作一明本初嘉靖本亦作一依緜眇閣本萬曆本指海本改

鄧析子卷上

無厚篇

天於人無厚也。君於人無厚也。父於子無厚也。兄於弟無厚也。何以言之。天不能屏勃厲之氣。令夭折之人更生。倫案錢熙祚曰原本令作全無更生二字依文選安陸昭王碑注引補正今依錢說改補使爲善之民必壽。此於民無厚也。凡民有穿窬爲盜者。有詐僞相迷者。此皆生於不足。起於貧窮。而君必執法誅之。此於民無厚也。堯舜位爲天子而丹朱商均爲布衣。此於子無厚也。周公誅管蔡。此於弟無厚也。指海本脫此二句推此言之。何厚之有。

循名責實。君之事也。奉法宣令。臣之職也。下不得自擅。上操其柄而不理者。未之有也。君有三累。臣有四責。何謂三累。惟太平御覽六二

○引無惟字親所信。一累也。也字依御覽六二〇引補下同以名取士。二累也。近故疎新倫案原作親疎御覽六二〇引作疎親今依意林引改三累也。何謂四責。受重賞而無功。一責也。也字依御覽六二〇引補下同居大位而不治。二責也。爲理官倫案原無爲字御覽六二〇引作爲理無官字今依意林補爲字而不平。三責也。御意林引作在軍陳倫案原作陣依意林及御覽六二〇引改而奔北。倫案原作背今依嘉靖本緜眇閣本子彙本指海本及意林引改四責也。君無三累。臣無四責。可以安國。御覽六二〇引作可謂安國家也

勢者君之輿。威者君之策。臣者君之馬。民者君之輪。勢固則輿安。威定則策勁。臣順則馬馴。倫案原作良依意林引改民和則輪利。爲國

意林引作治國者失此。必有覆輿奔馬折策敗輪之患。倫案原作必有覆車奔馬折輪敗載之者嘉靖本緜眇閣本指海本崇文本者作患今依意林引改輪敗策折馬奔輿覆。則載者亦傾矣。倫案原作安得不危四字今依意林引補改又案此節與韓非子外儲說左文同」

異倫案原本異字適當提行處緜眇閣本明初本崇文本皆連上文不提行嘉靖本子彙本指海本皆提行今驗文義當提行同之不可別。是非之不可定。白黑之不可分。清濁之不可理。久矣。誠倫案原作斯誠明嘉靖本緜眇閣本子彙本指海本無斯明二字蓋涉下文而衍今依嘉靖本刪聽能聞於無聲。視能見於無形。計能規於未兆。慮能防於未然。斯無他也。不以倫案原作可今依嘉靖本緜眇閣本子

彙本指海本崇文本改耳聽則通於無聲矣。不以目視。則照於無形
矣。倫案原脫無聲至照於十字今依嘉靖本緜眇閣本子彙本指海
本崇文本補不以心計。則達於無兆矣。不以知慮。則合於無緜眇閣
本子彙本指海本崇文本作未倫案此承上慮能防於未然言文選
陸士衡君子行注引慮能一句亦作未然則此作未爲是上無兆亦
當同然矣。爲倫案爲字依御覽六二〇引補君者藏御覽六二〇引
作滅文選演連珠注引同此形匿影。群下無私。掩目塞耳。萬民恐震。
循洪頤煊曰影宋鈔本北堂書鈔十五及意林引並作脩管子九守
篇脩名而察實脩循字形相似名責實。察法立威。洪頤煊曰御覽六
二〇引作案法立威可訂今本之誤是明王也。御覽六二〇引作是

謂明主夫明於形者。分不遇於事。朱希祖曰譚儀曰遇當作過察於
動者。用不失其嘉靖本緜眇閣本子彙本崇文本作則指海本作于
利。故明君審一。萬物自定。名不可以外務。智不可以從他。求諸已之
謂也。

治世。位不可越。職不可亂。百官有司。各務其刑。倫案刑疑當作形上
循名以督實。下奉教而不達。明初本緜眇閣本子彙本指海本崇文本並作違倫案明初子彙二本違字並有刓改痕則其原據本亦作達也所美觀其所終。所惡計其所窮。喜不以賞。怒不以罰。可謂治世。

夫負重者患塗遠。據貴者憂錢熙祚曰一本憂作患民離。負重塗遠
者身疲而無功。在上離民者雖勞而不治。故智者量塗而後負。明君

視民而出政。

獵倫案原本連上文今依嘉靖本緜眇閣本子彙本指海本崇文本提行罷御覽九三八引作猛虎者不於外圂。御覽九三八引外圂作後園洪頤煊曰一切經音義引倉頡圂豕所居也字從口豕在其中義亦得通鉤指海本崇文本及御覽九三八引作鈎鯨鯢者不於倫案原作居依指海本及御覽九三八文選吳都賦注引改淸池何則。圂御覽九三八引作園非罷虎之窟倫案原作處依嘉靖本子彙本指海本崇文本改也。池非鯨鯢之淵倫案原作泉依御覽九三八引改錢熙祚曰作泉者避唐諱也。錢熙祚曰御覽九三八引作園非虎處池非鯨淵盖約文楚之不泝流。陳之不束麾。長盧孫詒讓曰史記孟子荀卿列傳曰楚有尸子長盧漢書埶文志道家長盧子九篇列子天瑞篇作長盧子即此人也倫案御覽三七引呂氏春秋長盧子曰山嶽河海水金木火石此積形成乎地者也之不士。孫詒讓曰士與仕通呂子之蒙恥。

夫游而不見敬。倫案敬字原缺末筆不恭也。居而不見愛。不仁也。言而不見用。不信也。求而不能得。無始孫詒讓曰始疑當爲媒與理對文離騷理弱而媒拙兮理當訓行理之理國語周語曰行理以節逆之左昭十三年傳云行理之命無月不至杜注行理使人通聘問者廣雅云理媒也此理媒義略同也也。謀而不見喜。無理也。計而不見從。遺道也。因勢而發譽。則行等而名殊。人齊倫案疑有譌字而得時。

則力敵而功倍。其所以然者。乘勢之在外。推辯倫案原作辨依各本改下同說非所聽也。虛言向孫詒讓曰向當作者朱希祖曰向字疑衍當作辯說非所聽也虛言非所應也於詞例方稱倫案言向疑當爲詞非所應也。無益之辭倫案之辭二字原作亂依孫詒讓說改非所倫案原無所字依孫詒讓說補舉也。故談者別殊類使不相害。序異端使不相亂。諭志通意。嘉靖本緜眇閣本子彙本指海本崇文本不重意字非務相乖也。若飾詞以相亂。匿詞以相移。倫案移上原有亂字子彙本亂字處空今依指海本崇文本删非古之辯也。孫詒讓曰別殊類以下七句與劉向別錄引鄒子及韓詩外傳文略同倫案此文多脫譌史記平原君列傳集解引劉向別錄引鄒子曰今天

下之辯有五勝三至而辭正爲下辯者別殊類使不相害序異端使
不相亂抒意通指明其所謂使人與知焉不務相迷也故勝者不失
其所守不勝者得其所求若是故辯可爲也及至煩文以相假飾辭
以相悖巧譬以相移引人聲使不得及其意如此害大道夫繳紛爭
言而競後息不能無害君子韓詩外傳亦曰天下之辯有三至五勝
而置辭下辯者別殊類使不相害序異端使不相悖輸公通意揚其
所謂使人預知焉不務相迷也是以辯者不失所守不勝者得其所
求故辯可觀也夫繁文以相假飾辭以相悖數譬以相移外人之身
使不得反其意則論便然後害生也夫不疏其指而弗知謂之隱外
意外身謂之諱幾廉倚跌謂之移指緣謬辭謂之苟四者所不爲也

故理可同睹也夫隱諱移苟爭言競爲而後息不能無害其爲君子也故君子不爲也可以參訂特錄於此

慮不先定。不可以應卒。兵不閑習意林引閑習作豫整不可以當敵。廟算倫案原作勝今依緜眇閣本子彙本指海本崇文本及意林引改嘉靖本亦作算然有剜補痕則其所據本或作勝也千里帷幄之奇。百戰百勝。黃帝之師。御覽三二二引師下有也字

死生自命。富貴自時。怨夭折者。不知命也。怨貧賤者。不知時也。故臨難錢熙祚曰難一本作敵不懼。知天命也。貧窮無懾。達時序也。凶飢之歲。父死於室。子死於戶。而不相怨者。無所顧也。同北堂書鈔一三七引同上有故字舟意林引作船渡錢熙祚曰書鈔一三七埶文類

聚七一御覽七六八意林引並作涉惟文選王仲宣贈文叔良詩注引作渡與今本同海中流遇風救患若一所憂錢熙祚曰一本憂作患同也張羅而畋明初本作略唱和不差者其利等錢熙祚曰意林引作同倫案宋本武英殿本意林並作等也故體痛錢熙祚曰意林痛作病倫案宋本意林作痛者口不能不呼心悅者顏不能不笑責疲指海本作瘠錢熙祚曰原作疲依御覽六九六改倫案疲字是者以舉千鈞督倫案原無督字緜眇閣本子彙本崇文本作責嘉靖本亦作責但與下兀字並書如注文例蓋其所據本或無責字也今依御覽六九六引補兀倫案原作冗指海本依御覽六九六引作跋今依嘉靖本緜眇閣本子彙本崇文本改兀爲𧿒省𧿒即跀重文說文

跀斷足也者以及走乎。嘉靖本緜眇閣本子彙本指海本崇文本及御覽六九六引作兔倫案乎蓋手字之譌手借爲獸驅逸走御覽六九六引作駃騠倫案逸疑當作兔此文以兔足猨捷對舉由上句走手譌爲走兎而讀者因於此句兔字加辵旁作逸以避重字呂氏春秋離俗篇飛兔要褭古之駿馬也高注曰行萬里馳若兎之飛因以爲名也是古以兔足爲捷因以名馬之捷者故御覽引改爲駃騠於庭。求倫案此字疑譌猨捷倫案原作㨗今依嘉靖本緜眇閣本子彙本指海本崇文本改於檻。斯逆理而求之。猶倒裳倫案裳字上原有索字今依各本刪而索領。

事有遠而親。近而疏。指海本作疏就而不用。去而返求。倫案此文又見鬼谷子內揵篇風指海本作凡倫案莊子天地篇願先生之言其風也俞樾曰風當讀爲凡此風字亦凡之借此四行明主大憂也.

夫水濁則無掉尾之魚.政苛倫案原作[illegible]依各本及御覽九三五引改則無逸樂之士.故令煩則民詐.政擾則民不定.倫案淮南繆稱訓韓詩外傳一曰水濁則魚噞令苛則民亂不治其本而務其末.譬如類聚八〇御覽五二引作猶拯溺而倫案而字依類聚八〇御覽五二引補下句同硾倫案原作錘今依類聚八〇御覽五二引改呂氏春秋勸學篇是拯溺而硾之以石也高注硾沈也之以石.救火而投之以薪.倫案此節與淮南主術訓畧同

夫達道者.無知之道也.無能之道也.倫案原無也字依嘉靖本緜眇

閣本子彙本指海本崇文本補是知大道不知而中不能而倫案原
作無依嘉靖本子彙本指海本崇文本改成無有而足守虛責實而
萬事畢
忠孫盼閣本子彙本指海本不提行生原作言依孫詒讓說改於不
忠義生於不義音而朱希祖曰譚儀曰音爲言之誤當作言口而不
收謂之放言出而不督謂之闇不收謂之放言出而不督倫案督字
疑譌謂之闇故見其象致其形循其理正其名得其端知其情若此
何往不復何事不成有物者意也無外者德也有人者行也無人者
道也故德非所履處非所處則失道非其道而倫案原作不孫詒讓
曰不當作而篆文形近而誤今依孫說改道則諂意無賢慮無忠行

無道言虛如受實萬事畢。倫案則謟以下疑有脱譌夫言榮不若辱。非誠辭指海本作詞倫案辭上原有僻字依各本删也。得不若失。非實談也。不進即嘉靖本緜眇閣本子彙本指海本作則退。不喜則憂。不得則亡。此世人之常。眞人危斯十者而爲一矣。倫案此世人之常以下有脱譌所謂大辯者。別天下之行。具天下之物。選善退惡。時措其宜而功立德至矣。小辯則不然。別言異道。以言相射。以行相伐。使民不知其要。無他故焉。故淺知指海本作知淺也。朱希祖曰譚儀曰故淺知也疑作淺知故也據譚說則上文故焉二字疑衍君子并物而錯之。兼塗而用之。五味未嘗而辨倫案原無辨字明初本而下墨識一字處嘉靖本而下空一字今依緜眇閣本子彙本指海本崇文本補於口。五行在身而布於人。倫案疑有譌故無倫案原作何各本同孫詒讓曰何疑無之譌呂氏春秋必已篇曰如此其無方也高注曰方術也今依孫說改方之道不從面從之義不行。治亂之法不用。倫案疑有譌字惔然寬裕。蕩然簡易。略而無失。精詳入纖微也。

夫舟浮御覽七六八引作行於水。車轉於陸。此勢自然者也。錢熙祚曰原作此自然道也依御覽七六八引改與淮南主術訓合倫案淮南作此勢之自然也有不治者。知不豫焉。朱希祖曰知不豫焉不字疑衍下文故不載焉當據淮南主術作知故不載焉與此意正相合

夫木擊折轊。倫案淮南主術訓此文與上文此勢之自然也相屬但

無夫字檢義亦承上文不應提行水倫案淮南主術訓作冰戾破舟。不怨木石而罪巧拙。倫案淮南主術訓拙下有者字知倫案知字依淮南主術訓補故不載焉。故道倫案道字依淮南主術訓補有知則惑。倫案原作感依緜眇閣本子彙本指海本崇文本及淮南主術訓改德子彙本惑下空一字緜眇閣本指海本崇文本無德字倫案依淮南主術訓應有德字有心倫案原無心字依淮南主術訓補則嶮。心有目則眩。是以規矩一而不易。不爲秦楚變倫案原作綫依淮南主術訓改節。不爲胡錢熙祚曰胡一作吳越改容。常倫案常字依淮南主術訓補一而不邪。方行而不流。一日行之。萬世傳之。無爲爲之也。

夫倫案原作天依各本改自見則倫案原作之依意林引改下句見下聞下之字並同明借人見則闇也倫案意林引無也字下同自聞則聰借人聞則聾也明君知此則去就之分定矣爲君者錢熙祚曰原脫者字依文選褚淵碑注及御覽四又六二〇引補倫案御覽二七引君下有自字蓋者字之誤當若冬日之陽夏日御覽六二〇引作至文選褚淵碑注書鈔二九引並作日淮南主術訓亦作日之陰萬物自歸御覽四及六二〇引作歸之二七引同此淮南主術訓作歸之莫之使也倫案淮南主術訓作莫使之然恬御覽六二〇引作假倫案淮南主術訓作恬臥而功自成優遊緜眇閣本作游而政自治豈在瞋倫案原作振依淮南主術訓改目搤倫案淮南主術訓作

扼扼搤古通漢書楊雄傳顏師古注曰搤與扼同莊子讓王篇陳蔡之隘呂氏春秋愼人篇隘作扼。並其例證腕倫案淮南主術訓作擘正字手操倫案原作手標嘉靖本緜眇閣本子彙本指海本崇文本並作手據依御覽二七引改鞭朴而後爲治歟。

夫事有合不合者。倫案原作夫合事有不合者孫詒讓曰此章亦見鬼谷子內揵篇彼作事有不合者有所未知也疑此文本作事有合不合者今從孫說乙知與未知也。合而不結者。陽親而陰疏。故遠而親者。志錢熙祚曰原作忘依文選曹子建贈白馬王彪詩注引改相應也。近而疏者。志倫案原作忘錢熙祚曰此忘字亦誤鬼谷子內揵篇作志今依改不合也。就而不用者。策不得也。去而反求者。無違行也。近而不御者。心相乖也。遠而相思者。倫案原作也依各本及鬼谷子內楗篇改合其謀也。故明君擇人不可不審。士之進趣亦不可不詳。

鄧析子卷上

鄧析子卷下

轉辭篇

世間悲哀喜樂嗔怒憂愁倫案原作喜依各本改久惑於此。今轉之。在已爲哀。在他爲悲。在已爲樂。在他爲喜。在已爲嗔。在他爲怒。在已爲愁。在他爲憂。在已在孫詒讓曰已下當有在字倫案孫所據本已下有彼字作在已彼故云然然孫所依凡三本一此本二指海本三譚獻校文今檢此本及指海本均無彼字或譚本有之論義應有今依補彼。依孫詒讓札迻補若扶之與倫案原脫與字依嘉靖本緜眇閣本子彙本指海本崇文本及淮南說林訓補攜。洪頤煊曰淮南說林訓作提謝之與議。洪頤煊曰淮南說林訓作讓故之與右。洪頤煊曰右當作古淮南說林訓作故之與先古猶先也諾之與已相去千里也。夫倫案論下文義當提行言之術。與智者言依於博。與博倫案鬼谷子權篇作拙者言依於辯。與辯者言依於要。錢熙祚曰原作安依鬼谷子權篇改與貴者言依於勢。與富者言依於豪。與貧者言依於利。倫案鬼谷子權篇此句下有與賤者言依於謙一句與勇者言。依於敢。與愚者言依於說。錢熙祚曰鬼谷子權篇作銳倫案說讀爲悅此言之術也。○不倫案原本不上有○識嘉靖本亦墨識一字處緜眇閣本子彙本指海本崇文本並連上文論義當提行用倫案用字疑困字之譌在早圖。不窮在早稼。非所宜言勿言。錢熙祚曰此下脫一句朱希祖曰非所宜言勿言下當有以口其口一句非所宜爲勿爲.以避其危.非所宜取勿取.以避其咎.非所宜爭勿爭.以避其聲.倫案聲字疑譌一言錢熙祚曰原作聲依意林與文選竟陵文宣王行狀注引合倫案宋本意林引作聲類聚一九引作言而非.駟馬倫案駟馬二字原作罵字嘉靖本作駟馬但有剜改痕緜眇閣本子彙本指海本崇文本並作駟馬今依類聚一九及意林文選竟陵文宣王行狀注御覽三九〇引改不能追.錢熙祚曰原作勿追依意林文選注類聚一九御覽三九〇改下同一言而急.倫案原作忽依嘉靖本緜眇閣本子彙本指海本崇文本及類聚一九意林御覽三九〇引改駟馬不能錢熙祚曰原脫能字依意林文選注類聚一九御覽三九〇引補及.故惡言不出口.倫案口上原有言字依各本及類聚

一九引删苟語不留耳。類聚一九引作苛聲不入耳此謂君子也。

夫任倫案原作狂依各本改臣之法。闇則不任也。慧則不從也。仁則不親也。勇則不近也。信則不信也。不以人用人。故謂之神。怒出於不怒。倫案原作恕依各本及莊子庚桑楚篇改爲出於不爲。視於無有。倫案依下文則有當作形則得其所見。聽於無聲。則得其所聞。故無形倫案原脫無字形作刑依各本補改明初本形字剜改則原校本亦作刑也者有形之本。無聲者有聲之母。循名責實。實之極也。按實定名。名之極也。參以相平。轉而相成。故得之形名。

夫川竭而谷虛。丘夷而淵實。聖人以死。大盜不起。天下平而無錢熙祚曰無字依莊子胠篋篇補故也。聖人不死。大盜不止。何以知其然。

爲之斗斛而量之。則并與倫案原脫與字依指海本及莊子胠篋篇補斗斛而竊倫案原作均蓋切字之誤今依指海本崇文本及莊子胠篋篇改之。爲之權衡以平之。則并與權衡而竊之。爲之符璽以信之。則并與符璽而竊倫案原作功亦切字之誤今依指海本崇文本御覽六八二引及莊子胠篋篇改之。爲之仁義以教之。則并與倫案原脫與字依指海本及莊子胠篋篇補仁義以指海本作而竊之。何以知其然。彼倫案原作被依各本及莊子胠篋篇改竊財者倫案原脫者字依指海本及莊子胠篋篇補誅。竊國者爲諸侯。諸侯之門。仁義存焉。倫案王引之曰存焉當作焉存呂氏春秋季春篇高注曰焉猶於此也月令曰天子焉始乘舟言天子於是始乘舟也晉語曰焉始爲令言於是始爲令也三年問曰故先王焉爲之立中制節言先王於是爲之立中制節也古書如此句法甚多此四句誅侯爲韵門存爲韵史記遊俠傳作竊鉤者誅竊國者侯諸侯之門仁義存是其明證也是非竊仁義耶。故遂倫案莊子胠篋篇作逐於大盜霸諸侯。此重利盜倫案盜上原有也字依莊子胠篋篇删跖倫案原作趾依指海本及莊子胠篋篇改而倫案原作所依莊子胠篋篇改不可禁倫案原作桀依指海本及莊子胠篋篇改者。乃聖人之罪緜眇閣本作事莊子胠篋篇作過也。欲倫案論下文義當提行之與惡。善倫案原作喜依嘉靖本緜眇閣本子彙本指海本崇文本改之與惡。倫案原作善依緜眇閣本子彙本指海本崇文本改四者變之失。恭之與儉。敬明初本作故之與傲。四者失之修。嘉靖本繇眇閣本子彙本作脩下同故善素朴任惔憂倫案此字誤而無失未有修焉。倫案以上疑有脫誤此德之永也。言倫案論下文義當提行有信而不爲信。言有善而不爲善者。不可不察也。

夫治之法。莫大於私朱希祖曰慎子逸文法之功莫大使私不行君之功莫大使民不爭則此私不行上當有使字不行。君之錢熙祚曰原脫君之二字依類聚五四御覽六三八引慎子補今慎子無此文功。莫大於使民不爭。今也立法而行私。與法爭。其亂也甚於無法。倫案原作私依繇眇閣本子彙本指海本崇文本改立君而尊繇眇閣本作爭賢。倫案原作愚錢熙祚曰尊賢原作爭愚依類聚五四御覽

六三八引慎子佚文改蓋錢所據本與緜眇閣本同今諭各本並作
尊愚但依錢說改愚字與君爭其亂也甚於無君。故有道之國。法立
錢熙祚曰原脫法立二字依類聚五四御覽三六八引慎子佚文補
則私善朱希祖曰錢熙祚輯慎子逸文作法立則私議不行北堂書
鈔四三引慎子作私善與此本合不行。君立而賢錢熙祚曰賢原作
愚依類聚五四御覽三六八引慎子佚文改者不尊。民一於君。事斷
於法。此國之道朱希祖曰慎子逸文作是國之大道也此脫大字也。
明各本不提行明初本緜眇閣本適當提行處君之督大臣。緣身而
責名。緣名而責形。緣形而責實。臣懼其重誅之至。於是倫案原脫是
字依子彙本指海本崇文本補不敢行其私矣。

心欲安靜。慮欲深遠。心安靜則神緜眇閣本崇文本作心指海本原作心錢熙祚依繹史及鬼谷子本經篇改策生。慮深遠則計謀成。心不欲躁。慮不欲淺。心躁則精神滑。慮淺則百事傾。治緜眇閣本指海本崇文本不提行世之禮簡而易行。亂世之禮繁而難遵。上古之樂質而不悲。當今之樂邪而爲淫。上古之民質而敦朴。今世之民詐而多行。上古象刑而民不犯。教有指海本作今倫案今字疑當在有字上教字疑誤壘剔不以爲恥。斯民所以亂多治少也。堯置欲各本並作敢御覽七七文選天監三年策秀才文注引作欲倫案呂氏春秋自知篇淮南主術訓並有此四句呂覽作欲淮南作敢諫之鼓。舜立倫案原作之依各本及淮南主術訓文選天監三

年策秀才文注御覽七七引改非倫案非爲誹省明初本作訓盖誹
之誤各本及文選天監三年策秀才文注御覽七七引並作誹呂氏
春秋自知篇淮南主術訓亦作誹謗倫案明初本作謫誤之木湯有
司直之人武有戒愼之鞀倫案原作銘依呂氏春秋自知篇淮南主
術訓改此四君者錢熙祚曰四下原有子字依御覽七七引刪聖人
也而猶御覽七七引作由若此之勤至於倫案原作于今依全書例
改栗陸氏殺東里子宿沙氏倫案原作文今依嘉靖本緜眇閣本子
彙本指海本崇文本改御覽七七及四九二引作君戮箕文倫案見
帝王世紀桀誅龍逢紂刳比干倫案嘉靖本作于誤此倫案此字依
御覽四九二引補四主御覽七七及四九二引作君者倫案御覽四

九二引此下有常彎弓露刃以見朝臣鉗鏁鋸鑿所可爲害之具備
置左右即位未幾后公卿以下至僕隸殺五百餘人四十一字乃崔
鴻十六國春秋前秦錄苻生傳文誤入亂君。故其疾賢若仇。是以賢
愚之相較。倫案原作覺依御覽七七引改若百丈之谿與萬仞之山。
若九地之下與重天倫案緜眇閣本崇文本作山指海本原亦作山
錢熙祚依文選西征賦注漢高祖功臣頌注御覽七七引改之顛。明
君之御民。文選餞呂珍詩注引作人蓋避諱改若乘倫案原作御依
類聚九御覽六八文選東京賦注曲水詩序注引改奔而無御覽六
八引作去轡。履冰而負重。意林引作負重而履冰御覽六八及文選
東京賦注曲水詩序注餞呂珍詩注引與此同親而疏指海本作疏

下同之疎而親之故畏儉則福生驕奢則禍起聖人逍遙一世之閒倫案原脫之閒二字依文選南州桓公九井詩注天監三年策秀才文注引補又宣德皇后令注三國名臣序贊注引世下並有閒字宰嘉靖本緜眇閣本子彙本崇文本作罕指海本原亦作罕錢熙祚依文選南州桓公九井詩注宣德皇后令注三國名臣序贊注引改匠倫案原作匹依文選南州桓公九井詩注宣德皇后令三國名臣序贊注引改萬物之形倫案逍遙一世之閒宰匠萬物之形兩句見淮南要略寂然無鞭朴之罰莫指海本作漠然無叱明初本嘉靖本並作呪明初本有刊改痕咤之聲而家給人足天下太平視昭昭知冥冥推倫案原作椎依各本改未運覩未然故神而不可見倫案見字

疑誤幽而不可見.朱希祖曰譚儀曰見疑作聞此之謂也.

君人者不能自專而好任下.朱希祖曰君人者不能自專而好任下與淮南主術君人者不任能而好自爲之意相反當作不能任下而好自專下文誅賞從其意即好自專之證則智日困而數日窮.迫於下倫案淮南主術訓君人者不任能而好自爲之則智日困而自負其責也數窮於下則不能仲理行墮於國則不能專制智不足以爲治威不足以行誅則無以與天下交也此文疑當作智日困而口日迫數窮於下則不能申行隨於國則不能持.知不足以爲治.威不足以行誅.則嘉靖本縣眇閣本子彙本崇文本無則字無以與下交矣.

故喜而便倫案原作使依意林引改下同賞.不必當功.怒而便誅.不

必値罪。不愼倫案愼字原缺末筆嘉靖本同嘉怒。誅賞從其意而欲委任臣下。故亡國相繼。殺指海本作弒君不絕。古人有言。衆口鑠金。三人成虎。倫案衆口鑠金見國語周語伶州鳩引諺三人成虎見戰國策魏策龐葱說魏王不可不察也。

夫人情發言欲勝。朱希祖曰夫人情發言欲勝四句見鬼谷子權篇彼作出言則欲聽舉事欲成。故明者不以其短疾人之長。不以其拙病人之工。言有善者則而賞之。言有非者顯而罰錢熙祚曰一本罰作戮之。塞邪枉指海本作枉邪之路。蕩淫辭朱希祖曰譚儀曰當作淫辟之端。臣下閉口。錢熙祚曰原作閔之依文選謝平原內表注引愼子改今愼子無此左右結舌。緜眇閣本作之倫案各本作舌文選嘯賦注引亦作舌可謂明君。為善者君與之賞。為惡者君與之罰。因其所以來而報之。循其所以進而答之。聖人因之。故能用之。因之循理。故能長久。今之為君。倫案原脫君字依緜眇閣本子彙本指海本崇文本補無堯舜之才而慕堯舜之治。故終身倫案依淮南要畧補身字顛殞倫案淮南要畧作頓乎混冥之中。而不知覺寤於昭明之術。倫案原作而事不覺於昭明之術今依淮南要略改補是以虛慕欲治指海本作仕之名。無益亂世之理也。忠怠於宦成。倫案原作患生於官成依意林改此數語見韓詩外傳八及說苑敬慎篇此句外傳作官怠於有成說苑作宦成病加倫案原作始孫詒讓曰始當作殆今依韓詩外傳八說苑敬慎篇改於少瘳。韓詩外傳八說苑敬慎篇並作愈禍生於懈慢。韓詩外傳八說苑敬慎篇幷作惰孝衰於妻子。察倫案原脫察字孫詒讓曰韓詩說苑四者上並有察字此亦當有今依孫說補此四者。慎倫案慎字原缺末筆終如始也。富必給倫案論下文義當提行給借爲韭莊子徐無鬼篇王射之敏給搏捷矢荀子修身篇齊給便利則節之以動止淮南說山訓慶忌死劍鋒不給搏給字並韭字義也可以互證貧壯必給老。快情恣欲。必多侈侮。故曰尊貴無以緜眇閣本作人高人聰明無以籠倫案原作寵依指海本崇文本改人資。倫案資借爲佽說文佽便利也給無以先人。剛勇無以勝人。能履行此。可以爲天下君。

夫謀莫難於必聽。事莫難於必成。倫案原作威依嘉靖本緜眇閣本子彙本指海本崇文本改下同成必合於數。聽必合於情。故抱薪加類聚八〇引作爇倫案見新論感篇作投書鈔九九引鬼谷子本摩篇作趨火。燥倫案原作爍依類聚八〇書鈔九九引改者必倫案新論感篇類聚八〇書鈔九九引無必字下同先燃。類聚八〇引作着平倫案原作乎依各本及新論感篇類聚八〇書鈔九九引改地注水。濕者必先濡。倫案御覽八一一引尸子平地而注水水流溼均薪而施火火從燥荀子大略篇呂氏春秋應同篇並云均薪施火火就燥平地注水水流濕春秋繁露同類相動篇亦云平地注水去燥就濕均薪施火去濕就燥故曰動之以其類。安有不應者。獨行之術也。

明君立法之後。中程者賞。缺繩倫案原作澠依各本及淮南主術訓

改中程一句又見韓非難一者誅。錢熙祚曰此下脫一句此之謂君

曰亂君。國曰亡國。

智者寂於是非。故善惡有別。明者寂於去就。故進退無類。若智不能

察是非。明不能審去就。斯謂倫案原作非依緜眇閣本子彙本指海

本崇文本改虛妄。

目貴明。耳貴聽。心貴公。倫案原作聽依嘉靖本緜眇閣本子彙本指

海本崇文本改明初本墨識公字處以天下之目視。則無不見。以天

下之耳聽。則無不聞。以天下之知慮。則無不知。得此三倫案原作四

依嘉靖本緜眇閣本子彙本指海本崇文本改術。則存倫案原作有

依各本改於不爲也。

鄧析子卷終

鄧析子佚文

古詩云．堯舜至聖．身如原作知脯腊．桀紂無道．肌膚三尺．御覽八〇引又三百七〇八引出．張顒析言詩作諺云作文身作心無如字肌作肥

鄧析子校錄後序

鄧析周秦人頗以與惠施公孫龍並稱。然施與龍所論無厚之旨。即莊子天下篇所謂無厚不可積也。其大千里。其見於荀卿韓非之書及呂氏春秋者。亦然與此無厚篇義殊。春秋左氏傳言鄧析作竹刑。又數難子產之治及呂氏春秋離謂篇載鄧析事。知荀卿以與惠施同類。有由然矣。今是書其所明義。尙法而不能堅。治名而不能精。於韓非愼到之旨。時或一中。又雜而不醇。儒家言亦往往爲存。其辭不類出春秋時人。又復駁裂。似聚斂衆書爲之者。昔晁公武讀是書。謂其大旨訐無刻。眞其言無可疑者。而其間時勦取他書頗駁雜不倫。豈有後人埘益之。余以謂晉初魯勝注墨辯而爲之序。其言自鄧析至秦時名家者。世有篇籍。率頗難知。後學莫復傳習。于今五百餘歲。遂亡絕。然則漢志所錄二篇。魯勝既不得見。此爲後之妄人。掇拾殘文。僞託於舊傳。故不徒勦取之失。抑且甚失其義。不然。何以與周秦人所稱並不合哉。以序錄及中所勦取於諸書者觀之。或且出僞列子鬼谷子後也。余於十年得江山劉彥清先生履芬所模錄宋本是書寄莫子偲先生者。雖明其僞。而以鄉先生遺墨。珍而重之。遂及各本爲之校讎。幷補佚文一條。念昔之從事於此者。有金山錢氏。臨海洪氏瑞安孫氏。因幷錄之。友人朱君逖先復與其所得同里前輩譚復堂先生之說。而獨惜歸安嚴氏可均仁和吳氏昌綬之書不可得見。嚴氏謂據各書改補五十餘事。則其所諟補或有出於此者歟。中華民國十二年十一月十五日馬叙倫.

原本

影寫宋刋本葉陰陽各十一行行十五字

依校本

明初刋本葉陰陽各十一行行十六字

明嘉靖刋本行字與子彙本同

明萬歷刋子彙本

明緜眇閣刋本葉陰陽各十行行二十字

清錢氏刋指海本

清崇文書局刋本

参校書本

春秋左氏傳 相臺岳氏本

莊子 古佚叢書本

韓非子 清顧廣圻校本

呂氏春秋 明宋邦乂等刊本

淮南子 明汪一鸞張象賢刊本

韓詩外傳 明程榮刊本

說苑 涵芬樓影明鈔本

鬼谷子 明萬歷刊子彙本

北堂書鈔 清孔廣陶刊本

藝文類聚明陸子玄刊本

太平御覽清鮑崇城刊本

文選涵芬樓影宋本

意林清許增刊本

史記清武英殿刊本

鄧析子校錄補遺

無厚篇

慮能防於未然 倫案下文不以知慮則合於無然矣俞先生樾謂然乃朕字之譌則此然字亦當爲朕

不以知慮則合於無然矣。 俞樾曰然乃朕字之譌朕譌爲肰因譌爲然矣無朕與上文無形無兆一律

下奉教而不達。 俞樾曰達當作逵形近而譌

督冗者以及走乎。 俞樾曰冗乃兀字之譌莊子德充符篇魯有兀者釋文引李云刖足曰兀是也乎乃守字之譌守叚爲獸漢張遷碑問禽狩所有石門頌惡虫蔽狩狩皆獸字之借是其證此又省爲守耳

當若冬日之陽。夏日之陰。萬物自歸。莫之使也。倫案周書大聚解曰譬之若冬日之陽夏日之陰不召而自來此謂歸德

豈在瞋目搤腕乎標鞭朴而後爲治歟俞樾曰當作手操鞭朴形近而譌

轉辭篇

若扶之與攜謝之與議故之與右俞樾曰文子上德篇作扶之與提謝之與讓得之與失

一言而非駡不能追俞樾曰駡字無義乃四馬二字之譌

則幷與斗斛而均之俞樾曰均爲稱字之譌稱俗作秤或譌爲均也

則並與符璽而功之俞樾曰功亦稱之譌

此重利也盜跖所不可桀者俞樾曰也字當依莊子胠篋篇删跖當依莊子作跖所爲而字之譌桀爲禁字之譌均當依莊子改

鄧析子五種合帙

陳乃乾　輯

民國十八年（1929）中國學會影印本

鄧析子五種合帙

中國學會影印

江山劉氏覆宋本鄧析子二卷

序

書四篇臣叙書一篇凡中

相校除復重爲一篇皆定

阝析者鄭人也好刑名

刂之辟當子產之卅

子產起而戮

十年而

万是乎不忠

家棄甚邪可也靜女之三章

竿旄何以告之取其忠也故用
棄其人詩之蔽芾甘棠勿翦勿伐
所茇思其人猶愛其樹也況用其道不
恤其人乎然無以勸能矣竹刑簡法
久遠世無其書子産卒後二十年而鄧
析死傅說或稱子産誅鄧析非也其論
無厚者言之異同與公孫龍同類謹第一

鄧析子卷上

無厚篇

天於人無厚也君於民無厚也父於子
無厚也兄於弟無厚也何以言之天不

能屏勃厲之氣全夭折之人使爲善之民必壽此於民無厚也凡民有穿窬爲盜者有詐僞相迷者此皆生於不足起於貧窮而君必執法誅之此於民無厚也堯舜位爲天子而丹朱商均爲布衣此於子無厚也周公誅管蔡此於弟無厚也推此言之何厚之有循名責實君之事也奉法宣令臣之職也下不得自擅上操其柄而不理者未之有也君有三累臣有四責何謂三累惟親所信一累以名取士二累近故親

踈三累何謂四責受重賞而無功一責居大位而不治二責理官而不平三責御軍陣而奔背四責君無三累臣無四責可以安國

勢者君之輿威者君之策臣者君之馬民者君之輪勢固則輿安威定則策勁臣順則馬良民和則輪利爲國失此必有覆車奔馬折輪敗載之者安得不危

異同之不可别是非之不可定白黑之不可分清濁之不可理久矣斯誠明聽能聞於無聲視能見於無形計能規於

未兆慮能防於未然斯無他也不可耳
聽則通於無形矣不以心計則達於無
兆矣不以知慮則合於無然矣君者藏
形匿影群下無私掩目塞耳萬民恐震
循名責實察法立威是明王也夫明於
形者分不遇於事察於動者用不失其
利故明君審一萬物自定名不可以外
務智不可以從他求諸己之謂也
治世位不可越職不可亂百官有司各
務其刑上循名以督實下奉教而不違
所美觀其所終所惡計其所窮喜不以

賞怒不以罰可謂治世
夫負重者患塗遠據貴者憂民離負重塗遠者身疲而無功在上離民者雖勞而不治故智者量塗而後負明君視民而出政獵羆虎者不於外圂鉤鯨鯢者不居清池何則圂非羆虎之處也池非鯨鯢之泉也楚之不泝流陳之不束麾長盧之不士呂子之蒙耻
夫游而不見敬不恭也居而不見愛不仁也言而不見用不信也求而不能得無始也謀而不見喜無理也計而不見

從遺道也因勢而發譽則行等而名殊
人齊而得時則力敵而功倍其所以然
者乘勢之在外推辯說非所聽也虛言
向非所應也無益亂非舉也故談者别
殊類使不相害序異端使不相亂諭志
通意意非務相乖也若飾詞以相亂匿
詞以相亂移非古之辯也
慮不先定不可以應卒兵不閑習不可
以當敵廟勝千里帷幄之奇百戰百勝
黃帝之師
死生自命貧富自時怨夭折者不知命

也怨貧賤者不知時也故臨難不懼知
天命也貧窮無懾達時序也凶飢之歲
父死於室子死於戶而不相怨者無所
顧也同舟渡海中流遇風救患若一所
憂同也張羅而畋唱和不差者其利等
也故躰痛者口不能不呼心悅者顏不
能不笑責疲者以舉千鈞兀者以及走
乎驅逸足於庭求猨捷於檻斯逆理而
求之猶倒索裳而索領
事有遠而親近而疎就而不用去而反
求風此四行明主大憂也

夫水濁則無掉尾之魚政苛則無逸樂之士故令煩則民詐政擾則民不定不治其本而務其末譬如拯溺錘之以石救火投之以薪

夫達道者無知之道也無能之道是知大道不知而中不能無成無有而足守虛責實而萬事畢

忠言於不忠義生於不義音而不收謂之放言出而不督謂之闇故見其象致其形循其理正其名得其端知其情若此何往不復何事不成有物者意也無

外者德也有人者行也無人者道也故德非所履處非所處則失道非其道不道則諂意無賢慮無忠行無道言虛如受實萬事畢

夫言榮不若辱非誠僻辟也得不若失非實談也不進即退不喜則憂不得則亡此世人之常真人危斯十者而爲一矣所謂大辨者別天下之行具天下之物選善退惡時措其宜而功立德至矣小辨則不然別言異道以言相射以行相伐使民不知其要無他故焉故淺知

也君子并物而錙之兼塗而用之五味未嘗而於口五行在身而布於人故何方之道不從面從之義不行治亂之法不用惔然寬裕蕩然簡易略而無失精詳入纖微也

夫舟浮於水車轉於陸此自然道也有不治者知不豫焉

夫木擊折轊水戾破舟不怨木石而罪巧拙故不載焉故有知則感德有心則嶮有目則眩是以規矩一而不易不為秦楚緩節不為胡越改容一而不邪方

行而不流一日形之萬世傳之無爲爲之也天自見之明借人見之闇也自聞之聰借人聞之聾也明君知此則去就之分定矣爲君當若冬日之陽夏日之陰萬物自歸莫之使也恬卧而功自成優遊而政自治豈在振目搤腕乎摽鞭朴而後爲治歟

夫合事有不合者知與未知也合而不結者陽親而陰踈故遠而親者忘相應也近而踈者志不合也就而不用者策

不得也去而反求者無違行也近而不御者心相乖也遠而相思也合其謀也故明君擇人不可不審士之進趣亦不可不詳

鄧析子卷上

同治壬申秋七
月江山劉氏刻
摹宋本開雕

鄧析子卷下

轉辭篇

世間悲哀喜樂嗔怒憂喜久惑於此今轉之在已爲哀在他爲悲在已爲樂在他爲喜在已爲嗔在他爲怒在已爲愁在他爲憂在已若扶之攜謝之與議故之與右諸之與已相去千里也夫言之術與智者言依於博與博者言依於辯與辯者言依於安與貴者言依於勢與富者言依於豪與貧言依於利與勇者言依於敢與愚者言依於説此言之術也

○不用在早圖不窮在早稼非所宜言
勿言非所宜爲勿爲以避其危非所宜
取勿取以避其咎非所宜争勿争以避
其聲一聲而非駡勿追一言而忽駡不
及故惡言不出口苟語不留耳此謂
君子也
夫狂臣之法闇則不任也慧則不從也
仁則不親也勇則不近也信則不信也
不以人用人故謂之神怒出於不怒爲
出於不爲視於無有則得其所見聽於
無聲則得其所聞故刑者有形之本無

聲者有聲聲之母循名責實實之極也按
實定名名之極也參以相平轉而相成
故得之形名
夫川竭而谷虛丘夷而淵實聖人以死
大盜不起天下平而故也聖人不死大
盜不止何以知其然爲之斗斛而量之
則并斗斛而均之爲之權衡以平之則
并與權衡而竊之爲之符璽以信之則
并與符璽而功之爲之仁義以教之則
并仁義以竊之何以知其然被竊財誅
竊國者爲諸侯諸侯之門仁義存焉是

非竊仁義耶故遂於大盜覇諸侯此重利也盜跖所不可禁者乃聖人之罪也欲之與惡喜之與善四者變之失恭之與儉敬之與傲四者失之修故善素朴任惔憂而無失未有修焉此德之永也言有信而不為信言有善而不爲善者不可不察也

夫治之法莫大於私不行功莫大於使民不爭今也立法而行私與法爭其亂也甚於無私立君而尊愚與君爭其亂也甚於無君故有道之國則私善不行

君立而愚者不尊民一於君事断於法
此國之道也
明君之督大臣緣身而責名緣名而責
形緣形而責實臣懼其重誅之至於不
敢行其私矣
心欲安靜慮欲深遠心安靜則神策生
慮深遠則計謀成心不欲躁慮不欲淺
心躁則精神滑慮淺則百事傾
治世之禮簡而易行亂世之禮煩而難
遵上古之樂質而不悲當今之樂邪而
爲淫上古之民質而敦朴今世之民詐

而多行上古象刑而民不犯教有墨劓不以爲恥斯民所以亂多治少也堯置欲諫之鼓舜之非謗之木湯有司直之人武有戒愼之銘此四君子者聖人也而猶若此之勤至于栗陸氏殺東里子宿沙文戮箕文桀誅龍逢紂刳比干四主者亂君故其疾賢若仇是以賢愚之相覺若百丈之谿與萬仞之山若九地之下與重天之顛

明君之御民若御奔而無轡履冰而負重親而疏之疏而親之故畏儉則福生

驕奢則禍起聖人逍遥一世宰匹萬物之形寂然無鞭朴之罰莫然無叱咤之聲而家給人足天下太平視昭昭知冥冥椎未運覩未然故神而不可見幽而不可見此之謂也

君人者不能自專而好任下則智日困而數日窮迫於下則不能申行隨於國則不能持知不足以爲治威不足以行誅則無以與下交矣故喜而使賞不必當功怒而使誅不必值罪不愼喜怒誅賞從其意而欲委任臣下故亡國相継

殺君不絕古人有言衆口鑠金三人成
虎不可不察也
夫人情發言欲勝舉事欲成故明者不
以其短疾人之長不以其拙病人之工
言有善者則而賞之言有非者顯而罰
之塞邪枉之路蕩淫辟之端臣下閔之
左右結舌可謂明君爲善者君與之賞
爲惡者君與之罰因其所以來而報之
循其所以進而荅之聖人因之故能用
之因之循理故能長久今之爲無堯舜
之才而慕堯舜之治故終顛殞乎混冥

之中而事不覺於昭明之術是以虛慕
欲治之名無益亂世之理也
患生於官成病始於少瘳禍生於懈慢
孝衰於妻子此四者愼終如始也富必
給貧壯必給老快情恣欲必多侈侮故
曰尊貴無以高人聰明無以寵人資給
無以先人剛勇無以勝人能履行此可
以爲天下君
夫謀莫難於必聽事莫難於必威威必
合於數聽必合於情故抱薪加火爍者
必先燃平地注水濕者必先濡故曰動

之以其類安有不應者獨行之術也

明君立法之後中程者賞缺繩者誅此

之謂君曰亂君國曰亡國

智者寂於是非故善惡有別明者寂於

去就故進退無類若智不能察是非明

不能審去就斯非虛妄

目貴明耳貴聰心貴聰以天下之目視

則無不見以天下之耳聽則無不聞以

天下之知慮則無不知得此四術則有

於不爲也

鄧析子卷終

明睢陽朱氏刻本鄧析子一卷

崇文總目鄧析子戰國時人漢志二篇初
析著書四篇劉歆有目有一篇凡五歆復
校爲二篇
晁氏曰鄧析二篇文字訛缺或以繩爲澠
以巧爲功頗爲是正其謬且撮其旨意而
論之曰先王之世道德脩明以仁爲本以
義爲輔誥命謨訓則著之書諷誦箴規則
寓之詩禮樂以彰善春秋以懲惡其始雖
若不同而其歸則合猶天地之位殊而育
物之化均寒暑之氣異而成歲之功一豈
非出於道德而然邪自文武既没王者不

作道德晦昧於天下而仁義幾於熄百家
之說蜂起各求自附於聖人而不見夫道
之大全以其私知臆說譁世而惑衆故九
流皆出於晚周其書各有所長而不能無
所失其長蓋或有見於聖人而所失蓋各
奮其私知故明者審取舍之而已然則析
之書豈可盡廢哉左傳曰駟歂殺析而用
其竹刑班固錄析書於名家之首則析之
學蓋兼名法家也今其大旨訐而剌真其
言無可疑者而其間時勦取他書頗駁雜
不倫豈後人附益之與高氏子略曰劉向

曰非子産殺鄧析推春秋驗之按左氏魯定公八年鄭駟歂嗣子太叔爲政明年殺鄧析而用其竹刑君子謂歂嗣於是爲不忠考其行事固莫能詳觀其立言其曰天於人無厚君於民無厚又曰勢者君之輿威者君之筴其意義蓋有出於申韓之學者矣班固藝文志乃列之名家列子固嘗言其操兩可之說設無窮之辭數難子産之法而子産誅之蓋則與左氏異矣荀子又言其不法先王不是禮義察而不惠辯而無用則亦流於申韓矣夫傳者乃曰歂

發鄧析是爲不忠鄭以衰弱夫鄭之所以爲國者有若裨諶草創之世叔討論之東里子產潤色之庶幾於古矣子產之告太叔曰有德者能以寬服人其次莫如猛子產惠人也固已不純乎德他何足論哉不只竹刑之施而民懼且駭嗚呼春秋以來列國棊錯不以利勝則以威行與其民揉轥於爭抗侵淩之威豈復知所謂仁漸義摩者其民若矣固有惠而不知爲政者豈不賢於以薄爲度以威爲神乎析之見殺雖歟之過亦鄭之福也

鄧析子序

中鄧析書四篇臣敘書一篇凡中外書五篇以相校除復重爲一篇皆定殺而書可繕寫也鄧析者鄭人也好刑名操兩可之說設無窮之辭當子產之世數難子產之法記或云子產起而戮之於春秋左氏傳昭公二十年而子產卒子太叔嗣爲政定公八年太叔卒駟顓嗣爲政明年乃殺鄧析而用其竹刑君子謂子然於是乎不忠苟有可以加於國家棄其邪可也靜女之三章取彤管焉竿旄何以告之取其忠也

故用其道不棄其人詩之蔽芾甘棠勿翦
勿伐召伯所茇思其人猶愛其樹也況用
其道不恤其人乎然無以勸能矣竹刑簡
法也久遠世無其書子産卒後二十年而
鄧析死傳説或稱子産誅鄧析非也其論
無厚者言之異同與公孫龍同類謹第一

鄧析子卷上

無厚篇

天於人無厚也君於民無厚也父於子無厚也兄於弟無厚也何以言之天不能屏勃厲之氣全天折之人使爲善之民必壽此於民無厚也凡民有穿窬爲盗者有詐僞相迷者此皆生於不足起於貧窮而君必執法誅之此於民無厚也堯舜位爲天子而丹朱商均爲布衣此於子無厚也周公誅管蔡此於弟無厚也推此言之何厚之有

循名責實君之事也奉法宣令臣之職也下不得自擅上操其柄而不理者未之有也君有三累臣有四責何謂三累惟親所信一累以名取士二累近故親疎三累何謂四責受重賞而無功一責居大位而不治二責理官而不平三責御軍陣而奔背四責君無三累臣無四責可以安國

勢者君之輿威者君之策臣者君之馬民者君之輪勢固則輿安威定則策勁臣順則馬良民和則輪利爲國失此必有覆車奔馬折輪敗載之者安得不危異同之不

可別是非之不可定白黑之不可分清濁之不可理久矣斯誠明聽能聞於無聲視能見於無形計能規於未兆慮能防於未然斯無他也不可耳聽則通於無形矣不以心計則達於無兆矣不以知慮則合於無然矣君者藏形匿影羣下無私掩目塞耳萬民恐震

循名責實察法立威是明王也夫明於形者分不遇於事察於動者用不失其利故明君審一萬物自定名不可以外務智不可以從他求諸己之謂也

治世位不可越職不可亂百官有司各務其刑上循名以督實下奉教而不違所美觀其所終所惡計其所窮喜不以賞怒不以罰可謂治世

夫負重者患塗遠據貴者憂民離負重塗遠者身疲而無功在上離民者雖勞而不治故智者量塗而後負明君視民而出政獵羆虎者不於外圂釣鯨鯢者不居清池何則圂非羆虎之處也池非鯨鯢之泉也楚之不泝流陳之不束麾長盧之不士呂子之蒙恥

夫游而不見敬不恭也居而不見愛不仁
也言而不見用不信也求而不能得無始
也謀而不見喜無理也計而不見從遺道
也因勢而發譽則行等而名殊人齊而得
時則力敵而功倍其所以然者乘勢之在
外推辯說非所聽也虛言向非所應也無
益亂非舉也故談者別殊類使不相害序
異端使不相亂諭志通意意非務相乖也
若飾詞以相亂匿詞以相亂移非古之辯
也
慮不先定不可以應卒兵不閑習不可以

當敵廟勝千里惟幄之奇百戰百勝黄帝之師

死生自命貧富自時然夭折者不知命也怨貧賤者不知時也故臨難不懼知天命也貧窮無懾達時序也凶飢之歲父死於室子死於戶而不相怨者無所顧也同舟渡海中流遇風救患若一所憂同也張羅而略唱和不差者其利等也故體痛者口不能不呼心悅者顏不能不笑責瘦者以舉千鈞冗者以及走乎驅逸足於庭求猨捷於檻斯逆理而求之猶倒裳而索領

事有遠而親近而疎就而不用去而反求
風此四行明主大憂也
夫水濁則無掉尾之魚政苛則無逸樂之
士故令煩則民詐政擾則民不定不治其
本而務其末譬如拯溺錘之以石救火投
之以薪
夫達道者無知之道也無能之道是知大
道不知而中不能無成無有而足守虛責
實而萬事畢
忠言於不忠義生於不義音而不收謂之
放言出而不督謂之闇故見其象致其形

循其理正其名得其端知其情若此何往不復何事不成有物者意也無外者德也有人者行也無人者道也故德非所履處非所處則失道非其道不道則諂意無賢處無忠行無道道言虛如受實萬事畢

夫言榮不若辱非誠辭也得不若失非實談也不進即退不喜則憂不得則亡此世人之常真人危斯十者而為一矣所謂大辯者別天下之行具天下之物選善退惡時措其宜而功立德至矣小辯則不然別言異道以言相射以行相伐使民不知其

要無他故焉故淺知也君子弃物而錯之
蒸塗而用之五味未嘗而[redacted]於口五行在
身而布於人故何方之道不從面從之義
不行治亂之法不用憪然寬裕蕩然簡易
略而無失精詳入纖微也
夫舟浮於水車轉於陸此自然道也有不
治者知不豫焉
夫木擊折轊水戾破舟不怨木石而罪巧
拙故不載焉故有知則感德有心則嶮有
目則眩是以規矩一而不易不爲秦楚變
節不爲胡越改容一而不邪方行而不流

一曰形之萬世傳之無爲爲之也
夫自見之明借人見之闇也自聞之聰借
人聞之聾也明君知此則去就之分定矣
爲君當若冬日之陽夏日之陰萬物自歸
莫之使也恬臥而功自成優游而政自治
豈在振目搤腕手據鞭朴而後爲治歟
夫合事有不合者知與未知也合而不結
者陽親而陰疏故遠而親者忘相應也近
而疏者忘不合也就而不用者策不得也
去而反求者無違行也近而不御者心相
乖也遠而相思者合其謀也故明君擇人

不可不審士之進趣亦不可不詳

鄧析子卷上

鄧析子卷下

轉辭篇

世間悲哀喜樂嗔怒憂愁久惑於此今轉之在己爲哀在他爲悲在己爲樂在他爲喜在己爲嗔在他爲怒在己爲愁在他爲憂在己若扶之攜之謝之與議故之與右諾之與己相去千里也夫言之術與智者言依於博與博者言依於辯與辯者言依於安與貴者言依於勢與富者言依於豪與貧者言依於利與勇者言依於敢與愚者言依於說此言之術也　不用在早圖不

窮在早祿非所宜言勿言非所宜為勿為以避其危非所宜取勿取以避其咎非所宜爭勿爭以避其聲一聲而非駡勿追一言而怨駡不及故惡言不出口苟語不留耳此謂君子也

夫任臣之法闇則不任也慧則不從也仁則不親也勇則不近也信則不信也不以人用人故謂之神怒出於不怒為出於不為視於無有則得其所見聽於無聲則得其所聞故無刑者有形之本無聲者有聲之母循名責實實之極也按實定名名之

極也參以相平轉而相成故得之形名
夫川竭而谷虛丘夷而淵實聖人以死大
盜不起天下平而故也聖人不死大盜不
止何以知其然爲之斗斛而量之則并斗
斛而均之爲之權衡以平之則并與權衡
而竊之爲之符璽以信之則并與符璽而
功之爲之仁義以教之則并仁義以竊之
何以知其然彼竊財誅竊國者爲諸侯諸
侯之門仁義存焉是非竊仁義耶故遂於
大盜覇諸侯此重利也盜跖所不可禁者
乃聖人之罪也欲之與惡喜之與善四者

變之失恭之與儉故之與傲四者失之修故善素朴任惔憂而無失未有修焉此德之永也言有信而不爲信言有善而不爲善者不可不察也

夫治之法莫大於私不行功莫大於使民不爭今也立法而行私與法爭其亂也甚於無私立君而尊愚與君爭其亂也甚於無君故有道之國則私善不行君立而愚者不尊民一於君事斷於法此國之道也明君之督大臣緣身而責名緣名而責形緣形而責實臣懼其重誅之至於不敢行

其私矣
心欲安靜慮欲深遠心安靜則神策生慮
深遠則計謀成心不欲躁慮不欲淺心躁
則精神滑慮淺則百事傾
治世之禮簡而易行亂世之禮煩而難遵
上古之樂質而不悲當今之樂邪而為淫
上古之民質而敦朴今世之民詐而多行
上古象刑而民不犯教有墨劓不以為恥
斯民所以亂多治少也堯置敢諫之鼓舜
立訓謫之木湯有司直之人武有戒慎之
銘此四君子者聖人也而猶若此之勤至

于栗陸氏殺東里子宿沙文戮箕文桀誅龍逢紂刳比干四主者亂君故其疾賢若仇是以賢愚之相覺若百丈之谿與萬仞之山若九地之下與重天之顛

明君之御民若御奔而無轡履氷而負重親而踈之踈而親之故畏儉則福生驕奢則禍起聖人逍遥一世罕匹萬物之形寂然無鞭朴之罰漠然無叱咤之聲而家給人足天下太平視昭昭知冥冥推未運覩未然故神而不可見幽而不可見此之謂也

君人者不能自專而好任下則智日困而
數日窮迫於下則不能申行隨於國則不
能持知不足以為治威不足以行誅則無
以與下交矣故喜而使賞不必當功怒而
使誅不必值罪不慎喜怒誅賞從其意而
欲委任臣下故亡國相繼殺君不絕古人
有言衆口鑠金三人成虎不可不察也
夫人情發言欲勝舉事欲成故明者不以
其短疾人之長不以其拙病人之工言有
善者則而賞之言有非者顯而罰之塞邪
枉之路蕩淫辟之端臣下閉之左右結舌

可謂明君爲善者君與之賞爲惡者君與之罰因其所以來而報之循其所以進而答之聖人因之故能用之因之循理故能長久今之爲無堯舜之才而慕堯舜之治故終顛殞乎混冥之中而事不覺於昭明之術是以虛慕欲治之名無益亂世之理也

患生於官成病始於少瘳禍生於懈慢孝衰於妻子此四者慎終如始也富必給貧壯必給老快情恣欲必多侈悔故曰尊貴無以高人聰明無以寵人資給無以先人

剛勇無以勝人能履行此可以為天下君夫謀莫難於必聽事莫難於必成成必合於數聽必合於情故抱薪加火爍者必先燃平地注水濕者必先濡故曰動之以其類安有不應者獨行之術也

明君立法之後中程者賞缺繩者誅此之謂君曰亂君國曰亡國

智者辟於是非故善惡有別明者寂於去就故進退無類若智不能察是非明不能審去就斯非虛妄

目貴明耳貴聰心貴 以天下之目視則

無不見以天下之耳聽則無不聞以天下之知慮則無不知得此四術則存於不為也

鄧析子卷下終

鄧析子二卷鄭人鄧析撰析操兩可之說設無窮之辭當子產之世數難子產之法子產卒後二十一年駟歂為政殺鄧析而用其竹刑夫析之學兼名法家者也其言天於民無厚君於民無厚父於子無厚兄於弟無厚刺矣夫民非天弗生非君弗養非父弗親非兄弗友而謂之無厚可乎所謂不能屏勃厲全夭折執穿窬詐偽誅之堯舜位為天子而丹朱商均為布衣周公誅管蔡豈誠得已哉非常也變也析之所言如此真不法先王不是禮義而好治怪

說者哉其被誅戮宜也非不幸也右見金
華宋學士先生所著諸子辯睢陽朱夏日
南録附鄧析子後

明嘉靖刻本鄧析子一卷

鄧析子

崇文總目鄧析子戰國時人漢志二篇初析著書四篇劉歆有目有一篇凡五歆復校爲二篇中鄧析書四篇臣敘書一篇凡中外書五篇以相校除復重爲一篇皆定殺而書可繕寫也鄧析者鄭人也好刑名操兩可之說設無窮之辭當子產之世數難子產之法記或云子產起而戮之於春秋左氏傳昭公二十年而子產卒子太叔嗣爲政定公八年太叔卒駟歂嗣爲政明年乃殺鄧析而用其竹刑君子謂子歂於是乎不忠苟有可以加

於國家棄其邪可也靜女之三章取彤管焉竿旄何以告之取其忠也故用其道不棄其人詩之蔽芾甘棠勿剪勿伐召伯所茇思其人猶愛其樹也況用其道不恤其人乎然無以勸能矣竹刑簡法也久遠世無其書子產卒後二十年而鄧析死傳說或稱子產誅鄧析非也其論無厚者言之異同與公孫龍同類謹第一

鄧析子

無厚篇

天於人無厚也君於民無厚也父於子無厚也兄於弟無厚也何以言之天不能屏勃厲之氣全夭折之人使爲善之民必壽此於民無厚也凡民有穿窬爲盜者有詐僞相迷者此皆生於不足起於貧窮而君必執法誅之此於民無厚也堯舜位爲天子而丹朱商均爲布衣此於子無厚也周公誅管蔡此於弟無厚也推此言之何厚之有

循名責實君之事也奉法宣令臣之職也下不得

自擅上操其柄而不理者未之有也君有三累臣有四責何謂三累惟親所信一累以名取士二累近故親疏三累何謂四責受重賞而無功一責居大位而不治二責理官而不平三責御軍陣而奔北四責君無三累臣無四責可以安國

勢者君之輿威者君之策臣者君之馬民者君之輪勢固則輿安威定則策勁臣順則馬良民和則輪利爲國失此必有覆車奔馬折輪敗載之患安得不危

異同之不可別是非之不可定白黑之不可分清

濁之不可理久矣誠聽能聞於無聲視能見於無
形計能規於未兆慮能防於未然斯無他也不以
耳聽則通於無聲矣不以目視則照於無形矣不
以心計則達於無兆矣不以知慮則合於無然矣
君者藏形匿影群下無私掩目塞耳萬民恐震
循名責實察法立威是明王也夫明於形者分不
遇於事察於動者用不失則利故明君審一萬物
自定名不可以外務智不可以從他求諸己之謂
也
治世位不可越職不可亂百官有司各務其刑上

循名以督實下奉教而不違所美觀其所終所惡
計其所窮喜不以賞怒不以罰可謂治世
夫負重者患塗遠據貴者憂民離負重塗遠者身
疲而無功在上離民者雖勞而不治故智者量塗
而後負明君視民而出政
獵羆虎者不於外圂釣鯨鯢者不居清池何則圂
非羆虎之窟也池非鯨鯢之泉也楚之不泝流陳
之不束麾長盧之不士呂子之蒙恥
夫游而不見敬不恭也居而不見愛不仁也言而
不見用不信也求而不能得無始也謀而不見喜

無理也計而不見從遺道也因勢而發譽則行等
而名殊人齊而得時則力敵而功倍其所以然者
乘勢之在外推辯說非所聽也虛言向非所應也
無益亂非舉也故談者別殊類使不相害序異端
使不相亂諭志通意非務相乖也若飾詞以相亂
匿詞以相亂移非古之辯也
慮不先定不可以應卒兵不閑習不可以當敵廟
筭千里帷幄之奇百戰百勝黃帝之師
死生自命貧富自時怨夭折者不知命也怨貧賤
者不知時也故臨難不懼知天命也貧窮無懾達

時序也凶饑之歲父死於室子死於戶而不相愍者無所顧也同舟渡海中流遇風救患若一所憂同也張羅而畋唱和不差者其利等也故體痛者口不能不呼心悅者顏不能不笑責疲者以舉千鈞⿰兀責者以及⿺兔走驅逸足於庭求猨捷於檻斯逆理而求之猶倒裳而索領

事有遠而親近而疎就而不用去而反求風此四行明主大憂也

夫水濁則無掉尾之魚政苛則無逸樂之士故令煩則民詐政擾則民不定不治其本而務其末譬

如拯溺錘之以石救火投之以薪
夫達道者無知之道也無能之道也是知大道不
知而中不能而成無有而足守虛責實而萬事畢
忠言於不忠義生於不義音而不收謂之放言出
而不督謂之闇故見其象致其形循其理正其名
得其端知其情若此何往不復何事不成有物者
意也無外者德也有人者行也無人者道也故德
非所履處非所處則失道非其道不道則諂意無
賢慮無忠行無道言虛如受實萬事畢
夫言榮不若辱非誠辭也得不若失非實談也不

進則退不喜則憂不得則亡此世人之常眞人危
斯十者而爲一矣所謂大辯者别天下之行具天
下之物選善退惡時措其宜而功立德至矣小辯
則不然别言異道以言相射以行相伐使民不知
其要無他故焉故淺知也君子并物而錯之兼塗
而用之五味未嘗而　於口五行在身而布於人
故何方之道不從而從之義不行治亂之法不用
惔然寬裕蕩然簡易略而無失精詳入纖微也
夫舟浮於水車轉於陸此自然道也有不治者知
不豫焉

夫木擊折轊水戾破舟不怨木石而罪巧拙故不載焉故有知則感德有心則嶮有目則眩是以規矩一而不易不爲秦楚緩節不爲胡越改容一而不邪方行而不流一日形之萬世傳之無爲爲之也

夫自見之明借人見之闇也自聞之聽借人聞之聾也明君知此則去就之分定矣爲君當若冬日之陽夏日之陰萬物自歸莫之使也恬臥而功自成優游而政自治豈在振目搤腕手據鞭朴而後爲治歟

夫合事有不合者知與未知也合而不結者陽親而陰疎故遠而親者忘相應也近而疎者忘不合也就而不用者策不得也去而反求者無違行也近而不御者心相乖也遠而相思者合其謀也故明君擇人不可不審士之進趣亦不可不詳

轉辭篇

世間悲哀喜樂嗔怒憂愁久惑於此今轉之在己爲哀在他爲悲在己爲樂在他爲喜在己爲嗔在他爲怒在己爲愁在他爲憂在己若扶之與携謝之與議故之與右諾之與己相去千里也夫言之

術與智者言依於博與博者言依於辯與辯者言依於安與貴者言依於勢與富者言依於豪與貧者言依於利與勇者言依於敢與愚者言依於說此言之術也[redacted]不用在早圖不窮在早稼非所宜言勿言非所宜爲勿爲以避其危非所宜取勿[redacted]取以避其咎非所宜爭勿爭以避其聲一聲而非駟馬勿追一言而急駟馬不及故惡言不出口苟語不留耳此謂君子也

夫任臣之法闇則不任也慧則不從也仁則不親也勇則不近也信則不信也不以人用人故謂之

神怒出於不怒爲出於不爲視於無有則得其所見聽於無聲則得其所聞故無形者有形之本無聲者有聲之母循名責實實之極也按實定名名之極也參以相平轉而相成故得之形名

夫川竭而谷虛丘夷而淵實聖人以死大盜不起天下平而故也聖人不死大盜不止何以知其然爲之斗斛而量之則并斗斛而均之爲之權衡以平之則并與權衡而竊之爲之符璽以信之則并與符璽而功之爲之仁義以教之則并仁義以竊之何以知其然彼竊財誅竊國者爲諸侯諸侯之

門仁義存焉是非竊仁義邪故遂於大盜霸諸侯
此重利也盜跖所不可桀者乃聖人之罪也欲之
與惡善之與善四者變之失恭之與儉敬之與傲
四者失之脩故善素朴任惔憂而無失未有脩焉
此德之永也言有信而不爲信言有善而不爲善
者不可不察也

夫治之法莫大於私不行功莫大於使民不爭今
也立法而行私與法爭其亂也甚於無法立君而
尊愚與君爭其亂也甚於無君故有道之國則私
善不行君立而愚者不尊民一於君事斷於法此

國之道也明君之督大臣緣身而責名緣名而責形緣形而責實臣懼其重誅之至於不敢行其私矣

心欲安靜慮欲深遠心安靜則神策生慮深遠則計謀成心不欲躁慮不欲淺心躁則精神滑慮淺則百事傾

治世之禮簡而易行亂世之禮煩而難遵上古之樂質而不悲當今之樂邪而爲淫上古之民質而敦朴今世之民詐而多行上古象刑而民不犯教有墨劓不以爲耻斯民所以亂多治少也堯置敢

諫之鼓舜立誹謗之木湯有司直之人武有戒慎
之銘此四君子者聖人也而猶若此之勤至于栗
陸氏殺東里子宿沙氏戮箕文桀誅龍逢紂刳比
干四主者亂君故其疾賢若仇是以賢愚之相覺
若百丈之谿與萬仞之山若九地之下與重天之
顛
明君之御民若御奔而無轡履冰而負重親而踈
之踈而親之故畏儉則福生驕奢則禍起聖人逍
遥一世罕匹萬物之形寂然無鞭朴之罰莫然無
呪咤之聲而家給人足天下太平視昭昭知冥冥

推未運覩未然故神而不可見幽而不可見此之謂也

君人者不能自專而好任下則智日困而數日窮迫於下則不能申行隨於國則不能持知不足以爲治威不足以行誅無以與下交矣故喜而使賞不必當功怒而使誅不必值罪不慎喜怒誅賞從其意而欲委任臣下故亡國相繼殺君不絕古人有言衆口鑠金三人成虎不可不察也

夫人情發言欲勝舉事欲成故明者不以其短疾人之長不以其拙病人之工言有善者則而賞之

言有非者顯而罰之塞邪枉之路蕩淫辭之端臣
下閉之左右結舌可謂明君爲善者君與之賞爲
惡者君與之罰因其所以來而報之循其所以進
而答之聖人因之故能用之因之循理故能長久
今之爲無堯舜之才而慕堯舜之治故終顛殞乎
混冥之中而事不覺於昭明之術是以虛慕欲治
之名無益亂世之理也
患生於官成病始於少瘳禍生於懈慢孝衰於妻
子此四者慎終如始也富必給貧壯必給老快情
恣欲必多後悔故曰尊貴無以高人聰明無以寵

人資給無以先人剛勇無以勝人能履行此可以為天下君

夫謀莫難於必聽事莫難於必成成必合於數聽必合於情故抱薪加火爍者必先燃平地注水濕者必先濡故曰動之以其類安有不應者獨行之術也

明君立法之後中程者賞缺繩者誅此之謂君曰亂君國曰亡國

智者寂於是非故善惡有別明者寂於去就故進退無類若智不能察是非明不能審去就斯非虛

妄

目貴明耳貴聰心貴公以天下之目視則無不見以天下之耳聽則無不聞以天下之智慮則無不知得此三術則存於不爲也

手稾本鄧析子一卷

鄧析子

崇文總目鄧析子戰國時人漢志二篇初析著書四篇

劉歆有目有一篇凡五歆復校爲二篇

中鄧析書四篇臣叙書一篇凡中外書五篇以相校除復重爲一篇皆定殺而書可繕寫也鄧析者鄭人也好刑名操兩可之說設無窮之辭當子產之世數難子產之法記或云子產起而戮之於春秋左氏傳昭公二十年而子產卒子太叔嗣爲政定公八年太叔卒駟歂嗣爲政明年乃殺鄧析而用其竹刑君子謂子歂於是乎不忠苟有可以加於國家棄其邪可也靜女之三章取

形管焉竿旄何以告之取其忠也故用其道不棄其人詩之蔽芾甘棠勿剪勿伐召伯所茇思其人猶愛其樹也況用其道不恤其人乎然無以勸能矣竹刑簡法也久遠世無其書子產卒後二十年而鄧析死傳說或稱子產誅鄧析非也其論無厚者言之異同與公孫龍同類謹第上

晁氏曰析之學蓋兼名法家也其大旨訐而 刻其間時剿取他書頗駁雜不倫豈後人附益之與

鄧析子　　　名家一

無厚篇

天於人無厚也君於民無厚也父於子無厚也兄於弟無厚也何以言之天不能屏勃厲之氣全夭折之人使爲善之民必壽此於民無厚也凡民有穿窬爲盜者有詐僞相迷者此皆生於不足起於貧窮而君必執法誅之此於民無厚也堯舜位爲天子而丹朱商均爲布衣此於子無厚也周公誅管蔡此於弟無厚也推此言之何厚之有

循名責實君之事也奉法宣令臣之職也下不得自擅

上操其柄而不理者未之有也君有三累臣有四責何謂三累惟親所信一累以名取士二累近故親疎三累何謂四責受重賞而無功一責居大位而不治二責理官而不平三責御軍陣而奔北四責君無三累臣無四責可以安國

勢者君之輿威者君之策臣者君之馬民者君之輪勢固則輿安威定則策勁臣順則馬良民和則輪利爲國失此必有覆車奔馬折輪敗載之患安得不危

異同之不可別是非之不可定白黑之不可分清濁之不可理久矣誠聽能聞於無聲視能見於無形計能規

於未兆慮能防於未然斯無他也不以耳聽則通於無聲矣不以目視則照於無形矣不以心計則達於無兆矣不以知慮則合於未然矣君者藏形匿影群下無私掩目塞耳萬民恐震

循名責實察法立威是明王也夫明於形者分不遇於事察於動者用不失則利故明君審一萬物自定名不可以外務智不可以從他求諸已之謂也

治世位不可越職不可亂百官有司各務其刑上循名以督實下奉教而不違所美觀其所終所惡計其所窮喜不以賞怒不以罰可謂治世

夫負重者患塗遠據貴者憂民離負重塗遠者身疲而無功在上離民者雖勞而不治故智者量塗而後負明君視民而出政

獵熊虎者不於外國釣鯨鯢者不居清池何則國非熊虎之窟也池非鯨鯢之泉也楚之不泝流陳之不束麾長盧之不士呂子之蒙耻

夫游而不見敬不恭也居而不見愛不仁也言而不見用不信也求而不能得無始也謀而不見喜無理也計而不見從遺道也因勢而發譽則行等而名殊人齊而得時則力敵而功倍其所以然者乘勢之在外推辯說

非所聽也虛言向非所應也無益亂非舉也故談者別殊類使不相害序異端使不相亂諭志通意非務相乖也若飾詞以相亂匿詞以相　移非古之辯也

慮不先定不可以應卒兵不閑習不可以當敵廟筭千里帷幄之奇百戰百勝黃帝之師

死生自命貧富自時怨天折者不知命也怨貧賤者不知時也故臨難不懼知天命也貧窮無懾達時序也凶饑之歲父死於室子死於戶而不相怨者無所顧也同舟渡海中流遇風救患若一所憂同也張羅而畋唱和不差者其利等也故體痛者口不能不呼心悅者顏不

能不笑責疲者以舉千鈞責兀者以及走兔驅逸足於
庭求猨捷於檻斯逆理而求之猶倒裳而索領
事有遠而親近而疎就而不用去而反求凡此四行明
主大憂也
夫水濁則無掉尾之魚政苛則無逸樂之士故令煩則
民詐政擾則民不定不治其本而務其末譬如拯溺錘
之以石救火投之以薪
夫達道者無知之道也無能之道也是知大道不知而
中不能而成無有而足守虛責實而萬事畢忠言於不
忠義生於不義音而不收謂之放言出而不督謂之闇

故見其象致其形循其理正其名得其端知其情若此何往不復何事不成有物者意也無外者德也有人者行也無人者道也故德非所履處非所處則失道非其道不道則諂意無賢慮無忠行無道言虛如受實萬事畢

夫言榮不若辱非誠辭也得不若失非實談也不進則退不喜則憂不得則亡此世人之常真人危斯十者而爲一矣所謂大辯者別天下之行具天下之物選善退惡時措其宜而功立德至矣小辯則不然別言異道以言相射以行相伐使民不知其要無他故焉故淺知也

君子并物而錯之兼塗而用之五味未嘗而辨於口五行在身而布於人故何方之道不從面從之義不行治亂之法不用惔然寬裕蕩然簡易略而無失精詳入纖微也

夫舟浮於水車轉於陸此自然道也有不治者知不豫焉

夫木擊折轊水戾破舟不怨木石而罪巧拙故不載焉

故有知則惑 有心則嶮有目則眩是以規矩一而不易不爲秦楚緩節不爲胡越改容一而不邪方行而不流一日形之萬世傳之無爲爲之也

夫自見之明借人見之闇也自聞之聰借人聞之聾也明君知此則去就之分定矣爲君當若冬日之陽夏日之陰萬物自歸莫之使也恬卧而功自成優游而政自治豈在振目搤腕手據鞭朴而後爲治歟

夫合事有不合者知與未知也合而不結者陽親而陰踈故遠而親者志相應也近而踈者志不合也就而不用者策不得也去而反求者無違行也近而不御者心相乖也遠而相思者合其謀也故明君擇人不可不審士之進趣亦不可不詳

轉辭篇

世間悲哀喜樂嗔怒憂愁久惑於此今轉之在巳爲哀在他爲悲在巳爲樂在他爲喜在巳爲嗔在他爲怒在巳爲愁在他爲憂在巳若扶之與攜謝之與議故之與右諸之與巳相去千里也夫言之術與智者言依於博與博者言依於辯與辯者言依於安與貴者言依於勢與富者言依於豪與貧者言依於利與勇者言依於敢與愚者言依於說此言之術也不用在早圖不窮在早豫非所宜言勿言非所宜爲勿爲以避其危非所宜取勿取以避其咎非所宜爭勿爭以避其聲一聲而非駟馬勿追一言而急駟馬不及故惡言不出口苟語不留

耳此謂君子也

夫任臣之法闇則不任也慧則不從也仁則不親也勇則不近也信則不信也不以人用人故謂之神怒出於不怒爲出於不爲視於無有則得其所見聽於無聲則得其所聞故無形者有形之本無聲者有聲之母循名責實實之極也按實定名名之極也參以相平轉而相成故得之形名

夫川竭而谷虛丘夷而淵實聖人以死大盜不起天下平而故也聖人不死大盜不止何以知其然爲之斗斛而量之則并斗斛而均之爲之權衡以平之則并與權

衡而竊之爲之符璽以信之則并與符璽而竊之爲之仁義以教之則并仁義以竊之何以知其然彼竊財誅竊國者爲諸侯諸侯之門仁義存焉是非竊仁義邪故遂於大盜覇諸侯此重利也盜跖所不可禁者乃聖人之罪也欲之與惡善之與惡四者變之失恭之與儉敬之與傲四者失之脩故善素朴任惔憂而無失未有脩焉此德之永也言有信而不爲信言有善而不爲善者不可不察也

夫治之法莫大於私不行功莫大於使民不爭今也立法而行私與法爭其亂也甚於無法立君而尊愚與君

爭其亂也甚於無君故有道之國則私善不行君立而愚者不尊民一於君事斷於法此國之道也明君之督大臣緣身而責名緣名而責形緣形而責實臣懼其重誅之至於是不敢行其私矣

心欲安靜慮欲深遠心安靜則神策生慮深遠則計謀成心不欲躁慮不欲淺心躁則精神滑慮淺則百事傾治世之禮簡而易行亂世之禮煩而難遵上古之樂質而不悲當今之樂邪而爲淫上古之民質而敦朴今世之民詐而多行上古象刑而民不犯教有墨劓不以爲耻斯民所以亂多治少也堯置敢諫之鼓舜立誹謗之

木湯有司直之人武有戒慎之銘此四君子者聖人也
而猶若此之勤至于栗陸氏殺東里子宿沙氏戮箕文
桀誅龍逢紂刳比干四主者亂君故其疾賢若仇是以
賢愚之相覺若百丈之谿與萬仞之山若九地之下與
重山之顛
明君之御民若御奔而無轡履冰而負重親而踈之踈
而親之故畏儉則福生驕奢則禍起聖人逍遙一世罕
匹萬物之形寂然無鞭朴之罰莫然無叱咤之聲而家
給人足天下太平視昭昭知冥冥推未運觀未然故神
而不可見幽而不可見此之謂也

君人者不能自專而好任下則智日困而數日窮迫於下則不能申行隨於國則不能持知不足以爲治威不足以行誅無以與下交矣故喜而使賞不必當功怒而使誅不必值罪不愼喜怒誅賞從其意而欲委任臣下故亡國相繼殺君不絕古人有言衆口鑠金三人成虎不可不察也

夫人情發言欲勝舉事欲成故明者不以其短疾人之長不以其拙病人之工言有善者則而賞之言有非者顯而罰之塞邪枉之路蕩淫辭之端臣下閉之左右結舌可謂明君爲善者君與之賞爲惡者君與之罰因其

所以来而報之循其所以進而答之聖人因之故能用之因之循理故能長久今之爲君無堯舜之才而慕堯舜之治故終顛殞乎混冥之中而事不覺於昭明之術是以虛慕欲治之名無益亂世之理也

患生於官成病始於少瘳禍生於懈慢孝衰於妻子此四者慎終如始也富必給貧壯必給老快情恣欲必多侈悔故曰尊貴無以高人聰明無以寵人資給無以先人剛勇無以勝人能履行此可以爲天下君

夫謀莫難於必聽事莫難於必成成必合於數聽必合於情故抱薪加火爍者必先燃平地注水濕者必先濡

故曰動之以其類安有不應者獨行之術也
明君立法之後中程者賞缺繩者誅此之謂君曰亂君
國曰亡國
智者寂於是非故善惡有別明者寂於去就故進退無
類若智不能察是非明不能審去就斯謂虛妄
目貴明耳貴聰心貴公以天下之目視則無不見以天
下之耳聽則無不聞以天下之智慮則無不知得此三
術則存於不爲也

鄧析子 終

指海本鄧析子一卷

原序

中鄧析書四篇臣敘書一篇凡中外書五篇以相校除復重為一篇。漢志作二篇與今本合此一字誤皆定殺而書可繕寫也。殺下脫青字鄧析者鄭人也好刑名操兩可之說設無窮之詞當子產之世數難子產之法記或曰子產起而戮之于春秋左氏傳昭公二十年而子產卒子太叔嗣為政定公八年太叔卒駟歂嗣為政明年乃殺鄧析而用其竹刑君子謂駟歂于是乎不忠苟有可以加于國家棄其邪可也靜女之三章取彤管焉竿旄何以告之取其忠也故用其道不棄其人詩之。（當依傳文作云）蔽芾甘棠勿翦勿伐召伯所茇思其人猶愛其樹也況用其道不恤其人乎然無以勸能矣竹刑簡法也久遠世無其書子產卒後二十年而鄧析死傳說或稱子產誅鄧析非也其論無厚者言之異同與公孫龍同類謹上

鄧析子　指海第七集

周　鄧析　撰

無厚篇

天于人無厚也君于民無厚也父于子無厚也兄于弟無厚也何以言之天不能屏勃厲之氣令夭折之人更生。源本令作全無更生二字依文選安陸昭王碑注引此文補正使爲善之民必壽此于民無厚也凡民有穿窬爲盜者有詐僞相迷者此皆生于不足起于貧窮而君必執法誅之此于民無厚也堯舜位爲天子而丹朱商均爲布衣此于子無厚也

推此言之何厚之有
循名責實君之事也奉法宣令臣之職也下不得自擅上操其柄而不理者未之有也君有三累臣有四責何謂三累惟親所信一累也○也字依御覽六百二十補下並同以名取士二累也近故親疏○此二字御覽倒三累也何謂四責受重賞而無功一責也居大位而不治二責也為理官而不平○為字依意林補御覽作為理而不平三責也御軍陣而奔北○意林御作在四責也君無三累臣無四責可以安國○御覽作可謂安國家也
勢者君之輿威者君之策臣者君之馬民者君之輪勢

固則與安威定則策勁臣順則馬良。意林良作馴民和則輪利爲國失此。意林作治國者失此必有覆車奔馬折策敗輪之患。原作折輪敗載依意林改安得不危。此句意林作輪敗策折馬奔輿覆則載者亦傾矣十四字

異同之不可別是非之不可定白黑之不可分清濁之不可理久矣誠聽能聞于無聲視能見于無形計能規于未兆慮能防于未然斯無他也不以耳聽則通于無聲矣不以目視則照於無形矣不以心計則達于無兆矣不以知慮則合于未然矣爲君者。爲字依御覽六百二十補藏

形匿影。〔御覽藏作滅〕羣下無私掩目塞耳萬民恐震

循名責實案法立成。〔原作察法立威依御覽六百二十改又御覽引此文與上條末兩句相屬則宋初本尚不分段也〕是明王也。〔御覽作是諸明主〕夫明于形者分不

遇于事察于動者用不失于利故明君審一萬物自定

名不可以外務智不可以從他求諸已之謂也

治世位不可越職不可亂百官有司各務其刑上循名

以督實下奉教而不違所美觀其所終所惡計其所窮

喜不以賞怒不以罰可謂治世

夫負重者患塗遠據貴者憂民離。〔一本憂作患〕負重塗遠者

身疲而無功在上離民者雖勞而不治故智者量塗而後負明君視民而出政

獵羆虎者不于外圂。御覽九百三十八作獵猛虎者不於後園釣鯨鯢者不于清池何則圂非羆虎之窟也池非鯨鯢之泉也。御覽作園非虎處池非鯨淵蓋約其文也此淵作泉則避唐諱楚之不泝流陳之不束麾長盧之不士呂子之蒙恥

夫遊而不見敬不恭也居而不見愛不仁也言而不見用不信也求而不能得無始也謀而不見喜無理也計而不見從遺道也因勢而發譽則行等而名殊人齊而

得時則力敵而功倍其所以然者乘勢之在外推辯說非所聽也虛言向非所應也無益亂非舉也故談者別殊類使不相害序異端使不相亂諭志通意非務相乖也若飾詞以相亂匿詞以相移非古之辯也

慮不先定不可以應卒兵不閑習○（意林作預整）不可以當敵

廟算千里帷幄之奇百戰百勝黃帝之師

死生自命貧富自時怨夭折者不知命也怨貧賤者不知時也故臨難不懼○（一本難作敵）知天命也貧窮無懾達時序也凶飢之歲父死于室子死于戶而不相怨者無所

顧也同舟渡海。意林作同船涉海又書鈔百三十七藝文七十一御覽七百六十八並作涉惟文選王仲宣贈文叔良詩注引作渡與今本同中流遇風救患若一所憂同也。一本憂作患張羅而畋唱和不差者其利等也。意林等作同故體痛者口不能不呼。意林痛作病心悅者顏不能不笑責瘠者以舉千鈞。瘠原作瘦依御覽六百六十六改督跛者以及走兎。督跛者原作責兀者依御覽改驅逸足于庭。御覽逸足作騏驥求猨捷于檻斯逆理而求之猶倒裳而索領。御覽作猶倒裳以索領也事有遠而親近而疏就而不用去而反求凡此四行明主大憂也夫水濁則無掉尾之魚政苛則無逸樂之士故命順則民詐政擾則民不定不治其本而務其末譬如拯溺而硾之以石救火而投之以薪。原脫兩而字又硾作錘依藝文八十御覽五十二補正又御覽知作猶

夫達道者無知之道也無能之道也是知大道不知而中不能而成無有而足守虛責實而萬事畢忠言于不忠義生于不義音而不收謂之放言出而不督謂之闇故見其象致其形循其理正其名得其端知其情若此何往不復何事不成有物者意也無外者德也有人者

行也無人者道也故德非所履處非所處則失道非其道不道則諂意無賢慮無忠行無道言虛如受實萬事畢

夫言榮不若辱非誠詞也得不若失非實談也不進則退不喜則憂不得則亡此世人之常眞人危斯十者而爲一矣所謂大辯者別天下之行具天下之物選善退惡時措其宜而功立德至矣小辯則不然別言異道以言相射以行相伐使民不知其要無他故焉故知淺也

○一本知淺二字倒

君子并物而錯之兼塗而用之五味未嘗而

辨于口五行在身而布于人故何方之道不從面從之義不行治亂之法不用惔然寬裕蕩然簡易略而無失精詳入纖微也

夫舟浮于水十。御覽七百六十八浮作行車轉于陸此勢自然者也。原作此自然道也依御覽改與淮南主術訓合有不治者知不豫焉

夫木擊折轊水戾破舟不怨木石而罪巧拙故不載焉故有知則惑有心則嶮有目則眩是以規矩一而不易不爲秦楚緩節。淮南主術訓作變節不爲胡越改容。一本胡作吳一而不邪方行而不流一日形之萬世傳之無爲爲之也

夫自見之明。意林之作則下三句同借人見之闇也自聞之聰借人聞之聾也明君知此則去就之分定矣爲君者。原脫者字依文選褚淵碑注御覽四又六百二十補當若冬日之陽夏日之陰萬物自歸。御覽四又六百二十並作歸之莫之使也恬臥而功自成。御覽六百二十恬作偃優游而政自治豈在振目搤腕手操鞭朴。操原作據依御覽二十七改而後爲治與

夫合事有不合者知與未知也合而不結者陽親而陰疏故遠而親者志相應也。志原作忘依文選曹子建贈白馬王詩注改近而疏者志不合也。此忘字亦誤鬼谷子內揵篇作志就而不用者策不得

也去而反求者無違行也近而不御者心相乖也遠而相思者合其謀也故明君擇人不可不審士之進趣亦不可不詳

轉辭篇

世間悲哀喜樂嗔怒憂愁久惑于此今轉之在已爲哀在他爲悲在已爲樂在他爲喜在已爲嗔在他爲怒在已爲愁在他爲憂在已若扶之與攜謝之與議。淮南說林訓作義故之與右。淮南作先諸之與已相去千里也夫言之術與智者言依于博與博者言依于辯與辯者言依于要

○原作安依鬼谷子權篇改與貴者言依于勢與富者言依于豪與貧者言依于利與勇者言依于敢與愚者言依于說○鬼谷子作說此言之說也不用在早圖不窮在早稼非所宜言勿言○此下脫一句非所宜爲勿爲以避其危非所宜取勿取以避其咎非所宜爭勿爭以避其声一言而非○言原作声依意林改與文選竟陵文宣王行狀注合駟馬不能追○原作駟馬勿追依意林文選注藝文十九御覽三百九十改一言而急駟馬不能及○原脫能字依意林文選注藝文御覽補故惡言不出口苟語不留耳○藝文作苛聲不入耳此謂君子也夫任臣之法闇則不任也慧則不從也仁則不親也勇

則不近也信則不信也不以人用人故謂之神怒出于不怒爲出于不爲視于無有則得其所見聽于無聲則得其所聞故無形者有形之本無聲者有聲之毋循名責實實之極也按實定名名之極也參以相平轉而相成故得之形名

夫川竭而谷虛邱夷而淵實聖人以死大盜不起天下平而無故也○原脫無字依莊子胠篋篇補聖人不死大盜不止何以知其然爲之斗斛而量之則并與斗斛而竊之爲之權衡以平之則并與權衡而竊之爲之符璽以信之則并

與符璽而竊竊之爲之仁義以教之則并與仁義而竊之何以知其然彼竊財者誅竊國者爲諸侯諸侯之門仁義存焉是非竊仁義耶故遂于大盜霸諸侯此重利也盜跖所不可禁者。莊子云此重利盜跖而使不可禁者乃聖人之罪也欲之與惡善之與惡四者變之失恭之與儉敬之與傲四者失之修故善素朴任惔憂而無失未有修焉此德之永也言有信而不爲信言有善而不爲善者不可不察也

夫治之法莫大于私不行君之功莫大于使民不爭。原

脫君之二字依慎子補今慎子無此文見藝文五十四御覽六百三十八令也立法而行私與法爭其亂也甚于無法立君而尊賢。原作爭愚依慎子逸文改與君爭其亂也甚于無君故有道之國法立則私善不行。原脫法立二字依慎子逸文補君立而賢者不尊。賢原作愚依慎子逸文改民一于君事斷于法此國之道也明君之督大臣緣身而責名緣名而責形緣形而責實臣慎其重誅之至于是不敢行其私矣

心欲安靜慮欲深遠心安靜則神策生。神原作心繹史作神與鬼谷子本經篇合慮深遠則計謀成心不欲躁慮不欲淺心躁則

精神滑慮淺則百事傾治世之禮簡而易行亂世之禮煩而難遵上古之樂質而不悲當今之樂邪而爲淫上古之民質而敦朴今世之民詐而多行上古象刑而民不犯教今墨劓不以爲恥斯民所以亂多治少也堯置敢諫之鼓。（文選策秀才文注御覽七十七敢並作欲）舜立誹謗之木湯有司直之人武有戒愼之銘此四君者。（四君下原衍子字依御覽改）聖人也而猶若此之勤至于栗陸氏殺東里子宿沙氏戮箕文。（御覽四百九十二作宿沙君）桀誅龍逢紂刳比干四主者。（御覽七十七作此四君者）亂君故其疾賢若仇是以賢愚之相覺覽。（御覽作谿二字古通若百丈之谿與萬仞之山若九地之下與重天之巔。天原作山依文選西征賦注漢高祖功臣頌注御覽七十七改明君之御民若御奔而無轡。御覽六十八作乘奔而去轡又藝文九文選東京賦注王元長曲水詩注並作乘奔履冰而負重。意林作負重而履水檢文選注御覽所引與今本同親而疏之疏而親之故畏儉則福生驕奢則禍起聖人逍遙一世之間宰匠萬物之形。原脫之間二字宰匠作宰匹並依文選南州桓公九井詩注宣德皇后令注策秀才文注三國名臣序贊注補正寂然無鞭朴之罰漠然無叱咤之聲而家給人足天下太平視昭昭知冥冥推未運覩未然故神而不可見幽而不可見此之

謂也

君人者不能自專而好任下則智日困而數日窮迫于下則不能申行隨于國則不能持知不足以爲治威不足以行誅無以與下交矣故喜而便賞。便原作使依意林改下句同不必當功怒而便誅不必値罪不愼喜怒誅賞從其意而欲委任臣下故亡國相繼弒君不絕弒。一本作殺古人有言衆口鑠金三人成虎不可不察也

夫人情發言欲勝舉事欲成故明者不以其短疾人之長不以其拙病人之工言有善者則而賞之言有非者

顯而罰之。一本罰作戮塞枉邪之路。一本枉邪二字倒蕩淫辭之端臣下閉口。原作閉之依慎子改今慎子無此文見文選謝平原內史表注左右結舌可謂明君爲善者君與之賞爲惡者君與之罰因其所以來而報之循其所以進而答之聖人因之故能用之用之循理故能長久今之爲君無堯舜之才而慕堯舜之治故終顛殞乎混冥之中而事不覺于昭明之術是以虛慕欲仕之名無益亂世之理也

忠怠于宦成。原作患生于宦成依意林改病始于少瘳禍生于懈慢孝衰于妻子此四者慎終如始也富必給貧壯必給老

快情恣欲必多侈侮故日尊貴無以高人聰明無以寵人資給無以先人剛勇無以勝人能履行此可以爲天下君

夫謀莫難于必聽事莫難于必成成必合于數聽必合于情故抱薪加火爍者必先燃。爍原作爍依藝文八十改又藝文加作爇燃作著平地注水濕者必先濡故日動之以其類安有不照者獨行之術也

明君立法之後中程者賞缺絕者誅。此下有脫簡此之謂君日亂君國日亡國

智者寂于是非故善惡有別明者寂于去就故進退無
類若智不能是非明不能審去就斯謂虛妄
目貴明耳貴聰心貴公以天下之目視則無不見以天
下之耳聽則無不聞以天下之智慮則無不知得此三
術則存于不爲也

鄧析子終

皇清道光十九年歲次己亥金山錢熙祚錫之甫校梓

鄧析子治要

張文治 撰

民國十九年（1930）上海文明書局排印《諸子治要》本

鄧析

鄭人。與子產同時。荀子詆其治怪說。玩琦辭。與惠施爲類。漢志名家有其書。隋志同。清四庫子部刪名家。改入雜家。提要謂其說在申韓黃老之間。大旨謂勢統於尊。事核於實。書凡二篇。

無厚　節錄

天於人無厚也。君於民無厚也。父於子無厚也。兄於弟無厚也。何以言之。天不能屏勃厲之氣。全天折之人。使爲善之民必壽。此於民無厚也。凡民有穿窬爲盜者。有詐僞相迷者。此皆生於不足。起於貧窮。而君必執法誅之。此於民無厚也。堯舜位爲天子。而丹朱商均爲布衣。此於子無厚也。周公誅管蔡。此於弟無厚也。推此言之。何厚之有。

循名責實。君之事也。奉法宣令。臣之職也。下不得自擅。上操其柄。而不理者。未之有也。君有三累。臣有四責。何謂三累。惟親所信。一累。以名取士。二累。近故親疏。三累。何謂四責。受重賞而無功。一責。居大位而不治。二責。理官而不平。三責。御軍陣而奔北。四責。君無三累。臣無四責。可以安國。

勢者。君之輿。威者。君之策。臣者。君之馬。民者。君之輪。勢固則輿安。威定則策勁。臣順則馬良。民和則輪利。爲國失此。必有覆車奔馬折輪敗載之患。安得不危。異同之不可別。是非之不可定。白黑之不可分。清濁之不可理。久矣。誠聽能聞於無聲。視能見於無形。計能規於未兆。慮能防於未然。斯無他也。不以耳聽。則通於無聲矣。不以目視。則照於無形矣。不以心計。則達於無兆矣。不以知慮。則合於未然矣。君者藏形匿影。羣下無私。掩目塞耳。萬民恐震。治世位不可越。職不可亂。百官有司。各務其刑。上循名以督實。下奉敎而不違。所美觀其所終。所惡計其所窮。喜不以賞。怒不以罰。可謂治世。

游而不見敬。不恭也。居而不見愛。不仁也。言而不見用。不信也。求而不能得。無始也。謀而不見喜。無理也。計而不見從。遺道也。因勢而發譽。則行等而名殊。人齊而得時。則力敵而功倍。死生自命。貧富自時。怨夭折者。不知命也。怨貧賤者。不知時也。故臨難不懼。知天命也。貧窮無懾。達時序也。凶饑之歲。父死於室。子死於戶。而不相怨者。無所顧也。同舟渡海。中流遇風。救患若一。所憂同也。張羅而畋。唱和不差者。其利等也。故體痛者。口不能不呼。心悅者。顏不能不笑。責疲者以舉千鈞。責兀者以及走兔。驅逸足於庭。求猨捷於檻。斯逆理而求之。猶倒裳而索領。

夫水濁則無掉尾之魚。政苛則無逸樂之士。故令煩則民詐。政擾則民不定。不治其本而務其末。譬如拯溺錘之以石。救火投之以薪。

夫達道者。無知之道也。無能之道也。是知大道不知而中。不能而成。無有而足。守虛責實而萬事畢。忠言於不忠。義生於不義。音而不收。謂之放。言出而不督。謂之闇。故見其象。致其形。循其理。正其名。得其端。知其情。若此何往不復。何事不成。有物者意也。無外者德也。有人者行也。無人者道也。故德非所履。處非所處。則失道。非其道。不道則諂意。無賢慮。無忠行。無道言。虛如受實。萬事畢。

夫木擊折轊。水戾破舟。不怨木石而罪巧拙。故不載焉。故有知則惑。有心則嶮。有目則眩。是以規矩一而不易。不爲秦楚緩節。不爲胡越改容。一而不邪。方行而不流。一日形之。萬世傳之。無爲爲之也。

轉辭 節錄

夫任臣之法闇則不任也。慧則不從也。仁則不親也。勇則不近也。信則不信也。不以人用人。故謂之神。怒出於不怒。爲出於不爲。視於無有則得其所見。聽於無聲則得其所聞。故無形者有形之本。無聲者有聲之母。循名責實。實之極也。按實定名。名之極也。參以相平。轉而相成。故得之形名。

夫治之法莫大於私不行。功莫大於使民不爭。今也立法而行私。與法爭。其亂也甚於無法。立君而爭愚。與君爭。其亂也甚於無君。故有道之國。則私善不行。君立而愚者不尊。民一於君。事斷於法。此國之道也。明君之督大臣。緣身而責名。緣名而責形。緣形而責實。臣懼其重誅之至。於是不敢行其私矣。

心欲安靜。慮欲深遠。心安靜則心策生。慮深遠則計謀成。心不欲躁。慮不欲淺。心躁則精神滑。慮淺則百事傾。治世之禮簡而易行。亂世之禮煩而難遵。上古之樂質而不悲。當今之樂邪而爲淫。上古之民質而敦朴。今世之民詐而多行。

明君之御民。若御奔而無轡。履冰而負重。親而疏之。疏而親之。故畏檢則福生。驕奢則禍起。

聖人逍遙一世。罕匹萬物之形。寂然無鞭朴之罰。莫然無叱咤之聲。而家給人足。天下太平。視昭昭。知冥冥。推未運。覩未然。故神而不可見。幽而不可見。此之謂也。

君人者。不能自專而好任下。則智日困。而數日窮。迫於下。則不能申。行隨於國。則不能持。知不足以爲治。威不足以行誅。無以與下交矣。故喜而使賞。不必當功。怒而使誅。不必值罪。不愼喜怒。誅賞從其意。而欲委任臣下。故亡國相繼。殺君不絕。古人有言。衆口鑠金。三人成虎。不可不察也。

患生於官成。病始於少瘳。禍生於懈慢。孝衰於妻子。此四者。愼終如始也。富必給貧。壯必給老。快情恣欲。必多侈侮。故曰。尊貴無以高人。聰明無以籠人。資給無以先人。剛勇無以勝人。能履行此。可以爲天下君。

夫謀莫難於必聽。事莫難於必成。成必合於數。聽必合於情。故抱薪加火。爍者必先燃。平地注水。溼者必先濡。故曰。動之以其類。安有不應者。獨行之術也。

目貴明。耳貴聰。心貴公。以天下之目視。則無不見。以天下之耳聽。則無不聞。以天下之智慮。則無不知。得此三術。則存於不爲也。

錢基博 撰

鄧析子校讀記一卷

民國二十年（1931）油印本《名家四子校讀記》

指海本鄧析子校讀記

錢基博稿

原序

校 君子謂騶歎于是乎不忠 涵芬樓景印江南圖書館藏明初刊本騶歟作子歟 謹

勘 上 明初刊本上作第一

無厚篇

校 天不能屏勃厲之氣令夭折之人更生 明初刊本馬驌繹史引及湖北崇文

勘 官書局刻百子全書本令作全未無更生二字此依文選安陸昭王碑注引此文補正然照原文辭氣亦順從疑文選注引係別本

此于子無厚也惟此言之 明初刊本繹史引百子全書本此于子無厚也句下有周公誅管蔡此於弟無厚也兩句然後接惟此言之句此脫

循名責實 唐馬總意林循作修原注葉方菘卿校韓昌黎集云唐人書修以循故修循通用不別

惟親所信一累也以名取士二累也近故親疏三累也 明初刊本百子全書本無也字又意林親疏作疏親此依御覽補也字

受重賞而無功一責也居大位而不治

二責也為理官而不平三責也御軍陣而奔北四責也明初刊本百子全書本無四也字又為理官之為字亦無此依御覽補也字依意林補為字 臣順則馬良意林良作馴按說文馬部馴馬順也與臣順意應當依改 必有覆車奔馬折策敗輪之患明初刊本百子全書本折策敗輪作輪敗轍此依意林改取與章首勢者君之輿威者君之策臣者君之馬民者君之輪四句照應 安得不危此句意林作輪敗策折馬奔輿覆則載者亦傾矣承上必有句轄下亦與 為君者藏形匿影明初刊本百子全書本無為字此依章首四句呼應一氣當依改

御覽補

緊法立成明初刊本百子全書本作察法立威此依御覽改是明王也百子全書本王作主

察于勤者用不失于利明初刊本百子全書本第二于字作則下奉教而不違明初刊本違作違形近而譌

鈞鯨鯢者不于清池明初刊本鈞作鉤形近而譌于作於音近而譌繹史引于亦作於

諭志通意百子全書本諭作論形近而譌兵不閑習閑習意林作類整同舟渡海意林舟作船渡作涉

張羅而畋意林而作之拔骭痛者口不能不呼意林痛作病呼作嘑

心悦者顔不能不笑意林能作得責瘠者以舉千鈞督蹝者以及走兔明初刊本繹史引百子全書本瘠作疲督蹝作責兀此依御覽改凡此四行明初刊本百子全書本凡作風形近而譌

譬如拯溺而硾之以石救火而投之以薪明初刊本百子全書本無而字此依藝文御覽增故知淺也明初刊本百子全書本知淺二字倒此勢自然者也明初刊本百子全書本作此自然道也此依御覽改

故有知則惑明初刊本惑字作感德感係惑之譌德字衍爲君者當若冬日

三

之陽明初刊本繹史引百子全書本無者字此依御覽補

手操鞭朴明初刊本繹史引百子全書本操作據此依御覽改

故遠而親者志相應也明初刊本百子全書本志作忘此依文選曹子建贈白馬王詩注改

提要

無厚天於人無厚也君於民無厚也、父於子無厚也、兄於弟無厚也、何以言之、天不能屏勃厲之氣、全夭折之人、使為之民必壽、此於民無厚也、凡民有穿窬為盜者、有詐偽相迷者、此皆生於不足、起於貧窮、而君必欲執法誅之、此於民無厚也、堯舜位為天子、而丹朱商均為布衣、此於子無厚也、周公誅管蔡、此於弟無厚也、推此言之、何厚之有

明王循名責實、君之事也、奉法宣令、臣之職也、

下不得自擅、上操其柄、而不理者、未之有也、循名責實、察法立威、是明王也、上循名以督實、下奉教而不違、所美觀其所終、所惡計其所窮、喜不以賞、怒不以罰、可謂治世

審一　夫水濁則無掉尾之魚、政苛則無逸樂之士、故令煩則民詐、政擾則民不定、故明君審一、萬物自定、不治其本而務其末、譬如拯溺而錘之以石、救火而投之以薪、為君者當若冬日之陽、夏日之陰、萬物自歸、莫之使也、恬卧而功自成、優游而政自治、豈在振目搤腕、手操鞭朴而後為治歟

達道　夫達道者、無知之道也、無能之道也、是知大道不知而中、不能而成、無有而足、守虛責實而萬事畢、忠言於不忠、義生於不義、音而不守謂之放、言出而不督謂之闇、故見其象、致其形、循其理、正其名、得其端、知其情、若此何往不復、何事不成、

大辯　辯說

非所聽也虛言向非所應也無益亂非舉也故談者別殊類使不相害序異端使不相亂諭志通意非務相乘也若飾詞以相亂匿辭以相移非古之辯也所謂大辯者別天下之行具天下之物選善退惡時稽其宜而功立德至矣小辯則不然別言異道以言相射以行相伐使民不知其要無他故焉故淺知也

轉辭篇

校 與辯者言依于要 明初刊本繹史引百子全書本要作安此依鬼谷子改然作安亦通安即老子大辯

勘之意此言之說也（明初刊本繹史引百子全書本說作術）一言而非駟馬不能追（明初刊本繹史引百子全書本言作聲不能作勿此依意林改）一言而急駟馬不能及（明初刊本繹史引百子全書本無能字此依意林增及意林原注一作反）天下平而無故也（明初刊本百子全書本脫無字此依莊子胠篋篇補）則并與斗斛而竊之（明初刊本百子全書本脫與字）則并與仁義而竊之（明初刊本百子全書本脫與字明初刊本而作以）彼竊財者誅（明初刊本百子全書本脫者字）盜跖所不可

禁者明初刊本百子全書本跡作䠶禁作禁形近而譌善之與惡明初刊本惡亦作善君之功莫大于使民不爭明初刊本百子全書本無君之二字此依藝文類聚太平御覽引慎子補其亂也甚于無法明初刊本法譌作私立君而尊賢與君爭明初刊本百子全書本賢譌作愚此依慎子逸文改君立而賢者不爭法立則私善不行明初刊本百子全書本脱法立二字此依慎子逸文補

明初刊本百子全書本賢譌作愚此依慎子逸文改除慎其重誅之至明初刊本百子全書本慎作懼心安

靜則神策生百子全書本神作心今墨翟不以爲恥明初刊本百子全書本今作有此四
君者聖人也明初刊本繹史引百子全書本君下有子字此依御覽删若九地之下與重天之巔
繹史引百子全書本天作山履冰而負重意林作負重而履冰故畏儉則福生百子全書本儉
作檢聖人逍遥一世之間宰匠萬物之形明初刊本百子全書本無子間兩字宰匠作宰匠此
依文選南州桓公九井詩宣德皇后令策秀才文三國名臣序贊諸注補正故喜而便賞不以當功怒而

便誅不必值罪明初刊本百子全書本兩便字皆作使此係意林改弑君不絕明初刊本百子全書本弑作殺塞枉邪之路明初刊本百子全書本枉邪二字倒臣下閉口明初刊本百子全書本閉口作閑之此係文選謝平原內史表注引慎子改用之循理明初刊本百子全書本作因令之為君無堯舜之才明初刊本脫君字忠息於官戒明初刊本百子全書本皆作忠生於官成此係意林改聰明無以籠人明初刊本籠作寵形近而譌燥者必先燃明初刊本百子全書本燥作爆此係藝文類聚改若智不能

是非 明初刊本百子全書本不能下有察字此脫

提要

不為 目貴明、耳貴聰、心貴公、以天下之目視、則無不見、以天下之耳聽、則無不聞、以天下之智慮、則無不知、得此三術、則存於不為也、怨出於不怨、為出於不為、視於無有、則得其所見、聽於無聲、則得其所聞、故無形者有形之本、無聲者有聲之母

形名 明君之督大臣、緣身而責名、緣名而責形、緣形而責實、臣慎其重誅之至、於是不敢行其私矣、循名責實、實之極也、按實定名、名之極也、參以相平、轉而相成、故得之形名、

法治 夫治之法、莫大於私不行、君之功、莫大於使民不爭、今也立法而行私、與法爭、其亂也甚

於無法立君而尊賢、與君爭、其亂也甚於無君、故有道之國、法立則私善不行、君立而賢者不尊、民一於君、事斷於法、此國之道也、

言術

夫言之術、與智者言依於博、與博者言依於辯、與辯者言依於要、與貴者言依於勢、與富者言依於豪、與貧者言依於利、與勇者言依於敢、與愚者言依於說、此言之術也、

鄧析子別傳

鄧析者、鄭人也、劉歆原序

洧水甚大、鄭之富人有溺者、人得其死者、富人請贖之、其人求金甚多、以告鄧析、鄧析曰、安之、人必莫之賣矣、得死者患之、以告鄧析、鄧析又答之曰、安之、此必無所更買矣。呂氏春秋審應覽離謂篇

鄧析操兩可之說、說無窮之辭、列子力命篇 然而有窮焉、

鄭之圃澤多賢、東里多才、圃澤之役有伯豐子者、行過東里、遇鄧析、鄧析顧其徒而笑曰、為若舞彼來者奚若、其徒曰、所願知也、鄧析謂伯豐子曰、汝知養養之義乎、受人養而不能自養者、犬豕之類也、養物而物為我用者、人之力也、使汝之徒食而飽、衣而息、執政之功也、長幼羣聚而為牢藉庖廚之物、奚異犬

豕之類乎。伯豐子不應、伯豐子之從者越次而進曰、大夫不聞齊
魯之多機乎、有善治土木者、有善治金革者、有善治聲樂者、
有善治書數者、有善治軍旅者、有善治宗廟者、羣才備也、
而無相位者、無能相使者、而位之者無知、使之者無能、而知之與
能為之使焉、執政者迺吾之所使、子奚矜焉、鄧析無以應、目其徒
而退、列子仲尼篇

衛有五丈夫俱負缶而入井、灌韭、終日一區、鄧析過、下車為教
之曰、為機、重其後、輕其前、命曰橋、終日溉韭百區不倦、五丈夫曰、
吾師言曰、有機智之巧、必有機智之敗、我非不知也、不欲為也、子其
往矣、我一心溉之、不知改已、鄧析去、行數十里、顏色不悅懌、自病、弟

子曰是何人也而恨我君請為君殺之鄧析曰釋之是我謂真人者也可令守國說苑反質篇

子產相鄭專國之政三年善者服其化惡者畏其禁鄭國以治諸侯憚之而有兄曰公孫朝有弟曰公孫穆朝好酒穆好色朝之室也聚酒千鍾積麴成封望門百步糟漿之氣逆於人鼻方其荒於酒也不知世道之安危人理之悔吝室內之有亡九族之親疏存亡之哀樂也雖水火兵刃交於前弗知也穆之後庭比房數千皆擇稚齒婑媠者以盈之方其耽於色屏親暱絕交游逃於後庭以晝足夜三月一出意猶未愜鄉有處子之娥姣者必賄而招之媒而挑之弗獲而後已子產日夜以為戚密造鄧析而謀之曰僑聞

二

治身以及家，治家以及國，此言自於近至於遠也。僑為國則治矣，而家則亂矣。其道逆耶？將奚方以救二子乎？子其詔之。鄧析曰：吾怪之久矣，未敢先言。子奚不時其治也，喻以性命之重，誘以禮義之尊乎？子產用鄧析之言，因閒以謁其兄弟而告之曰：人之所以貴於禽獸者，智慮。智慮之所將者，禮義。禮義成，則名位至矣。若觸情而動，耽於嗜欲，則性命危矣。子納僑之言，則朝自悔而夕食祿矣。朝、穆曰：吾知之久矣，擇之亦久矣，豈待若言而後識之哉？凡生之難遇而死之易及，以難遇之生，俟易及之死，可孰念哉？而欲尊禮義以夸人，矯情性以招名，吾以此為弗若死矣。為欲盡一生之歡，窮當年之樂，唯患腹溢而不得恣口之飲，力憊而不得肆情於色，不遑

憂名聲之醜、性命之危也、且若以治國之能夸物、欲以說辭亂我
之心、榮祿喜我之意、不亦鄙可憐哉、我又欲與若别之、夫善治
外者、物未必治而身交苦、善治内者、物未必亂而性交逸、以若之
治外、其法可暫行於一國、未合於人心、以我之治内、可推之於天下、
君臣之道息矣、吾嘗欲以此術而喻之、若若反以彼術而教我哉、
子產茫然無以應之、他日以告鄧析、鄧析曰、子與真人居而不知
也、孰謂子智者乎、鄭國之治偶耳、非子之功也、（列子楊朱篇）
當子產執政、鄧析作竹刑、鄭國用之、數難子產之治、（列子力命
篇）鄭國多相縣以書、子產令無縣書、鄧析致之、子產令無致書、
鄧析倚之、令無窮、則鄧析應之亦無窮矣、與民之有獄者約、大

獄一衣、小獄襦袴、民之獻衣襦袴而學訟者不可勝數、以非為是、以是為非、是非無度、而可與不可日變、所欲勝因勝、所欲罪因罪、鄭國大亂、民口讙譁、子產患之、於是殺鄧析而戮之、民心乃服、是非乃定、法律乃行、呂氏春秋審應覽離謂篇 傳鄧析書及篇、至漢哀帝時、侍中奉車都尉劉歆以相校、除復重為二篇、劉歆原序 其大旨主於勢統於尊、事覈於實、四庫全書提要 其究極於察法立威、而推本不為皆原於道德之意焉、

論曰、余讀左氏春秋傳、昭公二十年而子產卒、子太叔嗣為政、定公八年、太叔卒、駟歂嗣為政、明年乃殺鄧析而用其竹刑、君子謂子然於是不忠、用其道、不棄其人、詩云、蔽芾甘棠、勿翦勿伐、

召伯所茇、思其人、猶愛其樹、況用其道而不恤其人乎、子然、無以勸能矣、則是殺鄧析者子然也、非子産也、且子産之死、餘二十年矣、而諸子書之言鄧析者不一、皆以與子産連稱、何哉、信以傳信、疑以傳疑、春秋之慎也、謹次其事爲別傳、而正之於春秋左氏、庶幾多聞闕疑之指云爾、

後序

世傳鄧析子二篇、其中言天於人無厚、君於民無厚、父於子無厚、兄於弟無厚、勢者君之輿、威者君之策、則其旨同於申韓、言令煩則民詐、政擾則民不定、心欲安靜、慮欲深遠、則其旨同於黃老、籀其辭趣、亦不一揆、而要其歸、主於正辭以一辯、斷法以齊民、故曰辯說非所聽也、虛言向非所應也、無益亂非舉也、故談者別殊類使不相害、序異端使不相亂、諭志通意、非務相乖也、若飾詞以相亂、匿詞以相移、非古之辯也、此正辭以一辯也、又曰治之法莫大於私不行、君之功莫大於使民不爭、今也立法而行私與法爭、其亂也甚於無法、立君而尊賢與君爭、其亂也甚於無君、故

開首見刑名大要
古以為刑名要指
此段之言從形部
少古斟酌

有道之國、法立則私善不行、君立而賢者不尊、民一於君、事斷於法、此斷法以齊民也、由黄老而為申韓、鄧析寔笎其樞、蓋刑名之鼻祖也、大抵刑名之學、要在形名參同、刑者形也、著其事狀也、名者命也、命其事物也、管子七法名也句注 名者所以命事也 今按鄧析書曰、無形者有形之本、無聲者有聲之母、循名責實、實之極也、按實定名、名之極也、參以相平、轉而相成、故得之形名、此形名參同之説也、原不限於言刑法、而後世刑法圖籍之編纂、乃以此為幟、墨世傳唐律、清律、冠以名例、暫行民律刑律、弁以総則、命事物以定名、名之事也、鄧析書所謂按實定名、名之極也、唐律名例之後、次以衛禁、職制、戸婚、廐庫、擅興、賊盗、闘訟、詐譌、雜律、捕亡、斷獄等篇、清律名例之後、次以吏戶、禮、兵刑、工、諸律、而暫行民刑兩律、則總則之後、詳以分則、著事狀以論形、刑之事也、鄧析書所謂循名責實、實之極也、而推本言之、則曰無形者有形之本、無聲者有聲之母、太史公論道者所謂其術以虛無為本者也、此刑名所以原於道德也、荀子不苟篇曰、山淵平、天地比、齊秦襲、入乎耳、出乎口、鉤有須、卵有毛、是說之難持者也、而惠施鄧析能之、又以好治怪說、玩琦辭、與惠施並非今鄧析書、皆不詳、知佚說多矣、

余觀鄧析子三本、一涵芬樓景印江南圖書館藏明初刊本、一中華書局縮印金山錢熙祚指海本、有校記、一湖北崇文官書局刻百子全書本、而唐馬總意林、清馬驌繹史於鄧析書亦

有采獵、涵芬樓景明初刊本、敬字慎字缺筆、知亦繙宋本、遂據指海本以為主、而定本異同、旁及二馬所采、譬記於册、乃知錢校亦未盡善、無厚篇周公誅管蔡、此於弟無厚也兩句、定本及馬驌引皆有有之、而指海本無、不知校補、定可知矣、又以二馬鈔提末得玄要、汰蕪存英、支分節解、而為提要以附於篇云、

中華人民建國之二十年一月二十一日無錫錢基博叙於光華大學

王時潤 撰

邓析子校録

民國二十三年（1934）排印《周秦名學三種》本

鄧析子校錄敘

漢書藝文志鄧析二篇在名家。班固自注云。與子產並時。荀子宥坐篇呂覽離謂篇列子力命篇。說苑指武篇均言子產誅鄧析。今按子產以鄭僖公六年即魯襄公八年。始見於春秋左氏傳。以鄭定公八年即魯昭公二十年卒。相距凡四十四年。史記十二諸侯年表及鄭世家。均以爲子產之卒。在鄭聲公五年即魯定公十四年。則上距鄭僖公六年凡十七年。循吏列傳又以爲鄭昭君從大宮子期之言。以子產爲相。昭君似即昭公案昭公在位凡二年。由聲公五年上溯昭公凡十五公二百零三年。傳又以爲治鄭二十六年而死。核之春秋左氏傳。則自爲卿至卒。凡三十三年。自爲政至卒。凡二十二年。均與史記不甚相合。當以春秋左氏傳爲是。然則循吏傳鄭昭君三字。當爲魯昭公之誤。蓋子皮授子產政事在魯襄公三十年。下距魯昭公元年僅二年。太史公特記憶之誤耳。列子與魯穆公同時。劉向誤以爲鄭穆公。亦猶是也。至於諸子百家。多後人附益之詞。其有牴牾。更不足辨。考之春秋左氏傳魯昭公二十年。子產卒。子太叔嗣爲政。定公八年。子太叔卒、駟歂嗣爲政。其明年。乃殺鄧析而用其竹刑。距子產之卒已踰二十年。然則諸子以爲子產殺鄧析誤矣。荀子不苟篇。山淵平。天地比。齊秦襲。入乎耳。出乎口。鉤有鬚。卵有毛。是說之難持者也。而惠施鄧析能之。韓非子問辯篇。堅白無厚之詞章。而憲令之法息。淮南子詮言訓。公孫龍粲於辭而貿名。鄧析巧辯而亂法。則析之爲書。當與龍施相類。而今本鄧析子無厚轉辭二篇。乃與龍施之言迥異。頗有文不對題之嫌。蓋篇名眞而書僞耳。然其書雖僞。究非隋唐以前人不能爲。以其深明古訓。非近代人所能及也。茲特揭數例於左。以見一斑。

(1)假風爲凡。無厚篇云。風此四行。明主大憂也。謹案。風當讀爲凡。說文風部、風從虫。凡聲。古人義存乎聲。故凡字卽可假風爲之。小戴禮記中庸篇。知風之自。德淸俞氏訂爲知風之目。以爲卽知凡與目。凡與目相對成義。亦猶上文之遠與近。下文之微與顯。皆相對成義也。後人不知風爲凡之借字。遂亦不知自爲目之譌文矣。

（2）假覺爲較。　轉詞篇云。是以賢愚之相覺。若百丈之谿與萬仞之山。若九地之下、與重山之顛。謹案。覺當讀爲較。古同音假借字也。廣韻三十六效。覺、古校切。又音角。較同。四覺。覺、古岳切。又古孝切。較同。二字同紐。故得通用。此言賢愚相較。若百丈之谿與萬仞之山。九地之下與重山之顛也。

（3）以亂爲治。　同篇又云。是以虛慕欲治之名。無益亂世之理也。謹案。亂當訓爲治。說文𠬪部。𤔔、治也。又乙部。亂、治也。亂世之理。卽治世之理也。至若𢿢亂之亂。說文作𢿢。攴部。𢿢、煩也。與𤔔亂二字。音同義異。不可不辨。下文云。明君立法之後。中程者賞。缺繩者誅。此之謂君曰亂君。國曰亡國。亂君亦卽治君。亡國當作王國。與此正可互證。

由上各條觀之。析書雖僞。要非隋唐以前人不能爲。古人有言。與其過而廢也。無寧過而存之。竊本斯義。作鄧析子校錄。時中華民國三年四月上旬也。長沙王時潤啓湘甫敍。

附呂氏春秋離謂篇節錄

鄭國多相縣以書者。潤按縣古懸字。縣書蓋今匿名揭帖之類。子產令無縣書。鄧析致之。潤按致卽遠莫致之之致。致書蓋今送匿名信之類。子產令無致書。鄧析倚之。潤按倚蓋夾雜他物中而致送之。令無窮則鄧析應之亦無窮矣。（中略）洧水甚大。鄭之富人有溺者。人得其死者。潤按死疑當讀爲屍。富人請贖之。其人求金甚多。以告鄧析。鄧析曰安之。人必莫之賣矣。得死者潤按得死者卽得屍之人。患之。以告鄧析。鄧析又答之曰安之。此必無所更買矣。（中略）子產治鄭。鄧析務難之。與民之有獄者約。大獄一衣。小獄襦袴。民之獻衣襦袴而學訟者。不可勝數。以非爲是。以是爲非。是非無度。而可與不可日變。所欲勝因勝。所欲罪因罪。鄭國大亂。民口讙譁。子產患之。於是執鄧析而戮之。民心乃服。是非乃定。法律乃行。（下略）

潤按呂氏所言。不可盡信。第三則蓋子產卒後之事。析非子產所殺。不惟春秋左氏傳記載甚明。且子產若在。析亦決不致肆行無忌若是也。

附漢劉歆校上鄧析子敍。此敍係民國廿三年九月自四部叢刊本錄出。

中鄧析書四篇。臣敍書一篇。凡中外書五篇。以相校。除復重。潤按讀若複緟爲一篇。皆定。殺而書。潤按殺下疑脫青字。可繕寫也。鄧析者。鄭人也。好刑名。潤按刑疑當作形。操兩可之說。設無窮之辭。當子產之世。數難子產之法。記或云。子產起而戮之。於春秋左氏傳。昭公二十年而子產卒。子太叔嗣爲政。定公八年。太叔卒。駟歂嗣爲政。明年乃殺鄧析。而用其竹刑。君子謂子歂。潤按當作子然。駟歂字也。於是乎不忠。苟有可以加於國家。棄其邪可也。靜女之三章。取彤管焉。竿旄何以告之。取其忠也。故用其道。不棄其人。詩之。潤按之當作云。蔽芾甘棠。勿剪勿伐。召伯所茇。思其人。猶愛其樹也。潤按左傳無也字。況用其道。不恤其人乎。然無以勸能矣。潤按然上脫子字。竹刑。簡法也。久遠世無其書。子產卒後二十年而鄧析死。傳說或稱子產誅鄧析。非也。其論無厚者。言之異同。與公孫龍同類。潤按據歆所言。則今本之爲僞撰。益明矣。謹第一。潤按一疑當作上。

附清四庫全書總目提要子部法家類。時潤謹案。漢志鄧析子在名家。

鄧析子一卷。周鄧析撰。析。鄭人。列子力命篇曰。鄧析操兩可之說。設無窮之詞。子產執政。作竹刑。鄭國用之。數難子產之治。子產屈之。子產執而戮之。俄而誅之。劉歆奏上其書則曰。於春秋左氏傳。昭公二十年而子產卒。子太叔嗣爲政。定公八年太叔卒。駟歂嗣爲政。明年乃殺鄧析而用其竹刑。然則列子爲誤矣。其書漢志作二篇。今本仍分無厚、轉辭二篇。而併爲一卷。然其文節次不相屬。似亦掇拾之本也。其言如天於人無厚。君於民無厚。父於子無厚。兄於弟無厚。勢者君之輿。威者君之策。則其旨同於申韓。如令煩則民詐。政擾則民不定。心欲安靜。慮欲遠深。則其旨同於黃老。然其大旨主於勢統於尊。事覈於實。於法家爲近。故竹刑爲鄭所用也。至如聖人不死、大盜不止、一條。其文與莊子同。析遠在莊子以前。不應預有勦說。而莊子所載。又不云鄧析之言。或篇章殘闕。後人摭莊子以足之歟。

鄧析子一卷　長沙王時潤啟湘甫校錄

無厚篇

天於人無厚也。君於民無厚也。父於子無厚也。兄於弟無厚也。何以言之。天不能屏勃厲之氣。全夭折之人。使爲善之民必壽。此於民無厚也。凡民有穿窬爲盜者。有詐僞相迷者。此皆生於不足。起於貧窮。而君必執法誅之。此於民無厚也。堯舜位爲天子。而丹朱商均爲布衣。此於子無厚也。周公誅管蔡。此於弟無厚也。推此言之。何厚之有。

循名責實。君之事也。奉法宣令。臣之職也。下不得自擅。上操其柄而不理者。未之有也。君有三累。臣有四責。何謂三累。惟親所信。一累。以名取士。二累。近故親疏。三累。何謂四責。受重賞而無功。一責。居大位而不治。二責。理官而不平。三責。御軍陣而奔北。四責。君無三累。臣無四責。可以安國。

勢者君之輿。威者君之策。臣者君之馬。民者君之輪。勢固則輿安。威定則策勁。臣順則馬良民和則輪利。爲國失此。必有覆車奔馬折輪敗載之患。安得不危。異同之不可別。是非之不可定。白黑之不可分。清濁之不可理。久矣。誠聽能聞於無聲。視能見於無形。計能規於未兆。慮能防於未然。斯無他也。不以耳聽則通於無聲矣。不以目視則照於無形矣。不以心計則達於無兆矣。不以知慮則合於未然矣。時潤謹案。劉氏履芬影宋本作無然。俞氏樾曰。然乃朕字之誤。朕誤爲肰。因誤爲然矣。無朕與上文無形無兆一律。君者藏形匿影。羣下無私。掩目塞耳。萬民恐震。循名責實。察法立威。是明王也。夫明於形者。分不遇於事。潤按遇字疑誤。察於動者。用不失則利。故明君審一。萬物自定。名不可以外務。智不可以從他。求諸己之謂也。治世位不可越。職不可亂。百官有司。各務其形。上循名以督實。下奉教而不違。時潤謹案。影宋本違誤達。俞氏曰。達當作違。字形相近而誤也。所美觀其所終。所惡計其所窮。喜不以賞。怒不以罰。可謂治世。夫負重者患塗遠。據貴者憂民離。負重塗遠者。身疲而無功。在上離民者。雖勞而不治。故智者量塗而後負。明君視民而出政。獵羆虎者。不於外圂。釣鯨鯢者。不於淸池。何則。圂非羆虎之窟也。池非鯨鯢之泉也。楚之不泝流。陳之不束麾。長盧之不士。呂子之蒙恥。孫氏詒讓曰史記孟子荀卿傳云楚有尸子長盧。漢書藝文志道家長盧子九篇。楚人。列子天瑞篇作長廬子。即此人也。士與仕通。呂子無攷。

夫游而不見敬。不恭也。居而不見愛。不仁也。言而不見用。不信也。求而不能得。無始也。謀而不見喜。無理也。孫氏曰始疑當為媒與理對文。計而不見從。遺道也。因勢而發譽。則行等而名殊。人齊而得時。則力敵而功倍。其所以然者。乘勢之在外。推辯說非所聽也。盧言向非所應也。無益亂、非舉也。故談者別殊類使不相害。序異端使不相亂。諭志通意。非務相乖也。若飾詞以相亂。匿詞以相移。非古之辯也。孫氏曰此文多譌脫。盧言向當作著。無益亂。當作無益之辭非舉也。當作非所舉也。別殊類使不相害以下七句與劉向別錄引鄧子、及韓詩外傳文略同。

慮不先定。不可以應卒。兵不閑習。不可以當敵。廟算千里。帷幄之奇。百戰百勝。黃帝之師。

死生自命。富貴自時。時潤謹案兩自字均當作有。論語顏淵篇死生有命。莊子秋水篇貴賤有時。即其證也。自與有形近。是以致誤。怨夭折者。不知命也。怨貧賤者。不知時也。故臨難不懼。知天命也。貧窮無懾。達時序也。凶饑之歲。父死於室。子死於戶。而不相怨者。無所顧也。同舟渡海。中流遇風。救患若一。所憂同也。張羅而畋。

唱和不差者。其利等也。故體痛者。口不能不呼。心悅者。顏不能不笑。責疲者以舉千鈞。責兀者以及走兔。時潤謹案。影宋本兀誤冗。兔誤呼。俞氏曰。冗乃兀字之誤。莊子德充符篇。魯有兀者。釋文引李云。刖足曰兀是也。乎乃守字之誤。守讀爲獸。古人或假狩爲獸。漢張遷碑帝遊上林。問禽狩所有。石門頌惡虫蔽狩。狩皆卽獸字。是其證也。此云走守。蓋又省狩爲守耳。責疲者以舉千鈞。兀者以及走獸。文義甚明。因兀誤爲冗。假守爲獸。而又誤作乎字。遂不可讀。下文又曰。豈在振目搤腕。乎摽鞭朴。而後爲治歟。乎字亦手字之誤。手摽鞭朴四字爲句。摽字無義。或是操字形近而誤歟。驅逸足於庭。求猨捷於檻。斯逆理而求之。猶倒裳而索領。

事有遠而親。近而疎。就而不用。去而反求。風此四行。明主大憂也。時潤謹案。風當讀爲凡。說文風部。風從虫凡聲。古人義存乎聲。故凡字卽可假風爲之。莊子天地篇。願先生之言其風也。德淸俞氏亦讀風爲凡。卽其證也。

夫水濁則無掉尾之魚。政苛則無逸樂之士。故令煩則民詐。政擾則民不定。不治其本而務其末。譬如拯溺錘之以石。救火投之以薪。

夫達道者。無知之道也。無能之道也。是知大道。不知而中。不能而成。無有而足。守虛責實。而萬事畢。忠言於不忠。義生於不義。孫氏曰。二句文例同。言疑亦當爲生。音而不收謂之放。言出而不督謂之闇。故見其象。致其形。循其理。正其名。得其端。知其情。若此何往不復。何事不成。有物者意也。無外者德也。有人者行也。無人者道也。故德非所履。處非所處則失。

道非其道不道、則諂。孫氏曰不當爲而篆文不作而而作而相似而誤。意無賢。慮無忠。行無道。言虛如受實。萬事畢。夫言榮不若辱。非誠辭也。得不若失。非實談也。不進則退。不喜則憂。不得則亡。此世人之常。眞人危斯十者而爲一矣。所謂大辯者、別天地之行。具天下之物。選善退惡。時措其宜。而功立德至矣。小辯則不然。別言異道。以言相射。以行相伐。使民不知其要。無他故焉。故淺知也。時潤謹案此兩句文氣正相拍湊下句當作知淺故也。今本知故二字誤倒。則二句文氣不相屬矣。君子并物而錯之。兼塗而用之。五味未嘗而辯於口。五行在身而布於人。故何方之道不從。孫氏曰何疑無之誤。呂氏春秋必已篇云如此其無方也。高注、方、術也。面從之義不行。治亂之法不用。時潤謹案治亂之法不用。義不可通。治亂當作亂治。言亂治之法則不用也。惔然寬裕。蕩然簡易。略而無失。精詳入纖微也。

夫舟浮於水。車轉於陸。此自然道也。時潤謹案自然下當補之字。有不治者。知不豫焉。夫木擊折轊。水戾破舟。不怨木石。而罪巧拙。時潤謹案水當作石。巧當作功。功與工通。據俞氏淮南子平議改。故不載焉。故有知則惑。有心則嶮。有目則眩。是以規矩一而不易。不爲秦楚緩節。不爲胡越改容。一而不邪。時潤謹案淮南子主術訓一而上有常字。當据補。方行而不流。一日形之。萬世傳之。無爲爲之也。

夫自見之明借人見之闇也自聞之聰借人聞之聾也明君知此則去就之分定矣為君當若冬日之陽夏日之陰萬物自歸莫之使也恬臥而功自成優游而政自治豈在振目搤腕手據鞭朴而後爲治歟

夫合事有不合者知與未知也孫氏曰此章亦見鬼谷子內揵篇彼作事有不合者有所未知也疑此文本作事有合不合者今本合字誤移事字上遂不可通合而不結者陽親而陰疏故遠而親者忘相應也近而疏者忘不合也俞氏曰兩忘字皆志字之誤就而不用者策不得也去而反求者無違行也近而不御者心相乖也遠而相思者合其謀也故明君擇人不可不審士之進趣亦不可不詳

轉辭篇

世間悲哀喜樂嗔怒憂愁久惑於此今轉之在己爲哀在他爲悲在己爲樂在他爲喜在己爲嗔在他爲怒在己爲愁在他爲憂在己若扶之與攜時潤謹案影宋本及錢本在己下均有彼字孫氏曰在己下當更有在字今本誤脫謝之與議故之與右孫氏曰洪頤煊讀書叢錄云右當作古淮南子說林訓作先古先義同諾之與已相去千里也俞氏曰此文有脫誤文子上德篇作扶之與提謝之與讓得之與失諾之與已相去千里當據以訂正惟提與攜義本相近不必改也夫言之術與智者言依於博與博者言依於

辯。與辯者言依於安。與貴者言依於勢。與富者言依於豪。與貧者言依於利。與勇者言依於敢。與愚者言依於說。此言之術也。時潤謹案。此文亦見鬼谷子權篇。彼作與智者言依於博。與拙者言依於辯。與辯者言依於要。與貴者言依於勢。與富者言依於高。與貧者言依於利。與賤者言依於謙。與勇者言依於敢。與過者言依於銳。與此微有不同。不用在早圖。不窮在早稼。時潤謹案。用疑當作困。言不困在乎早圖。不窮在乎早稼也。用困形近。是以致譌。下文云。君人者不能自專。而好任下。則智日困而數日窮。亦以窮困並言。可以爲證。非所宜言勿言。時潤謹案。勿言下疑尚有以避其口四字。非所宜爲勿爲。以避其危。非所宜取勿取。以避其咎。非所宜爭勿爭。以避其聲。一聲而非。駟馬勿追。一言而急。駟馬不及。時潤謹案。兩駟馬字疑均當作四馬。故影宋本均誤作駡。故惡言不出口。苟語不留耳。此謂君子也。

夫任臣之法。闇則不任也。慧則不從也。仁則不親也。勇則不近也。信潤按。信字疑誤。則不信也。不以人用人。故謂之神。怒出於不怒。爲出於不爲。視於無有。則得其所見。聽於無聲。則得所其聞。故無形者有形之本。無聲者有聲之母。循名責實。實之極也。按實定名。名之極也。參以相平。轉而相成。故得之形名。

夫川竭而谷虛。丘夷而淵實。聖人以死。時潤謹案。莊子作已死。以已古通。大盜不起。天下平而故也。時潤謹案。莊子作而无故矣。聖人不死。大盜不止。何以知其然。爲之斗斛而量之。則幷斗斛而竊之。爲之權衡以平之。時潤謹案莊子作稱之。則幷與權衡而竊之。爲之符璽以信之。則幷與符璽而竊之。爲之仁義以教之。時潤謹案莊子作矯之。則幷仁義而竊之。時潤謹案影宋本第一竊之譌作均之第二竊之譌作功之俞氏曰均之功之皆無義均與功並竊字之誤俗書竊字或作窃故或誤爲均或誤爲功也莊子胠篋篇文與此同而皆作竊之可据以訂正。何以知其然。彼竊財誅。時潤謹案莊子作竊鉤者誅。竊國者爲諸侯。諸侯之門仁義存焉。是非竊仁義耶。故遂於大盜霸諸侯。時潤謹案莊子遂作逐霸作揭。此重利也。盜趾、所不可桀者。乃聖人之罪也。俞氏曰此有錯誤莊子胠篋篇作此重利盜跖而使不可禁者是乃聖人之過也据此則重利下衍也字趾當作跖桀當作禁所當作而。欲之與惡。善之與惡。四者變之失。恭之與儉。敬之與傲。四者失之修。故善素朴任、惔憂而無失。未有修焉此德之永也。言有信而不爲信。言有善而不爲善者。不可不察也

夫治之法莫大於私不行。藝文類聚五十四、太平御覽六百三十八引作法之功私上有使字。功莫大於使民不爭。類聚及御覽引功莫大上有君之二字。今也立法而行私。與法爭。類聚御覽引與法爭上有是私二字。其亂也甚於無法。立君而爭愚。與君爭。類聚御覽引爭愚作尊賢。與君爭上有是賢二字。其亂也甚於無君。故有道之國。則私善不行。類聚御覽引則私上有法立二字私善作私議。君立而愚者不尊。類聚御覽引愚者作賢者。民一於君。事斷於法。此國之道也。類聚御覽引道也上有大字以上十四句類聚御覽引作愼子。明君之督大臣。緣身而責名。緣名而責形。緣形而責實。臣懼其重誅之至。於是不敢行其私矣。

心欲安靜。慮欲深遠。心安靜則神策生。慮深遠則計謀成。心不欲躁。慮不欲淺。心躁則精神滑。慮淺則百事傾。

治世之禮。簡而易行。亂世之禮。煩而難遵。上古之樂。質而不悲。當今之樂。邪而爲淫。上古之民。質而敦朴。今世之民。詐而多行。上古象刑。而民不犯教。有墨劓。時潤謹案。有上疑脫今世二字。不以爲恥。斯民所以亂多治少也。堯置敢諫之鼓。舜立誹謗之木。湯有司直之人。武有戒慎之銘。此四君子者。聖人也。時潤謹案。子字當衍。四君即指堯舜湯武而言。下文云四主者亂君。亦即指栗陸宿沙桀紂而言。此云四君。彼云四主。其義一也。而猶若此之勤。至於栗陸氏殺東里子。宿沙氏戮箕文。桀誅龍逢。紂刳比干。四主者亂君。故其疾賢若仇。是以賢愚之相覺。若百丈之谿。與萬仞之山。若九地之下。與重山之顛。時潤謹案。覺字當讀爲較。古同音假借字也。廣韻三十六效。覺、古孝切。又音角。較同。四覺。覺、古岳切。又古孝切。較同。二字同紐。故得通用。此言賢愚相較。若百丈之谿與萬仞之山。九地之下與重山之顛也。楚辭劉向九歎遠遊篇。服覺皓以殊俗兮。王逸注。覺、較也。亦覺較音同義通之證。

明君之御民。若御奔而無轡。履冰而負重。親而疎之。疎而親之。故畏儉則福生。驕奢則禍起。聖人逍遙一世。罕匹萬物之形。寂然無鞭朴之罰。莫然無叱咤之聲。而家給人足。天下太平。視昭昭。知冥冥。推未運。覩未然。故神而不可見。幽而不可見。此之謂也。君人者不能自專。而好任下。則智日困而數日窮。迫於下、則不能申。（時潤謹案。迫上疑脫一字。）行隨於國。則不能持。知不足以爲治。威不足以行誅。無以與下交矣。故喜而使賞。不必當功。怒而使誅。不必値罪。不愼喜怒。誅賞從其意。而欲委任臣下。故亡國相繼。殺君不絕。古人有言。衆口鑠金。三人成虎。不可不察也。

夫人情發言欲勝。舉事欲成。故明者不以其短疾人之長。不以其拙疾人之工。言有善者。則而賞之。言有非者。顯而罰之。（時潤謹案。則當作明。明與顯相對成義。禮記禮運篇。百姓則君以自治也。鄭注。則當爲明。卽其證也。）塞邪枉之路。蕩淫辭之端。臣下閡之。左右結舌。可謂明君。爲善者君與之賞。爲惡者君與之罰。因其所以來而報之。循其所以進而答之。聖人因之。故能用之。因之循理。故能長久。今之爲君。無堯舜之才。而慕堯舜之治。故終顚殞乎混冥之中。而事不覺於昭明之術。是以虛慕欲治之名。無益亂世之理也。（時潤謹案。亂疑當訓爲治。）

患生於官成。病始於少瘳。禍生於懈慢。孝衰於妻子。此四者。愼終如始也。（孫氏曰。錢校依意林引。作忠怠。）

於宦成。說苑敬愼篇引曾子云。官怠於宦成。病加於少愈。禍生於懈惰。孝衰於妻子。察此四者愼終如始。與此正同。此殆當作殆。四者上亦當有終字。文子符言篇作宦敗於官茂、則繆。富必給貧。壯必給老。快情恣欲。必多侈侮。時潤謹案。給當訓爲捷。論語公冶長篇禦人以口給。皇侃疏給、捷也。荀子非十二子篇齊給便利而不順禮義。楊倞注給急也。穆天子傳六取漿而給。郭璞注給得之速也。是給與捷急速同義。富必給貧壯必給老。猶言富必速貧。壯必速老也。富何以速貧。壯何以速老。則以快情恣欲故也。世豈有快情恣欲而不速貧速老者哉。故曰必也。快恣其情欲。則貧老速。故曰必多侈侮也。下文尊貴無以高人。聰明無以寵人。資給無以先人。剛勇無以勝人。正發明富壯者不可快情恣欲之義。故曰尊貴無以高人。聰明無以寵人。資給無以先人。剛勇無以勝人。能履行此。可以爲天下君。

夫謀莫難於必聽。事莫難於必成。成必合於數。聽必合於情。故抱薪加火。爍者必先燃。平地注水。濕者必先濡。故曰動之以其類。安有不應者。獨行之術也。

明君立法之後。中程者賞。缺繩者誅。此之謂君曰亂君。國曰亡國。時潤謹按。亂疑當訓爲治。亡疑王字之譌。智者寂於是非。故善惡有別。明者寂於去就。故進退無類。時潤謹案。上寂字當作察。察從宀祭。祭從示。從又持肉。脫去肉旁。則其字作寂形與寂近。因誤爲寂。下寂字當作審。下文云。若智不能察是非。明不能審去就。斯謂虛妄。正承此文而言。因上察字誤作寂。與下文不相應。於是讀者又改下文審字爲寂以合之。而此文上下相應之迹全泯矣。又按類字無義。當爲纇字之譌。老子夷道若纇梁簡文注纇、疵也。此言明審於去就。故進退無疵也。纇類形近。是以致譌。左昭二十八年傳忿纇無期。釋文纇本作類。老子夷道若纇。釋文纇河上本作類。即二字形近易譌之證。若智不能察是非。明不能審去就。斯謂虛妄。

目貴明。耳貴聰。心貴公。以天下之目視。則無不見。以天下之耳聽。則無不聞。以天下之智慮。則無不知。得此三術。則存於不爲也。

鄧析子校錄畢

王愷鑾 撰

鄧析子校正

民國二十四年(1935)上海商務印書館排印《國學小叢書》本

國學小叢書

鄧析子校正

王愷鑾校

校者 王愷鑾
主編者 王雲五

國學小叢書

鄧析子校正

商務印書館發行

序

王子怡臣。幼而英異踔厲。不可一世。壯歲忽覃思故訓。於高郵王氏。德清俞氏。瑞安孫氏者之若飢渴。所治先秦諸書。皆抉擇隱奧。捃摭放佚。於癥結所在。怡然渙然。雖庖丁之解牛。飛衛之貫蝨。未有以喻也。以鄧析一書。篇帙寡約。輒先付印。以質當世。嗟夫。士誠視所志向。使王子舍其深湛之思。出而與當世在勢諸人角。雖或發名成業。足以自禒然。必不能仰挹向歆。蔚爲盛業如今日。無疑也。朱丹其轂。玄文扶疎。彼我易時。未知何如。昵古劬學之士。抑亦可以自壯矣。寬少困制科。晚始知學。與王子有同耆。而志脩才短。寫定無期。反復斯編。竊不勝祖生先我之歎已。

民國十九年八月朔同邑張學寬書

鄧析子校正目錄

鄧析子校正（據明初刊本）

無厚篇

天於人無厚也。君於民無厚也。父於子無厚也。兄於弟無厚也。何以言之。天不能屏勃厲之氣。全夭折之人。使爲善之民必壽。此於民（案民當作人）無厚也。凡民有穿窬爲盜者。有詐僞相迷者。此皆生於不足。起於貧窮。而君必執法誅之。此於民無厚也。堯舜位爲天子。而丹朱商均爲布衣。此於子無厚也。周公誅管蔡。此於弟無厚也。推此言之。何厚之有。

循名責實。君之事也。奉法宣令。臣之職也。下不得自擅。上操其柄而不理者。未之有也。君有三累。臣有四責。何謂三累。惟親所信。一累。以名取士。二累。近故親

疎・三累・何謂四責・受重賞而無功・一責・居大位而不治・二責・理官而不平・三責・御軍陣而奔北・四責・

案張均事類賦補遺君臣賦注・引作君有三累・臣有四責・親所信一累・以名取士・二累・近故疎親・三累也・受重賞而無功一責・居大位而不治二責・爲理而不平三責・寬以御軍陳而奔馳四責・據此・則理官而不平句・當作爲理官而不平・方與上下文相儷・

君無三累臣無四責・可以安國・勢者・君之輿・威者・君之策・臣者・君之馬・民者・君之輪・勢固則輿安・威定則策勁・臣順則馬良・民和則輪利・爲國失此・必有覆車奔馬折輪敗載之患・安得不危・

案・必有覆車奔馬折輪敗載之患。安得不危・當作必有覆輿奔馬折策敗輪之患・載者安得不危・太平御覽六百二十引韓非子曰・勢者君之輿也・威者君之策也・臣者君之馬也・民者君之輪也・勢固則輿安・威定則策勁・臣順則馬良・人和則輪利・而爲國皆失此・有覆輿走馬・折策敗輪矣・又藝文類聚五十四引韓非子曰・勢者君之馬也・威者君之輪也・勢固・則輿安・威定則策勁・臣從則馬良・民和則輪利・爲國有失於此・覆輿奔馬折策敗輪矣・輿覆馬奔策折輪敗・載者安得不危・皆以折策敗輪並言・是其證・今本韓非子無此文・想係逸脫・

異同之不可別・是非之不可定・白黑之不可分・清濁之不可理・久矣・誠聽能聞

於無聲．視能見於無形．計能規於未兆．慮能防於未然．斯無他也．不以耳聽．則通於無聲矣．不以目視．則照於無形矣．不以心計．則達於無兆矣．不以知慮．則合於無然矣．案無・百子全書本作未・君者．藏形匿影．羣下無私．掩目塞耳．萬民恐震．循名責實．察法立威．是明王也．案王・百子全書本作主・夫明於形者．分不遇於事．察於動者．用不失則利．故明君審一．萬物自定．名不可以外務．智不可以從他．求諸己之謂也．

治世．位不可越．職不可亂．百官有司．各務其刑．上循名以督實．下奉教而不違．案達・百子全書本作違・宜據改・所美觀其所終．所惡計其所窮．案此二語・亦見管子版法篇・彼作擧所美必觀其所終・廢所擧必計其所窮・喜不以賞．怒不以罰．可謂治世．

夫負重者患塗遠．據貴者憂民離．負重塗遠者身疲而無功．在上離民者雖勞而不治．故智者量塗而後負．明君視民而出政．

獵羆虎者不於外圂。鈎鯨鯢者不居淸池。案李善注文選左太冲吳都賦・引此鈎作釣・居作於・百子全書本同・宜據改・何則。圂非羆虎之窟也。池非鯨鯢之泉也。楚之不泝流。陳之不束麾。長盧之不士。呂子之蒙恥。孫詒讓曰・史記孟子荀卿列傳・・楚有尸子長盧・漢書藝文志・道家・長盧子九篇・・楚人・列子天瑞篇作長盧子・(殷敬順釋文・盧作盧・)卽此人也・士與仕通・呂子無考・

夫游而不見敬。不恭也。居而不見愛。不仁也。言而不見用。不信也。求而不能得。無始也。謀而不見喜。無理也。孫詒讓曰・始疑當爲媒・與理對文・案廣雅釋言云・理・媒也・離騷云・理弱而媒拙兮・九章抽思云・理弱而媒不通兮・又思美人云・令薜荔而爲理兮・憚擧趾而緣木・因芙蓉而爲媒兮・憚蹇裳而濡足・・皆理媒並擧・孫氏疑始當爲媒・所見極允・計而不見從。遺道也。因勢而發譽。則行等而名殊。人齊而得時。則力敵而功倍。其所以然者。乘勢之在外。推辯說非所聽也。案辯・劉履芬景宋刊本作辨・下並同・宜據本書改正・虛言向非所應也。孫詒讓曰・向當作者・案向爲嚮之壞字・虛言向文不成義・疑一本作虛言・一本作虛嚮・傳寫者兩存之・致有此誤・孫氏改向爲者・非是・無益亂。非擧也。孫詒讓曰・當作無益之辭・非所擧也・故談者別殊類．使不相害．序異端．使不相亂．諭志通意．（案諭本作輸．）一非務相乖也．若飾詞以相亂．匿辭以相亂移．（案亂字衍．宜據錢熙祚校刊本刪．）非古之辯也．

慮不先定．不可以應卒．兵不閑習．不可以當敵．廟筭千里．帷幄之奇．百戰百勝．黃帝之師．

死生自命．貧富自時．怨夭折者．不知命也．怨貧賤者．不知時也．故臨難不懼．知天命也．貧賤無懾．達時序也．凶饑之歲．父死於室．子死於戶．而不相怨者．無所顧也．同舟渡海．中流遇風．救患若一．所憂同也．張羅而畋．唱和不差者．其利等也．故體痛者口不能不呼．心悅者顏不能不笑．責疲者以舉千鈞．責兀者以及走兔．（案原本責兀二字並列於鈞字下．走兔二字並列於及字下．今更正．）驅逸足於庭．求猨捷於檻．斯逆理而求之．猶倒裳而索領．

事有遠而親．近而疎．就而不用．去而反求．風此四行．明主大憂也．（案風讀爲凡．猶云凡此四者．莊子天地篇．願先生之言其風也．俞樾亦讀風爲凡．蓋風本凡聲．故得通用．

夫水濁則無掉尾之魚．政苛則無逸樂之士．故令煩則民詐．政擾則民不定．不治其本而務其末．譬如拯溺錘之以石．救火投之以薪．

夫達道者．無知之道也．無能之道也．是知大道不知而中．不能而成．無有而足．守虛責實而萬事畢．忠言於不忠．義生於不義．孫詒讓曰．二句文例同．言疑亦當作生．音而不收謂之放．言出而不督謂之闇．案二句文例同．音下疑挩發字．故見其象．致其形．循其理．正其名．得其端．知其情．若此．何往不復．何事不成．有物者意也．無外者德也．有人者行也．無人者道也．故德非所履．處非所處．則失道．非其道不道．則諂．孫詒讓曰．不當爲而．篆文不作丆．而作丙．相似而誤．意無賢．慮無忠．行無道．言虛如受實．萬事畢．

夫言榮不若辱．非誠辭也．得不若失．非實談也．不進則退．不喜則憂．不得則亡．此世人之常．真人危斯十者而爲一矣．所謂大辯者．別天下之行．具天下之物．

選善退惡．時措其宜．而功立德至矣．小辯則不然．別言異道．以言相射．以行相伐．使民不知其要．無他故焉．故淺知也．案下故字．訓事．見呂氏春秋審己篇．故淺知也．當作知故淺也．謂小辯者知事淺．故有別言異道諸弊．此句正申釋上句無他故焉之意．若作故淺知也．則上下二句不相屬矣．君子并物而錯之．兼塗而用之．五味未嘗而□於口．案而下挩辨字．宜據百子全書本補．五行在身而布於人．故何方之道不從．孫詒讓曰．何疑無之誤．呂氏春秋必己篇云．如此其無方也．高注云．方．術也．面從之義不行．治亂之法不用．惔然寬裕．蕩然簡易．略而無失．精詳入纖微也．

夫舟浮於水．車轉於陸．此自然道也．有不治者．知不豫焉．案上不字．而之譌也．治在道不在智．故言有能治者．智不豫焉．

夫木擊折轊．水戾破舟．不怨木石而罪巧拙．案文子下德篇．及淮南主術訓．巧拙下均有者字．宜據補．俞樾云．水戾破舟．當作石戾破舟．故云不怨木石．今作水戾．則下句石字無著矣．巧字疑功字之誤．功與工通．周官肆師職．凡師不功．故書功為工．是也．不怨木石而罪工拙．工．即工人之工．言不怨木石．而罪作舟車者之拙也．說見俞氏淮南子平議．今案舟破於石．不水戾使之然也・俞氏改水爲石・於文律雖嚴・然於事理則不合也・故不載焉・案文子下德篇作知不載也・舊注云・無心者物不加怨・載智者未嘗終吉・淮南主術訓・作知故不載焉・高誘注云、言木石無巧詐・故不怨也・本句故字亦有巧詐之義・晉語二・多爲之故・韋昭解云・故謂多計術・是其證・故有知則感・德有心則嶮・有目則眩・案文子下德篇云・故道有知則亂・德有心即險・心有目即眩・淮南主術訓亦云・是故道有智則惑・德有心則險・心有目則眩・即均與此同・宜據淮南訂正・百子本智感則亦作惑・惟無德字・蓋因上下文均以四字爲句而刪之也・是以規矩一而不易・不爲秦楚緩節・不爲胡越改容・案緩節・淮南主術訓作變節・與下句改容對文・宜據改・一而不邪・方行而不流・案方讀若旁・易繫辭上傳云・旁行而不流・旁行・即方行也・一日形之・萬世傳之・無爲爲之也・案文子下德篇云・夫權衡規矩・一定而不易・常一而不衰・方行而不留・一日形之・萬世傳之・無爲之爲・杜道堅注云・人有私心・罔不害道・人主無私・故法一而令行・是故德有心則險・心有眼則眩・・知權衡規矩一定而不易・則知一者無爲之爲・百王用之・萬世傳之・淮南主術訓文亦略同・・夫自見之明・借人見之闇也・自聞之聽・案聽・百子全書本作聰・宜據改・借人聞之聾也・明君知此・則去就之分定矣・爲君當若冬日之陽・夏日之陰・萬物自歸・莫之使也・

恬臥而功自成．優游而政自治．豈在振目搤腕．手據鞭朴．而後爲治歟．

夫合事有不合者．知與未知也．孫詒讓曰．此章亦見鬼谷子內楗篇．彼作事有不合者．有所未知也．疑此文本作事有合不合者．今本合字誤移事字上．遂不可通．．案孫氏所引鬼谷子語．爲今本所無．未知何據．．合而不結者．陽親而陰疎．故遠而親者．忘相應也．案．忘爲志之譌．李善注文選曹子建贈白馬王彪詩．引此正作志．宜據改．近而疎者．忘不合也．案鬼谷子內揵篇云．近而疎者．志不合也．此忘字亦當作志．就而不用者．策不得也．去而反求者．無違行也．近而不御者．心相乖也．遠而相思者．合其謀也．故明君擇人．不可不審．士之進趣．亦不可不詳．

轉辭篇

世間悲哀喜樂嗔怒憂愁久惑於此·今轉之·在己爲哀·在他爲悲·在己爲樂·在他爲喜·在己爲嗔·在他爲怒·在己爲愁·在他爲憂·在己若扶之與攜·案錢熙祚校刊本·作在己彼若扶之與攜·孫詒讓云·在己下·當更有在字·今本誤脫·宜據錢孫二氏說·於在己下補在彼二字·謝之與議·故之與右·洪頤煊讀書叢錄云··右當作古··淮南子說林訓作先··古先義同··諾之與已相去千里也·案以上五句爲韻語·文子上德篇·作扶之與提·謝之與讓·得之與失·諾之與已·相去千里·上文雖與此略同·惟讓字與上下文失韻·不若本書議字之優也·夫言之術·與智者言依於博·與博者言依於辯·案博者之博·鬼谷子權篇作拙·蓋涉上句博字而誤·宜據改·與辯者言依於安·案安·鬼谷子權篇作要·以形近而譌·宜據改·與貴者言依於勢·與富者言依於豪·案豪·鬼谷子權篇作高·宜據改·與貧者言依於利·案此句下·鬼谷子權篇·有與賤者言·依於謙一句·與勇者言依於敢·與愚者言依於說·案·說與悅同·鬼谷子權篇·作與過者言·依於銳·過爲遇之譌字·銳與兌

通・呂氏春秋審分覽云・夫說以智通・而實以過悗・畢沅曰・過一作遇・俞樾曰・作遇者是・遇與愚通・老子五十二章云・塞其兌・釋文作云・兌・河上本作銳・據此・則鬼谷子本文・當作與遇者言依於兌・易說卦傳云・兌・銳也・與鄧析之言正同・此言之術也・

不用在早圖・不窮在早稼・案・用當作困・與窮對文・王生斯睿云・稼爲豫之譌・不窮在早豫・卽禮中庸所謂凡事豫則立也・非所宜言・勿言・案・句下宜據說苑說叢篇・補以避其患句・非所宜爲・勿爲・以避其危・非所宜取・勿取・以避其咎・非所宜爭・勿爭・以避其聲・一聲而非・駟馬勿追・一言而急・駟馬不及・案・非追爲韻・急及爲韻・李善注文選任彦昇齊竟陵文宣王行狀引此云・一言而非・駟馬不能追・一言而急・駟馬不能及・亦以急及爲韻・覆宋本急作忽・則失其韻矣・故惡言不出口・苟語不留耳・此謂君子也・

夫任臣之法・闇則不任也・慧則不從也・仁則不親也・勇則不近也・信則不信也・不以人用人・故謂之神・怒出於不怒・爲出於不爲・視於無有則得其所見・聽於無聲則得其所聞・故無形者・有形之本・無聲者・有聲之母・循名責實・實之極也・按實定名・名之極也・參以相平・轉而相成・故得之形名・

夫川竭而谷虛．丘夷而淵實．聖人以死．案以莊子胠篋篇作已．以已古通．大盜不起．天下平而故也．案莊子胠篋篇而下有無字．宜據補．（莊子也作矣．）．聖人不死．大盜不止．何以知其然．爲之斗斛而量之．則并斗斛而均之．案均．莊子胠篋篇作竊．百子全書本同．宜據改．爲之權衡以平之．案平．莊子胠篋篇作稱．則并與權衡而竊之．爲之符璽以信之．則并與符璽而功之．案功．莊子胠篋篇作竊．百子全書本同．宜據改．爲之仁義以教之．案教．莊子胠篋篇作矯．則并仁義以竊之．案以．莊子胠篋篇作而．百子全書本同．宜據改．何以知其然．彼竊財誅．竊國者爲諸侯．諸侯之門．仁義存焉．案財．莊子胠篋篇作鉤．鉤郎孟子一鉤金之鉤．與財義同．存焉．當依王引之說改．爲焉存．焉．於是也．言仁義於是乎存也．此四句以誅侯爲韻．門存爲韻．其韻皆在句末．史記游俠傳．作竊鉤者誅．竊國者侯．侯之門．仁義存．是其明證．詳見王念孫讀書雜志餘編莊子．是非竊仁義邪．故遂於大盜霸諸侯．案莊子胠篋篇遂作逐．霸作揭．此重利也．盜跐所不可桀者．乃聖人之罪也．案跐爲跖之譌．桀爲禁之譌．莊子胠篋篇云．此重利盜跖．而使不可禁者．是乃聖人之過也．可據以訂正．欲之與惡．善之與善．案百子全書本．作善之與惡．宜據改．四者變之失．恭之與儉．敬之與傲．四者失之脩．故善素朴任惔憂而無失．未有脩焉．此德之永也．言有信而不爲信．言有善而不爲善者．不可不察也．

夫治之法．莫大於私不行．功莫大於使民不爭．今也立法而行私．與法爭．案與上．當依愼子內篇第七節補是字．其亂也甚於無私．案私．百子全書本作法．宜據改．立君而尊愚．與君爭．案．愚爲賢之譌．下愚字同．與上亦挩是字．宜據愼子改正．其亂也甚於無君．故有道之國．則私善不行．案當依愼子．於則字上補法立二字．晏子云．陳氏以公量貸．以家量取．卽此所謂私善也．齊侯不能止．是法不立也．君立而愚者不尊．案愚爲賢之譌．商君書開塞篇云．既立君則上賢廢而貴貴立矣．又曰．立君者使賢無用也．民一於君．事斷於法．此國之道也．明君之督大臣．緣身而責名．緣名而責形．緣形而責實．臣懼其重誅之至．於不敢行其私矣．案百子全書本．於下有是字．宜據補．

心欲安靜．慮欲深遠．心安靜則神策生．慮深遠則計謀成．心不欲躁．慮不欲淺．心躁則精神滑．慮淺則百事傾．

治世之禮．簡而易行．亂世之禮．煩而難遵．上古之樂．質而不悲．當今之樂．邪而爲淫．上古之民．質而敦朴．今世之民．詐而多行．上古象刑而民不犯．教有墨劓．案・教疑當作今・不以爲恥．斯民所以亂多治少也．堯置敢諫之鼓．案呂氏春秋自知篇云・堯有欲諫之鼓・高誘注云・欲諫者擊其鼓・是也・淮南主術訓・作堯置敢諫之鼓・羣書治要引作欲諫・此書敢字・亦當作欲・李善注文選任彥昇天之監三年策秀才文云・鄧析子曰・堯置欲諫之鼓・敢正作欲・宜據改・舜立誹謗之木．案・淮南主術訓亦有此語・高誘注云・書其善否於表木也・呂氏春秋自知篇・立作有・餘同・惟尸子云・堯立誹謗之木・見史記孝文本紀索隱引・湯有司直之人．・案淮南主術訓亦有此語・高誘注云・司直・官名・不曲也・呂氏春秋自知篇・作湯有司過之士・武有戒愼之銘．案・武王既踐阼・太公進王以丹書之道・王聞書之言・惕若恐懼・退而爲戒・書於席之四端・及机鑑盥盤楹杖帶履屨觴豆戶牖劍弓矛・皆爲銘焉・詳見大戴禮武王踐阼篇・而呂氏春秋自知篇・及淮南主術訓・則云・武王有戒愼之鞀・高誘注云・欲戒者搖其鞀鼓之・今當各依本文・固不必改銘從鞀也・此四君子者．聖人也．而猶若此之勤．至于栗陸氏殺東里子．宿沙氏戮箕文．案宿與夙通・帝王世紀云・諸侯夙沙氏叛不用命・箕文諫而殺之・神農退而修德・夙沙之民・自攻其君而來歸・桀誅龍逢。紂刳比干。四主者。亂君。故其疾賢若仇。（案太平御覽四百九十二引鄧析子曰・栗陸氏殺東里子・宿沙氏戮箕文・桀誅龍逢・紂刳比干・四主者・常彎弓露刃以見朝臣・與今本鄧析子不同・）是以賢愚之相覺。（案・覺當讀爲較・音校・孟子音義・離婁下・告子上・盡心下・覺音校・凡三見・是其證・）若百丈之谿與萬仞之山。若九地之下與重天之顚。（案・天・百子全書本作山・非是・說文一部云・天・顚也・重天之顚・文自成義・不僅山有顚也・且上文既以山對谿・此又以山對地・於字嫌複・李善注文選潘安仁西征賦・引此正作重天之顚・）

明君之御民。若御奔而無轡。履冰而負重。（案李善注文選王元長三月三日曲水詩序・引此御奔作乘奔・又重字下有也字・）親而疏之。疏而親之。故畏儉則福生。（案儉・百子全書本作檢・）驕奢則禍起。聖人逍遙一世。罕匹萬物之形。（案李善注文選殷仲文南州桓公九井詩・及任彥昇宣德皇后令・引此竝作聖人逍遙一世之間・挐匠萬物之形・淮南要略訓亦有此語・宜據以訂正・）寂然無鞭朴之罰。莫然無呪咤之聲。（案呪・百子全書本作吒・宜據改・）而家給人足。天下太平。視昭昭。知冥冥。推未運。覩未然。故神而不可見。幽而不可見。此之謂也。

君人者．不能自專．而好任下．則智日困而數日窮．迫於下則不能申行．隨於國則不能持．（案二句文例同．迫上疑有挩字．）知不足以爲治．威不足以行誅．無以與下交矣．故喜而使賞．不必當功．怒而使罰．不必値罪．不慎喜怒．誅賞從其意．而欲委任臣下．故亡國相繼．殺君不絕．古人有言．衆口鑠金．三人成虎．不可不察也．

夫人情發言欲勝．舉事欲成．故明者不以其短疾人之長．不以其拙病人之工．言有善者則而賞之．言有非者顯而罰之．塞邪枉之路．蕩淫辭之端．臣下閟之．左右結舌．（案閟之．當作閉口．與結舌對文．蓋閉與閟以形近而譌．口之草書作乙．之之草書作之．二形相似．故口誤爲之．李善注文選陸士衡謝平原內史表引慎子曰．臣下閉口．左右結舌．文與此同．）可謂明君．爲善者君與之賞．爲惡者君與之罰．因其所以來而報之．循其所以進而答之．聖人因之．故能用之．因之循理．故能長久．今之爲無堯舜之才．而慕堯舜之治．（案百子全書本．爲下有君字．宜據補．）故終顛殞乎混冥之中．而事不覺於昭明之術．是以虛慕欲治之名．無益亂世之理也。患生於官成。案·錢熙祚校刊本·依意林引作忠怠於宦成·病始於少瘳。禍生於懈慢。孝衰於妻子。此四者。慎終如始也。孫詒讓曰·說苑敬慎篇·引曾子云·官怠於宦成·病加於少愈·禍生於懈惰·孝衰於妻子·察此四者·慎終如始·與此正同·（韓詩外傳八·文亦略同·）此始當作殆·四者上亦當有察字·文子符言篇作宦敗于官茂·則繆·富必給貧。壯必給老。快情恣欲。必多侈侮。故曰尊貴無以高人。聰明無以寵人。案寵·百子全書本作籠·寵亦音籠·管子乘馬篇云··其貨一穀·籠為十倍·朱東光本·籠作寵·并有注云·寵音籠·是其證··此所謂寵人·即莊子庚桑楚篇·湯以庖人籠伊尹·秦穆公以五羊之皮籠百里奚也·資給無以先人。剛勇無以勝人。能履行此。可以為天下君。

夫謀莫難於必聽。事莫難於必成。成必合於數。聽必合於情。故抱薪加火。爍者必先燃。案·爍·銷也·爍者·必先燃·文不成義·爍乃燥字之訛·荀子脩身篇云·施薪若一·火就燥也·呂氏春秋應同篇云·均薪施火·火就燥·皆與此同義·鬼谷子摩篇·正作抱薪趨火·燥者先燃·百子全書本燥作鑠·亦誤·平地注水。濕者必先濡。

故曰．動之以其類．安有不應者．獨行之術也．

明君立法之後．中程者賞．缺繩者誅．案．此下疑有脫誤．此之謂君曰亂君．國曰亡國．

智者寂於是非．故善惡有別．明者寂於去就．故進退無類．若智不能察是非．明不能審去就．斯非虛妄．

目貴明．耳貴聰．心貴公．以天下之目視．則無不見．以天下之耳聽．則無不聞．以天下之智慮．則無不知．得此三術．則存於不爲也．

鄧析子附錄

事實

鄭之圃澤多賢．東里多才．圃澤之役有伯豐子者．行過東里．遇鄧析．鄧析顧其徒而笑曰．爲若舞彼來者奚若．其徒曰．所願知也．鄧析謂伯豐子曰．汝知養養之義乎．受人養而不能自養者．犬豖之類也．養物而物爲我用者．人之力也．使汝之徒食而飽．衣而息．執政之功也．長幼羣聚而爲牢藉庖廚之物．奚異犬豖之類乎．伯豐子不應．伯豐子之從者．越次而進曰．大夫不聞齊魯之多機乎．有善治土木者．有善治金革者．有善治聲樂者．有善治書數者．有善治軍旅者．有善治宗廟者．羣才備也．而無相位者．無能相使者．而位之者無知．使之者無能．

而知之與能爲之使焉．執政者．迺吾之所使．子奚矜焉．鄧析無以應．目其徒而退．列子仲尼篇．

子產相鄭．專國之政．三年．善者服其化．惡者畏其禁．鄭國以治．諸侯憚之．而有兄曰公孫朝．有弟曰公孫穆．朝好酒．穆好色．朝之室也．聚酒千鍾．積麴成封．望門百步．糟漿之氣逆於人鼻．方其荒於酒也．不知世道之安危．人理之悔吝．室內之有亡．九族之親疏．存亡之哀樂也．雖水火兵刃交於前．弗知也．穆之後庭．比房數十．皆擇稚齒婑媠者以盈之．方其耽於色也．屏親昵．絕交游．逃於後庭．以晝足夜．三月一出．意猶未慊．鄉有處子之娥姣者．必賄而招之．媒而挑之．弗獲而後已．子產日夜以爲戚．密造鄧析而謀之．曰．僑聞治身以及家．治家以及國．此言自於近至於遠也．僑爲國則治矣．而家則亂矣．其道逆邪．將奚方以救二子．子其詔之．鄧析曰．吾怪之久矣．未敢先言．子奚不時其治也．喻以性命之重誘以禮義之尊乎子產用鄧析之言因間以謁其兄弟而告之曰人之所以貴於禽獸者智慮智慮之所將者禮義禮義成則名位至矣若觸情而動耽於嗜慾則性命危矣子納僑之言則朝自悔而夕食祿矣朝穆曰吾知之久矣擇之亦久矣豈待若言而後識之哉凡生之難遇而死之易及以難遇之生俟易及之死可孰念哉而欲尊禮義以夸人矯情性以招名吾以此爲弗若死矣爲欲盡一生之觀窮當年之樂唯患腹溢而不得恣口之飲力憊而不得肆情於色不遑憂名聲之醜性命之危也且若以治國之能夸物欲以説辭亂我之心榮祿喜我之意不亦鄙而可憐哉我又欲與若別之夫善治外者物未必治而身交苦善治內者物未必亂而性交逸以若之治外其法可暫行於一國未合於人心以我之治內可推之於天下君臣之道息矣吾常欲以此術而喻之若反以彼術而教我哉子產忙然無以應之他日以告鄧析鄧析曰子與真人居

而不知也．孰謂子智者乎．鄭國之治偶耳．非子之功也．列子·楊朱篇

衛有五丈夫俱負缶而入井灌韭終日一區．鄧析過下車爲教之曰．爲機重其後輕其前命曰橋．終日灌韭百區．不倦．五丈夫曰．吾師言曰．有機知之巧．必有機知之敗．我非不知也．不欲爲也．子其往矣．我一心溉之．不知改已．鄧析去行數十里．顏色不悅懌．自病．弟子曰．是何人也．而恨我君．請爲君殺之．鄧析曰．釋之．是所謂真人者也．可令守國．說苑·反質篇

鄭國多相縣以書者．子產令無縣書．鄧析致之．子產令無致書．鄧析倚之．令無窮則鄧析應之亦無窮矣．呂氏春秋·離謂篇

洧水甚大．鄭之富人有溺者．人得其死者．富人請贖之．其人求金甚多．以告鄧析．鄧析曰．安之．人必莫之賣矣．得死者患之．以告鄧析．鄧析又答之曰．安之．此必無所更買矣．呂氏春秋·離謂篇

子產治鄭．鄧析務難之．與民之有獄者約．大獄一衣．小獄襦袴．民之獻衣襦袴而學訟者．不可勝數．以非爲是．以是爲非．是非無度．而可與不可日變．所欲勝因勝．所欲罪因罪．鄭國大亂．民日讙譁．子產患之．於是殺鄧析而戮之．民心乃服．是非乃定．法律乃行．（呂氏春秋・離謂篇）

鄧析操兩可之說．設無窮之辭．當子產執政．作竹刑．鄭國用之．數難子產之治．子產屈之．子產執而戮之．俄而誅之．然則子產非能用竹刑．不得不用．鄧析非能屈子產．不得不屈．子產非能誅鄧析．不得不誅也．（列子・力命篇）

子產誅鄧析史付．（荀子・宥坐篇）

子產殺鄧析以威侈．（說苑・指武篇）

子產決鄧析教民之難．約大獄袍衣．小獄襦袴．民之獻袍衣襦袴者．不可勝數．以非爲是．以是爲非．鄭國大亂．民日讙譁．子產患之．於是討鄧析而僇之．民乃服。是非乃定。荀子正名篇楊注引新序・案盧文弨云・今本新序鈌此文・鄭駟歂殺鄧析而用其竹刑。君子謂子然於是不忠。苟有可以加於國家者。棄其邪可也。靜女之三章。取彤管焉。竿旄何以告之。取其忠也。故用其道。不棄其人。詩云。蔽芾甘棠。勿翦勿伐。召伯所茇。思其人猶愛其樹。況用其道而不恤其人乎。子然無以勸能矣。左氏定公九年傳・

卷帙

劉歆進書表　中鄧析書四篇．臣敍書一篇．凡中外書五篇．以相校．除復重爲一篇．皆定殺而書可繕寫也．鄧析者．鄭人也．好刑名．操兩可之說．設無窮之辭．當子產之世．數難子產之法．記或云子產起而戮之．於春秋左氏傳昭公二十年而子產卒．子太叔嗣爲政．定公八年太叔卒．駟歂嗣爲政．明年乃殺鄧析而用其竹刑．君子謂子歂於是乎不忠．苟有可以加於國家．棄其邪可也．靜女之三章．取彤管焉．竿旄何以告之．取其忠也．故用其道．不棄其人．詩之蔽芾甘棠．勿翦勿伐．召伯所茇．思其人猶愛其樹也．況用其道不恤其人乎．然無以勸能矣．竹刑．簡法也．久遠．世無其書．子產卒後二十年而鄧析死．傳說或稱子產誅鄧析．非也．其論無厚者．言之異同．與公孫龍同類．謹第一：案一當作上．

漢書藝文志名家鄧析二篇。鄭人・與子產並時・師古曰・列子及孫卿並云・子產殺鄧析・據左傳昭公二十年子產卒・定公九年駟歂殺鄧析而用其竹刑・則非子產所殺也・

隋書經籍志子部名家鄧析子一卷。析・鄭大夫・

舊唐書經籍志丙部子錄名家類鄧析子一卷。鄧析撰・

新唐書藝文志丙部子錄名家類鄧析子一卷。

宋史藝文志子類名家類鄧析子二卷。鄭人・

崇文總目鄧析子。戰國時人。漢志二篇。初析著書四篇。劉歆有目有一篇。凡五。歆復校爲二篇。

通志藝文略名家。鄧析子一卷。戰國時鄭大夫・

清四庫全書總目子部法家類。鄧析子一卷。少詹事陸費墀家藏本・　周鄧析撰。析。鄭人。

列子力命篇曰。鄧析操兩可之說。設無窮之辭。子產執政。作竹刑。鄭國用之。數難子產之治。子產屈之。子產執而戮之。俄而誅之。劉歆奏上其書。案高似孫子略·誤以此奏爲劉向·今據書錄解題改正·則曰。於春秋左氏傳昭公二十年而子產卒。子太叔嗣爲政。定公八年太叔卒。駟歂嗣爲政。明年乃殺鄧析。而用其竹刑。然則列子爲誤矣。其書漢志作二篇。今本仍分無厚轉辭二篇。而併爲一卷。然其文節次不相屬。似亦掇拾之本也。其言如天於人無厚。君於民無厚。父於子無厚。兄於弟無厚。勢者君之輿。威者君之策。則其旨同於申韓。如令煩則民詐。政擾則民不定。心欲安靜。慮欲深遠。則其旨同於黃老。然其大旨主於勢統於尊。事覈於實。於法家爲近。故竹刑爲鄭所用也。至於聖人不死。大盜不止一條。其文與莊子同。析遠在莊子以前。不應預有勦說。而莊子所載。又不云鄧析之言。或篇章殘闕。後人摭莊子以足之歟。

涵芬樓四部叢刊書錄子部。鄧析子二卷一冊。江南圖書館藏明刊本·周鄧析撰。前有劉歆進書序每葉二十行．行十九字．近江山劉氏覆宋本．一聲而非罵．勿追．一言而忽罵不及．此罵字俱作駟馬．宋諱敬愼敦三字皆闕筆．亦原於宋．

附嚴可均鐵橋漫稿一則

崇文總目言·劉歆校爲二篇·今本二篇·卽歆所分·而前有劉向奏·稱除復重爲一篇者·蓋歆冠以向奏·唐本相承如此也·知者意林及楊倞注荀子·皆云向云歆也·因據各書引見·此改補·五十餘事·疑者闕之·舊三十二章·今合并爲三十一章··節次或不相屬·而詞指完具·各書徵引·鮮出此外·惟御覽八十··符子引鄧析言曰·古詩云·堯舜至聖·身如脯腊·桀紂無道·肌膚二尺·今本無之·當是佚脫·

序說

荀子曰．山淵平．天地比．齊秦襲．入乎耳．出乎口．鉤有須．卵有毛．是說之難持者也．而惠施鄧析能之．（不苟篇）又曰．不法先王．不是禮義．而好持怪說．玩琦辭．甚察而不惠．辯而無用．多事而寡功．不可以爲治綱紀．然而其持之有故．其言之成理．足以欺惑愚衆．是惠施鄧析也．（非十二子篇）

韓非子曰．堅白無厚之詞章．而憲令之法息．（問辯篇）案史記孟子荀卿列傳．趙有公孫龍爲堅白異同之辯．又案．無厚．鄧析子篇名．

淮南子曰．公孫粲於辭而貿名．鄧析巧辯而亂法．（詮言訓）

高似孫曰．劉向曰．非子產殺鄧析．推春秋驗之．按左氏魯定公八年．鄭駟歂嗣子太叔爲政．明年殺鄧析．而用其竹刑．君子謂駟歂於是爲不忠．考其行事．固莫能詳觀其立言．其曰天於人無厚．君於民無厚．又曰勢者君之輿．威者君之策．其意義蓋有出於申韓之學者矣．班固藝文志乃列之名家．列子固嘗言其操兩歧之說．設無窮之辭．數難子產之治．而子產誅之．蓋列與左氏異矣．荀子又言其不法先王．不是禮義．察而不惠．辯而無用．則亦流於申韓矣．夫傳者乃曰．歂殺鄧析．是爲不忠．鄭以衰弱．夫鄭之所以爲國者．有若裨諶草創之．世叔討論之．東里子產潤色之．庶幾於古矣．子產之告太叔曰．有德者能以寬服人．其次莫如猛．子產．惠人也．固已不純乎德．他何足論哉．不止竹刑之施．而民懼且駭也．嗚呼．春秋以來．列國棊錯．不以利勝．則以威行．與其民蹂躪於爭抗侵凌之城．豈復知所謂仁漸義摩者．其民苦矣．固有惠而不知爲政者．豈不賢於以薄爲度．以威爲神乎．析之見殺．雖歂之過．亦鄭之福也．子略

晁公武曰．析書大旨訐而刻．真其言也．其間時勦取他書．頗駁雜不倫．豈後人

附益之與．郡齋讀書志．

王世貞鄧子序　鄧析子五篇．鄧析子．鄭人也．或云．數難子產之政．子產戮之．按左氏．駟歂嗣子太叔爲政．始殺析．其人不足論．其文辭．戰國策士倪耳．循名責實．察法立威．先申韓而鳴者也．至謂天於人．父於子．兄於弟．俱無厚者．何哉．先王之用刑也．本於愛．析之用刑也．本於無厚．於乎誅晚矣．轉辭篇．與智者言依于辯數語同鬼谷子．豈後人傳其旨苟益其辭也耶．要之小人之言．往往出于機心之發．故不甚相遠耳．呂氏春秋記析嘗教獲溺屍者購溺屍者交勝而不可窮．固市井舞文之魁也．孰謂駟歂失刑哉．弇州山人序．

楊愼鄧子序　昔人謂東方曼倩學不純師．余于鄧析子亦云．從來虛無則老莊司化．刑名則商韓執契．經濟則敬仲持竅．飛箝捭闔則鬼谷導機．蓋悉有專門．各不相借．凜凜乎如畫界而守也．今觀是書．則經緯相雜．玄黃互陳．宮商迭奏。初無定質。其言神不可見。幽不可見。智者寂於是非。明者寂於去就。則鬼谷子家言也。其言百官有司各務其刑。循名責實。察法立威。則商韓氏意也。其言達道者無知之道。無能之道。聖人以死。大盜不起。則漆園語也。其言心欲安靜。慮欲深遠。尊貴無以高人。聰明無以籠人。資給無以先人。剛勇無以勝人。則杜下史知雄守雌。知白守黑之遺教也。至云藏形匿影。羣下無私。明君視民而出政。又云民一于君。事斷于法。君人者不能自專而好任下。則智日困而數日窮。則又皆管大夫不失政柄。君臣明法之旨也。然篇中多御轡勵臣之語。鄧析殆長于治國者與。雖其書合纂組以成文。然皆幾幾乎道。可謂列素點絢。流潤發彩。言之成服者矣。成都楊愼撰。

張鴻舉鄧子小引　骨塡肉補之藥。長於養體益壽。而不可以救暍溺之急。務寬含垢之政。可以蒞敦御朴。而不可以拯衰弊之變。此鄧析一書所由作也。或謂子產殺其身而用其言。倘亦疑其無厚一論。微有過情焉者乎。今讀其書。雖覺仁氣少而義氣多。然其通練精深之言。真可與申商並垂不朽。余故與躬三次第行之。若欲以此入文士之胸。發其筆光舌電。則余何敢。乙丑長至日。西湖張鴻舉漫題於竹浪館。

羅根澤 撰

鄧析子探源

一九五八年人民出版社排印《諸子考索》本

“鄧析子”探源

鄧析子僞書也，而前人無疑者。惟晁公武郡齋讀書志、王應麟漢書藝文志攷證並云:“其間鈔同他書，頗駁雜不倫，豈後人附益之歟?”紀曉嵐等四庫全書提要云:“其文節次不相屬，似亦掇拾之本也。……至于‘聖人不死，大盜不止’一條，其文與莊子同；析遠在莊子以前，不應預有勦說，而莊子所載，又不云鄧析之言，或篇章殘闕，後人摭莊子以足之歟?”以余謭陋，竊疑鄧析之書，散佚蓋久，今本二篇，出于晉人之手，半由掇拾羣書，半由僞造附會。厥證有八:

(一)荀子不苟篇曰:“山淵平，天地比，齊秦襲，入乎耳，出乎口，鉤有須，卵有毛，是說之難持者也，而惠施鄧析能之。”惠施之書雖佚，而就莊子天下篇所載觀之，確實如此，知荀子所言，殆據二家之書，並非誣妄。檢今本鄧析子，絕無此等言論，其非先秦之舊無疑。

(二)漢書藝文志(以下省稱漢志)名家著鄧析二篇，劉向鄧析子書錄云:“鄧析好刑名，操兩可之說，設無窮之辭(此數句並引見楊倞荀子不苟篇註)。……其論無厚者言之異同，與公孫龍同類。”今本鄧析子亦兩篇，首爲無厚篇，發端卽曰:“天於人無厚也，君於民無厚也，父於子無厚也，兄於弟無厚也。”以下釋天於人，君於民，父於子，兄於弟無厚之說，皆以恩情厚薄而言，隣於道家“天地不仁，以萬物爲芻狗；聖人不仁，以百姓爲芻狗”之說。漢志著公孫龍子十四篇，今止餘六篇，其論無厚之說，已不可考。然惠施歷物之意曰:“無厚不可積也,其大千里。”(莊子天下篇)墨經上曰:“厚,有所大也。”經說上曰:“厚,唯無所大。”荀子修身篇曰:“夫堅白同異有厚無厚之察。”韓非子問辯篇曰:“堅白無厚之辭張,而憲令之法息。”厚與積對擧,指物之厚薄而言,幾何所謂“體”也。“厚”之問題,當時名家,討論綦詳,形成社會常識,非名家亦能略悉其義。莊子養生主篇云:“彼節者有間,而刀刃者無厚,以無厚入有間,恢恢乎其於遊刃必有餘地矣”,固亦不背名家義也。鄧析旣爲名家,其論無厚旣與公孫龍同類,亦當略同此義,何得以恩情厚薄爲言?蓋作僞者知鄧析爲名家,又知“無厚”爲名家術語,見劉向有鄧析“論無厚”之言,故首論“無厚”,且以“無厚”名篇,惜於“無厚”之恉,茫然未察,詮釋大謬,而僞蹟暴露矣。

(三)無厚篇第九節曰:“推辯說非所聽也,虛言向(向字疑誤)非所應也,無益之辭(之辭原作亂,依孫詒讓校改)非所擧也。故談者別殊類使不相害,序異端使不相亂,諭志通意,非務相乖也。若飾詞以相亂,匿詞以相亂移(亂疑衍),非古之辯也。”第十五節又曰:“所謂大辯者,別天下之行,具天下之物,選善退惡,時措其宜,而功立德至矣。小辯則不然,別言異道,以言相射,以行相伐,使民不知其要。無他故焉,故淺知也”(故淺之故疑衍)。此荀子正名非辯之義也,非“操兩可之說,設無窮之辭”之鄧析所宜有也。考荀子非十二子篇曰:“不法先王,不是禮義,而好治怪說,玩琦辭,甚察而不惠,辯而無用,多事而寡功,不可以爲治綱紀。然而其持之有故,其言之成理,足以欺惑愚衆,是惠施鄧析也。”又儒效篇曰:“不恤是非然不然之情,以相薦撙,以相恥怍,君子不若惠施鄧析也。”與此完全相反。荀子所以亟亟於正名非辯者,對惠施鄧析等之詭辯而發也。若鄧析而果如此,荀子固稱頌之不暇,烏能斥其“辯而無用”,而大加排詆也?

荀子敵視鄧析，其指摘之語，尙可謂其故加詆譭，實則並不如此。再考之呂氏春秋離謂篇載："子產治鄭，鄧析務難之，與民之有獄者約：大獄一衣，小獄襦袴。民之獻衣襦袴而學訟者，不可勝數。以非爲是，以是爲非，是非無度，而可與不可日變。所欲勝因勝，所欲罪因罪。鄭國大亂，民口讙譁。"亦與荀子所言相應，而與今本鄧析子相反，則今本之非鄧析之舊，彰彰明矣。

孫詒讓云："'別殊類使不相害'以下七句，與劉向別錄引鄒子及韓詩外傳文略同。"（札迻卷五）按別錄引鄒子曰："彼天下之辯有五勝三至，而辭正爲下。辯者別殊類使不相害，序異端使不相亂，抒意通指，明其所謂，使人與知焉，不務相迷也。"（引見史記平原君虞卿列傳集解）韓詩外傳之言，與鄒子文幾於全同，蓋襲鄒子者，不贅引。然則"辯者別殊類"云云，源出鄒子，而造僞之人據以竄入者也。

（四）無厚篇第九節及第十五節旣言談者應當"別殊類使不相害，序異端使不相亂"矣；旣言大辯者應當"別天下之行，具天下之物"矣。而第三節又曰："異同之不可別，是非之不可定，白黑之不可分，淸濁之不可理，久矣。"異同，是非，白黑，淸濁，非殊類乎？非異端乎？何以又謂其不可分別也？前後矛盾，自相牴牾，鄧析之言，必不如此。良以造僞者讀鄒荀之說，心折其議，以爲勝於詭辯者流，而又知鄧析"操兩可之說"，兩義並陳，設阱自陷；且於異同是非不可別不可定之理，不能以微言析其義，定非鄧析言也。

（五）無厚篇曰："楚之不泝流，陳之不東麾，長盧之不士，呂子之蒙恥。"楚與陳不知何指。長盧，楚人。史記孟子荀卿列傳曰："楚有尸子長盧。"漢書藝文志諸子略道家著長盧子九篇，註云"楚人"。史記以長盧與公孫龍劇子李悝諸戰國人並列，知長盧亦戰國時人。左傳定公九年載，"鄭駟歂殺鄧析而用其竹刑'。則其卒尙在春秋末年，烏能論及戰國之長盧？至呂子蓋卽呂不韋，去鄧析尤遠矣。

（六）漢志攷證云："其間鈔同他書，頗駁雜不倫。"玆參校各書，列其鈔同他書之已經考知者如下：

（1）四庫提要謂："'聖人不死，大盜不止'一條，其文與莊子同。"今案此爲轉辭篇第二節，與莊子胠篋篇文同。

（2）王弇州鄧析子序云："轉辭篇'與智者言依于辯'數語，同鬼谷子，豈後人傅會其旨，苟讼其辭也耶？"今案此數語在轉辭篇爲第一節，原文云："與智者言依於博，與博者言依於辯，與辯者言依於安（鬼谷作要），與貴者言依於勢，與富者言依於豪（鬼谷作高），與貧者言依於利，與勇者言依於敢，與愚者言依於說。此言之術也"（鬼谷作此其術也）。與鬼谷子權篇同，惟彼多"與賤者言依於謙，……與過者言依於銳"二語。

（3）鈔鬼谷子者尚有四節，一爲無厚篇第十七節之鈔同鬼谷子內揵篇：

故遠而親者，志相應也；近而疏者，志不合也；就而不用者，策不得也；去而反求者，無違行也；近而不御者，心相乖也；遠而相思者，合其謀也（無厚篇）。	故遠而親者，有陰德也；近而疎者，志不合也；就而不用者，策不得也；去而反求者，事中來也；日進前而不御者，施不合也；遙聞聲而想思者，合於謀，待決事也（內揵篇）。

二爲轉辭篇第四節前半之鈔同鬼谷子本經陰符七篇。彼文云："心欲安靜，慮欲深遠。心安靜則神明榮，慮深遠則計謀成。"此文"神明榮"作"心策生"，餘全同。

三爲轉辭篇第七節之鈔同鬼谷子權篇：

夫人情發言欲勝，舉事欲成。故明者不以其短疾人之長，不以其拙病人之工。言有善者則賞之，言有非者則罰之。（轉辭篇）	人之情，出言則欲聽，舉事則欲成。故智者不用其所短，而用愚人之所長；不用其所拙，而用愚人之所工：故不困也。言其有利者，從其所長也；言其有害者，避其所短也。（權篇）

四爲轉辭篇第九節之鈔同鬼谷子摩篇：

夫謀莫難於必聽，事莫難於必成。成必合於數，聽必合於情。故施薪加火，鑠者必先燃；平地注水，溼者必先濡。故曰：動之以其類，安有不應者？獨行之術也。（轉辭篇）	故謀莫難於周密，說莫難於悉聽，事莫難於必成，此三者然後能之。故謀必欲周密，必擇其所與通者說也，故曰或結而無隙也。夫事成必合於數，故曰，道數與時相偶者也。說者聽必合於情，故曰情合者聽。故物歸類，抱薪趨火，燥者先燃，平地注水，溼者先濡，此物類相應，於勢譬猶是也，此言內符之應外摩也如是。故曰，摩之以其類，焉有不相應者？乃摩之以其欲，焉有不聽者？故曰，獨行之道。（摩篇）

水流溼，火就燥之喻，古書用者甚多（如易乾卦，荀子大略篇，呂氏春秋應同篇皆有此類比喻），所以獨謂其鈔鬼谷子者，以此喻前後之語，皆與鬼谷子相同，而不與他書相同也。至所以謂此鈔鬼谷子，非鬼谷子鈔此書者，以在鬼谷子頗晦澀，在此則極明晰故也。

（4）轉辭篇第三節自"夫治之法"，至"此治國之道也"，共七八十字，據藝文類聚五十四，太平御覽六百三十八，爲愼子文。唯曰

"立君而尊愚","君立而愚者不爭","愚"字彼皆作"賢",玩其義蘊,作賢爲是。此與慎子勢治主義恰相照合;與詭辯家之鄧析則毫不相涉,知爲僞鄧析子之人據以鈔入者也。

(5)無厚篇第十一節、十四節、十五節、十六節,皆鈔同淮南子主術訓:

鄧析子	淮南子
夫水濁則無淖尾之魚,政苛則無安樂之士。故令煩則民詐,政擾則民不定。不治其本,而務其末,如拯溺鍾之以石,救火投之以薪。(無厚篇第十一節)	夫水濁則魚噞,政苛則民亂(二句又見韓詩外傳)。……是以上多故則下多詐,上多事則下多態,上煩擾則下不定,上多求則下交爭。不直之於本,而事之於末,譬猶揚堁而弭塵,抱薪以救火也。(主術訓)
夫舟浮於水,車轉於陸,此自然道也。有不治者,知不豫焉。(無厚篇第十四節)	夫舟浮於水,車轉於陸,此勢之自然也。木擊折轊,水戾破舟,不怨木石,而罪巧拙者,知故不載焉。是故道有智則惑,德有心則險,心有目則眩。……今夫權衡規矩一定而不易,不爲秦楚變節,不爲胡越改容,常一而不邪,方行而不流,一日刑之,萬世傳之,而以無爲爲之。(主術訓)
夫木擊折轊,水戾破舟,不怨木石,而罪巧拙,故不載焉。故有知則惑,有心則嶮,有目則眩。	
是以規矩一而不易,不爲秦楚緩節,不爲胡越改容,一而不邪,方行而不流,一日形之,萬世傳之,無爲爲之也。(無厚篇第十五節)	

爲君當若冬日之陽，夏日之陰，萬物自歸，莫之使也。恬臥而功自成，優游而政自治。豈在振目搤腕，手據鞭扑，而後爲治歟。（無厚篇第十六節）	冬日之陽，夏日之陰，萬物歸之而莫使之然。昔孫叔敖恬臥而郢人無所害其鋒，市南宜遼弄丸而兩家之難無所關其辭。鞅鞈鐵鎧，瞋目扼擘，其於以御兵刃縣矣。（主術訓）

此外如轉辭第七節曰："今之爲君，無堯舜之才，而慕堯舜之治，故終顚殞乎混冥之中，而事不覺于昭明之術，"與淮南子要略所謂，"今學者無聖人之才，而不爲詳說，故終身顚頓乎混溟之中，而不知覺寤乎昭明之術矣"，亦略同。又第十節曰："明君立法之後，中程者賞，缺繩者誅。"亦見淮南子主術訓。惟"明君立法之後"，彼作"法定之後"。雖韓非子難一有"中程者賞，弗中程者誅"二語，然此似鈔同淮南子；因此書鈔淮南子者甚多，而此云"缺繩者誅"，又完全相同也。

（6）轉辭篇第八節曰："忠怠（原作患生，依意林改）於宦（原作官，依意林改）成，病始於少瘳，禍生於懈慢，孝衰於妻子，此四者愼終如始也。"此見說苑敬愼篇及韓詩外傳卷八，惟"忠"彼皆作"官"；"少瘳"說苑作"少愈"，韓詩外傳作"小愈"；"慢"彼皆作"惰"；"如"說苑同，韓詩外傳作"有"。說苑韓詩外傳皆堆積故事之書，故不妨相襲，鄧析子爲名家專門書，何能亦與相襲？

統觀全書，無厚轉辭兩篇，不過三十節三千餘言，鈔同他書者，至有如是之多，眞鄧析書，惡能如此？斯亦晚出僞書之證也。

（七）轉辭篇第六節曰："衆口鑠金，三人成虎，不可不察也。"衆口鑠金之故事出於國語周語，尙可勉强謂鄧析可以見知；三人成虎之說，出於戰國策魏策，則鄧析絕不能見也。魏策二曰："龐葱與太子質於邯鄲，謂魏王曰，'今一人言市有虎，王信之乎？'王曰，'否'。

'二人言市有虎，王信之乎？' 王曰，'寡人疑之矣'。'三人言市有虎，王信之乎？' 王曰，'寡人信之矣'。龐葱曰，'夫市之無虎明矣，然而三人言而成虎。今邯鄲去大梁也遠於市，而議臣者過於三人矣，願王察之矣'。"據此三人成虎之說，爲龐葱之創喻，鄧析爲春秋時人，焉能引用？且此喻雖出於戰國之龐葱，而戰國策則作於西漢之蒯通㊀，尤非鄧析所能見也。

(八)楊愼鄧析子序："昔人謂東方曼倩學不純師，余於鄧析子亦云：從來虛無則老莊同化，刑名則商韓執契，經濟則敬仲持筴，飛箝捭闔則鬼谷導機，蓋悉有專門，各不相借，凜凜乎如畫界而守也。今觀是書，則經緯相類，元黃互陳，宮商迭奏，初無定質。其言神不可見，幽不可見，智者寂於是非，明者寂於去就，則鬼谷子家言也。其言百官有司，各務其刑，循名責實，察法立威，則商韓氏意也。其言達道者無知之道，無能之道，聖人以死，大盜不起，則漆園語也。其言心欲安靜，慮欲深遠，尊貴無以高人，聰明無以籠人，資給無以先人，剛勇無以上人，則柱下史知雄守雌之教也。至云藏形匿影，羣下無私，明君視民而出政：又云民一於君，事斷於法，君人者不能自專而好任下，則智日困而數日窮，則又皆管大夫不失政柄，君臣明法之旨也。"此論今本鄧析子之駁雜不純，可謂確評。竊嘗以謂雜家之學，必起於諸家有相當成立之後；以諸家未成，無可供其擷採以成其博贍龐雜之說也㊁。鄧析之生，先於鬼谷漆園及商韓諸人，何能預勦其說？故凡先秦諸子，人在前而其書雜者，皆僞書也。

有此八證，知其必僞，而僞於何時，殊費考索。意林所載，全見今本。所不同者，惟無厚篇第三節"安得不危"下，意林尚有"輪敗

㊀ 戰國策舊題劉向撰，誤，詳拙作戰國策作於蒯通考，及戰國策作於蒯通考補證。如依舊說爲劉向所作，其時代更晚，其距離鄧析更遠。

㊁ 請參拙作尹文子探源。

策折，馬奔輿覆，則載者亦傾矣"，想係今本殘缺，非意林別有所本。據柳伯存意林序，梁朝庾仲容有子抄三帙，"馬總精好前志，務存簡要，又因庾仲容之抄，略存六卷，題曰意林"。意林所載，既爲今本，則子抄所據亦卽今本；而今本之僞作年代不能晚於梁代可知。再考晉魯勝墨辯叙云："自鄧析至秦時，名家者，世有篇籍，率頗難知，後世莫復傳習，於今五百餘歲，遂亡絕"（引見晉書卷九四隱逸傳中之魯勝傳）。則古本之亡在魯勝之先，而今本之作必在魯勝之後。魯勝於元康初遷建康令（見晉書本傳），知爲西晉初人。東西兩漢，經學獨尊；子學復興，乃在魏晉；下至宋齊梁陳，則又由子學復興，轉於佛學大盛。故古諸子之整理與僞造，多在魏晉兩代，宋齊卽漸衰矣㊀。然則鄧析子蓋亦晉人之作乎？

（一九三一年前河北大學文學叢刊第五期鄧析子之眞僞及年代考，收入諸子續考改此題。）

㊀ 請參拙作尹文子探源。

汪奠基 撰

鄧析的名辯思想

一九六一年中華書局排印《中國邏輯思想史料分析》本

第二章　鄧析的名辯思想

一　鄧析的時代及名辯思想鬥爭的開始

鄧析春秋末年鄭人，卒於紀元前五〇一年，與子產、老子、孔子同時，早於墨子數十年。漢書藝文志列爲名家第一人。春秋的鄭國是中原商業最發達的列國之一，其地居晉、楚兩霸國之間，東周頻繁的戰爭，在這裏發生的最多，商人參加政治活動的也最顯著。春秋時諺語說「鄭昭宋聾」，就是說鄭人比宋人機智。所謂「鄭聲」、「佞人」，正是由於它的複雜的社會經濟關係所引起的。弦高路却秦兵，說明貴族與商人間的矛盾尖銳化。反貴族階級的士人也大爲抬頭。支配着社會文化的「周禮」，首先在鄭國遭到破壞。「鄉校議政」的思辯活動，是用論爭形式來反對「朝廷議事」的制度。子產和鄧析大膽揭破了「不許民知爭端」與「禁民有爭心」的秘密。子產主張公佈法律，鄧析更作了竹刑。議論政治的「刑名之辯」、「利口之辭」，在當時極爲發達。孔子也曾讚賞子產嚴格達辭的正名態度，認爲這種善爲辭令的方法，旣表示政治的愼重，又表示語言的準確。（論語說，爲命，裨諶草創，世叔討論，子羽修飾，最後子產潤色。）所以鄭人講究名辯達辭的風氣，與他們的政治論爭是不可分的。

鄧析作過鄭大夫，政治上與子產並不完全一致。他喜治怪說巧辯，好刑名。常教人學習辯訟技術和掌握議政的思想方法，主張用自由反駁的辯論。他和子產有過很激烈的詰難。據荀子宥坐篇、呂覽離謂篇、列子力命篇及說苑指武篇，都說子產把鄧析殺了。後來人根據左傳，知道殺鄧析的是鄭駟顓，不是子產。這件事情，應該說是古代名辯思想表現的一次最酷烈的政治鬥爭。鄧析在當時大概就是孔子所說的「佞人」首領，他運用名辯的思想武器來議政，得罪了不少當權的人，所以遭到迫害。魯國少正卯也就是以「言偽而辯，記醜而博」等罪名被誅的。（尹文子大道篇說：「孔子攝魯相，七日而誅少正卯。」）議政的形名之辯，在春秋末年，一般都是反當權派、反復古派的。刑名的思想鬥爭，是中國邏輯史上很好的開端。

劉向別錄說「鄧析好刑名」。又據說苑反質篇說，鄧析曾製造農民灌溉用的「桔槔機」，並勸隱耕的五丈夫使用這種機械；五丈夫不聽，反而批評鄧析是「弄機智之巧」與「用機智之心」的危險人物。大概鄧析懂些自然科學如物理、力學和幾何學等樸素知識，從而體會到社會和自然現象矛盾變化的簡單道理。所以在實際生活中，他善於運用對立或兩反的辯論。呂覽離謂篇有三條故事，說明了他對社會、政治的「是非抗辯」的態度。這三條故事是：

「鄭國多相縣以書者（關於議政的揭帖或即古代墻報），子產令無縣書；鄧析致之（按即改用簡書傳遞來反對）。子產令無致書，鄧析倚之（按即改用雜在物品包裹中寄出）。令無窮，則鄧析應之亦無窮矣。」

「鄭之富人有溺者，人得其死者；富人請贖之，其人求金甚多，以告鄧析；鄧析曰：『安之，人必莫之賣矣。』得死者患之，以告鄧析；鄧析又答之曰：『安之，此必無所更買矣。』」

「子產治鄭，鄧析務難之，與民之有獄者約：『大獄一衣，小獄襦袴。』民之獻衣襦袴而學訟者不可勝數。以非爲是，以是爲非，是非無度，而可與不可日變。所欲勝，因勝；所欲罪，因罪。」

這三條合起來看，既說明了鄧析對子產的政治反抗，也說明了他的是非兩可之辯同他用辯訟方法教人的學風，主要都是與政治鬥爭相聯係的。如果片面地把鄧析的名辯思想當爲「訟師」的詭辯看，那是不合事實的。我們從邏輯史方面來考察，很容易證明這些辯論的思想在當時確有一定的積極意義。古代希臘有些辯者所持的詭辯論題，就與鄧析的「兩可」、「無窮」頗爲相似；還有中東美索不達米亞最早的法家，也曾在法律判詞中援用「對立命題」的形式，作爲裁決自己所預立的「是非標準」。後來許多邏輯史家證明這些論題和對立式的判斷或推論，都是最早的邏輯推理和論證的思想形式。漢志列鄧析爲名家創始人，這是合於古代邏輯發生的歷史事實的，所以我們承認鄧析是先秦名辯思想史中最早的創始人之一。

二　鄧析名辯思想的影響

鄧析的名辯思想，歷史上簡單按「兩可」、「無厚」的辯辭，把他作爲詭辯論者看待，這可能是統治階級和所謂「正統派」留下的見解。我們應該知道，所謂「兩可」、「無厚」的理論和思想，本來是從春秋末年等級社會的政治經濟生活反映出來的，是對當時宗法貴族、神秘信仰，以及正名的保守思想作了一個有意識的否定。鄧析名辯的學說並沒有完全留下來，但是他在這方面發生過很大作用，而且影響也不只是一時一地。我們看到論語裏，孔子要人不要接近鄭國「禦人以口給」的「佞人」，並且說：「惡利口之覆邦家。」這裏的佞人利口，主要是指反禮制的名辯學者說的，即指直接和正名思想相矛盾的鄧析學派說的。到後來，整個戰國儒派都反對以鄧析爲首的名辯思想，而最爲突出的則是荀子。他說：

「不法先王，不是禮義，而好治怪說，玩琦辭，甚察而不惠，辯而無用，多事而寡功，不可以爲治綱紀；然而其持之有故，其言之成理，足以欺惑愚衆，是惠施、鄧析也。」（荀子非十二子篇）

「不恤是非，然不然之情，以相薦撙（相爲陵駕），以相恥怍（辱也），君子不若惠施、鄧析也。」（仝上儒效篇）

另外在非相篇裏還提出了「君子之辯」來區別惠、鄧之辯。結論說對於所有利口的辯者，惟有「先誅」滅其身。荀子推論的理由是這樣：

「聽其言則辭辯而無統，用其身則多詐而無功；上不足以順明王，下不足以和齊百姓，……夫是之謂姦人之雄，聖王起所以先誅也。然後盜賊次之。盜賊得變，此不得變也。」

荀子爲什麼要這樣強烈的反對呢？因爲荀子正名的政治思想恰是以保衛「禮制」、「禮義」爲重。他認爲「後王之成名，刑名從商，爵名從周，文名從禮」（正名篇），這是歷史的成俗；所謂「夫堅白同異有厚無厚之察，非不察也，君子不辯，止之也」（修身篇）。鄧析的「兩可」、「無厚」之辭，對於「成名」、「成俗」來說，都是有違禮制的。特別是到了莊周，發生了「可不可，然不然，因百家之智，窮衆口之辯」的相對主義，同時更有惠施、公孫龍擴大爲發揮了「兩可」、「無厚」之論，在政治上傳播了許多詭辯論爭的消極影響。所以荀子用唯物論的批判精神，從邏輯科學上來反對「惠、鄧」學派的辯論形式，認爲他們旣「蔽於辭」，復「蔽於法」，是「不法先王，不是禮義」的謬論。

但是，這裏應該分別一下，惠施、莊周、公孫龍均後於鄧析百餘年，鄧析作「竹刑」而難子產之法，在舊宗法等級社會制度下是有積極作用的，不能以「惠、鄧」並提。如果「奇辭」、「怪說」的內容就是指「不法先王，不是禮義」的話，那末，我們就應該說所謂「奇辭」、「怪說」正是反抗統治階級壓迫的工具和否認神秘信仰的傳統觀念的表現。換句話說，鄧析的名辯思想，確實反映了當時社會進步力量的要求。荀子不可能分別這個歷史事實，他當然也就不知早期的名辯論爭對邏輯科學思想來說是很重要的開端，是企圖以某些理性論爭的形式，解釋自然現象，而使古代倫理社會的規範形式，轉變爲相對概念的客觀認識形式的基礎。鄧析主張公佈公法，創造爲農民服務的桔槹機，這是他不自覺地採取直觀唯物的某些觀點，和與農民較爲接近的經驗認識來展開反對當權者的思想鬥爭。所以他的名辯勢力始終威脅着統治者的利益。過去不僅呂覽載鄧析「當子產之世，數難子產之法」；還有韓非問辯篇說「堅白無厚之辭章，而憲令之法息」；淮南詮言訓也說「鄧析巧辯而亂法」。所有這些批評鄧析的話，恰恰證明鄧析的名辯思想具有某些要求政治變革的戰鬥精神，而維護舊統治階級的學者們片面地認爲鄧析所持論爭，搗亂了「憲令」、「禮法」的「名實」關係，所以有意誇大「兩可」、「無厚」的詭辯意義，而無視其樸素辯證概念的科學思想。這是應該從歷史發展的觀點來分別對待的。譬如荀子不苟篇對惠、鄧的批評還指出這樣的一些論題：

「山淵平，天地比，齊、秦襲，入乎耳，出乎口，鉤有鬚，卵有毛；是說之難持者也，而惠施、鄧析能之。」

如果毫不加分析地說：這都是「察而不惠」「辯而無用」的詭辯，否定其抽象認識的積極面，並把鄧析到惠施相距一二百年間的科學發展僅僅如此來評鑑，那是不適當的。所以我們認爲對鄧析的名辯思想必須提高到：他爲什麼被統治階級的鄭駟顓所誅，換句話說，必須從正名的政治思想鬥爭上來分析，才可以明白他所運用的名辯工具是爲誰服務的；才可以知道他是古代統治者面前眞正的「邏輯魔鬼」之一。

三　關於選錄鄧析子史料的問題

晉魯勝說：「自鄧析至秦時，名家者世有篇籍，率頗難知，後學莫復傳習；於今五百餘歲，遂亡絕。」據漢書藝文志著錄鄧析子只有兩篇，劉向、劉歆校上的鄧析子顯然是不全的記載。劉歆在校序裏說「鄧析操兩可之說，設無窮之辭」；又說「其論無厚者，言之異同與公孫龍同類」。經過魏、晉至隋、唐人的雜鈔，這些同異之辯，兩可之說已非原文辭意。

又唐人李善注文選，前後引用今本鄧析子文字達十三條之多，引文大都與今本相同。李注向爲學術界所重視，無厚、轉辭兩篇不及四千字，竟被引用十三條，可見唐人對今本鄧析子並不視爲全屬僞書。因此我們合起秦、漢前的散篇記載與今本鄧析子來選錄分析，也可能還是接近歷史事實的。

鄧析的名辯學說，據先秦如莊周、荀卿、韓非及呂氏春秋的學術綜合評論中所談的話來看，無厚、轉辭是他的學說中心。無厚的主旨，包括討論自然、社會及政治倫理諸方面的論題，而以數理對象爲其巧辯的基礎，但這部份文字遺佚者最多，所以關於無厚的理解，今亦不統一。轉辭屬於巧辯的表述方式，內容以「兩可」、「兩然」的形名變換爲其研究對象，今本轉辭篇亦係雜綴而非原文。

下面就今本鄧析子兩篇原文，共選錄二十六條如次：

四　無厚篇選釋　據鄧析子五種合刊本，中國學會影印本；王啓湘鄧析子校詮，古籍出版社本

題解　鄧析的無厚論，應作爲他的哲學認識問題來理解。它代表鄧析世界觀的思想，特別是他的唯心主義認識論的名辯方法。莊子天下篇所說的「無厚不可積也，其大千里」；養生主所說的「彼節者有間而刀刃者無厚，以無厚入有間，恢恢乎其於遊刃必有餘地矣」；以及墨經上的

「端，體之無厚而最前者也」；經說上的「次，無厚而後可」等等「無厚」的概念都是鄧析無厚論的部份發展，卽形名與形量的理論問題，是屬於自然方面的討論。今本無厚篇有所謂「夫舟浮於水，車轉於陸，此自然之道也。有不治者，知不豫焉」。卽以治「自然」爲知的說法。還有論「無爲爲之也」、「萬物自歸」及「功自成」、「政自治」等等與老子無名論相同的說法。我們根據古代名辯的一般思想來看，無厚論包括自然、社會、政治、倫理諸方面的論題，這是很合當時哲學認識情況的。荀子每以「惠、鄧」並提，而惠施歷物之意的徧爲天地萬物一體說，可能是從鄧析無厚論的「萬物自定」與「審一」之說來的。列子楊朱篇說鄧析告訴子產數兄弟的話是「喩以性命之重，誘以禮義之尊」，以待其反復之。可見鄧析的名辯，決非僅限於無厚的自然一個方面。下面選釋今本無厚篇有關名辯的十二條，表明鄧析子一書的內容，攝及了鄧析名辯思想多方面的東西，雖然這些東西有可疑的，但作鄧析子書中的邏輯理解可也。

選文一　天於人，無厚也；君於民，無厚也；父於子，無厚也；兄於弟，無厚也。何以言之？天不能屏勃厲之氣，全夭折之人，使爲善之民必壽，此於民無厚也。凡民有穿窬爲盜者，有詐僞相迷者，此皆生於不足，起於貧窮，而君必執法誅之，此於民無厚也。堯、舜位爲天子，而丹朱、商均爲布衣，此於子無厚也。周公誅管、蔡，此於弟無厚也。

推此言之，何厚之有？

解釋　這條選文可以從兩個方面分析。首先從政治思想方面看，這裏的名辯思想是認爲善惡、是非、可與不可日變。秦、漢以前人說鄧析的「堅白無厚之辭章，而憲令之法息」，又說「鄧析巧辯亂法」，正與此相合。鄧析盡量暴露當時民有穿窬詐僞的原因，都是起於貧窮，生於不足；同時更指出當時統治者的「君」對貧窮的穿窬之「盜」，還「必執法誅之」。這就是「欲勝因勝」的辯訟之辭，反映了「君於民無厚」的內在矛盾，說明了無厚論包含政治的兩反論，所以它與完全爲君權服務的「正名論」基本不一致。而荀子之所以說「無厚之辯，君子不辯」，又批判鄧析爲「不法先王，不是禮義」的辯者，正由於與他那種名法政治觀點的不同而來的。鄧析主張公佈「竹刑」，又喜歡教人學辯訟，這兩方面，在當時都是要爲一般人說話，並不只是「君必執法誅之」的唯君法至上論。他的無厚論，是名辯是非的相對論，與後來愼到一派認爲「辯者不得越法而肆議」的名法觀念並不相同，而與宋鈃、尹文的形名思想亦大有區別。他承認統治與被統治的政治差異，但也認爲公開議政的辯訟方法，是人們抗辯的鬥爭工具。

其次，再從這條邏輯論證的形式來看，說明鄧析所用的推論方式基本上是唯心論的主觀推斷方法。這裏的全部論證論據，皆顯不足。譬如開始列舉「無厚」的四個待證的命題，內容乃包括自然、社會、政治、倫理諸方面的問題。但是在論證敍述的句子裏，並沒有表現充分理由，使各個待證的命題都能獲得同現實一致的眞實意義。例如所舉的：屛勃厲之氣，全夭折之人，穿窬詐僞，以及歷史傳說中的一些爭奪統治權的故事，並非是一一與客觀相應的「無厚」公理。如果作爲假設的條件看，它們只能用來湊成證明的形式，決非由已證實的命題所推得的必然結論。所以

「何厚之有」的反駁，不足以排除「有厚」的客觀事實。

選文二 循名責實，君之事也；奉法宣令，臣之職也。下不得自擅，上操其柄而不理者，未之有也。君有三累，臣有四責。何謂三累？惟親所信，一累；以名取士，二累；近故親疏，三累。何謂四責？受重賞而無功，一責；居大位而不治，二責；爲理官而不平，三責；御軍陣而奔北，四責。君無三累，臣無四責，可以安國。

解釋 本條主要有兩點：一是「循名責實」的基本論點；二是用名實的政治觀維護法令的統一。這兩點如果作爲鄧析的學說來看，那就說明鄧析的名理主張，本質上是爲「上循名以操其柄，下守法以責其實」的名實統一服務的。因此他的名辯任務除了爲達到上下一致的政治認識外，根本還是講的舊政治倫理概念。眞正講到名實的邏輯意義那是到了後期墨辯學者才有的。而一般循名責實或刑名法術的邏輯，則又是到了慎到、韓非時，由於有了參驗檢證的實踐方法，才把它推進到邏輯的科學要求。至於鄧析當時的名實辯論，主要只能是討論一些「名法」、「累責」的分守形式而已。

選文三 循名責實，察法立威，是明王也。

夫明於形者，分不過於事；察於動者，用不失則利。

故明君審一，萬物自定。名不可以外務，智不可以從他，求諸己之謂也。治世，位不可越，職不可亂。百官有司，各務其形。

上循名以督實，下奉敎而不違。……可謂治世。

解釋　本條從名辯的原則上，把事物、動靜、名實、形名等等和察用的實踐結合起來了。名不可外務，必須各務其形。明於形而責實，然後循名分守，使分不過於事，察不失於用，由此獲得名實審一，合於萬物自定的規則。所以「循名責實」，就是說要作到「名理」與「實踐」相結合的意思。例如「不越位」、「不亂職」、「奉敎不違」等等，就是有效的合一。但是這些有效性，須靠統治者用主觀智能來掌握。所謂「智不可從他，求諸己之謂也」，就是說掌握名實的認識活動只有依主觀智慧來完成。這正是鄧析名辯思想的主觀唯心論的觀點。

選文四　有物者，意也。無外者，德也。有人者，行也。無人者，道也。故德非所履，處非所處，則失。道非其道而道，則諂。意无賢，慮无忠，行无道，言虛如受實，萬事畢。

選文五　夫自見之，明；借人見之，闇也。自聞之，聰；借人聞之，聾也。明君知此，則去就之分定矣。……萬物自歸，……而功自成，……而政自治。

解釋　這裏表現出徹底的唯心論說敎。鄧析與老子的名辯思想有相同的地方，如「言虛受實，萬物自歸，功自成，政自治」等理論，幾乎完全一致。但是從「道」的範疇形式來說，則基本不同。老子承認道是「有物混成」的精、眞、信之表現體，而鄧析則認爲「有物者，意也」，是意識第一性論。老子主「行無行」，而鄧析則謂「有人者，行也；無人者，道也」。鄧析把道與現實性對立起來，結果只相信主觀，說「自見之，明；自聞之，聰」；而與老子「不自見，故明；

自見者，不明」完全相反，這是應該分別清楚的。

選文六　夫游(說)而不見敬，不恭也。……言而不見用，不信也。……因勢而發譽，則行等而名殊，人齊而得時，則力敵而功倍。其所以然者，乘勢之在外。推辯說，非所聽也。虛言向，非所應也。無益之辭（從孫詒讓校），非所舉也。故談者別殊類使不相害。序異端使不相亂。諭志通意，非務相乖也。若飾辭以相亂，匿詞以相移，非古之辯也。

解釋　這裏的話，對「辯說」指出了重要意見，同時明確了名辯的任務和作用。過去有人認爲「推辯說」以下的話是戰國正名論者用以反對詭辯論者的說法，特別是「故談者」以下的幾句話與荀子正名篇所說的相同。劉向別錄引鄒衍評公孫龍的詞意，也與此相類。韓詩外傳裏亦有與「別殊類使不相害」等七句相似的詞句。我們認爲「推辯說」以下的話正是荀子所謂一般辯者「持之有故，言之成理」的積極思想方法。聯系本節全文看，鄧析認爲辯者在「游（說）而不見敬」、「言而不見用」的情況下，應持住「因勢而發譽」（即禮記以口譽人之譽）或「乘勢之在外」的是非利害，來進行推究「不聽」、「不應」的辯說內容，檢查是否有舉例失當的無益說法。這是堅持以辯勝人的進一步想法。「別殊類」四句可能是古辯者流傳的術語，所以說「故談者」云云。

鄧析爲春秋時名辯學者，與戰國縱橫察辯之士的詭辯思想並不相同。鄭國鄉議的風氣與縱橫捭闔的權術也不是同流，「諭志通意，非務相乖」，正是鄧析「以意爲正」的思想。歷史上因苟子每以「惠、鄧」並稱，所以誤認惠施派的辯論也就是鄧析的名辯思想內容，這是硬把相隔兩百年間的辯說都看成是同一「飾人之口而不能服人之心」的思想，所以斷言「飾詞以相亂，匿詞以相移」的話不獨不是鄧析講的，而是反鄧析的一種批評。實際上這話是引用的成語，是反證「故談者」的矛盾假設爲不可用的僞辭，所以說「非古之辯也」。

像這類問題簡單作爲鄧析子書中的名辯思想看，沒有什麽不可解的。如果硬說無厚篇只有「無厚」二字是鄧析的，那末，像下面幾條推論同異、是非、白黑、感覺等等的話，將又不知歸於誰有？

選文七　異同之不可別，是非之不可定，白黑之不可分，清濁之不可理，久矣。

誠聽能聞於無聲，視能見於無形，計能規於未兆，慮能防於未然，斯無他也。不以耳聽，則通於無聲矣；不以目視，則照於無形矣；不以心計，則達於無兆矣；不以知慮，則合於未然矣。

解釋　無厚論同老子無名論有其相似的一面，這在選文四、五的解釋裏已略有說明。老子、鄧析同是輕視感覺經驗對象的。他們認爲是非、同異、形色的變化屬於普遍現象，老子以爲只有從普遍規律性的「道」來掌握這些變化；鄧析則更爲抽象地說思想（心計）認識（知慮）必須「達於無兆」，「合於未然」。按照轉辭篇說就是「視於無有，則得其所見；聽於無聲，則得其所聞。故無形者有形之本，無聲者有聲之母」。這與老子「希、夷、微」的理論屬於同一神秘的唯心論。但是鄧析並不贊成老子「道」的範疇論，所以他在邏輯上提出自己「推辯說」的另一套形式，卽由抽象的觀念之知到達「循理正名」的責實方法。其說如下：

選文八　夫達道者無知之道也，無能之道也。是知大道不知而中，不能而成，無有而足，守虛責實，而萬事畢。

選文九　忠言於不忠，義生於不義，音出而不收，謂之放；言出而不督，謂之闇。故見其象，致其形；循其理，正其名；得其端，知其情。若此，何往不復，何事不成？慮不先定，不可以應猝；兵不閑習，不可以當敵。

解釋　老子從範疇認識出發，承認「大象無形」的規律性之道與「物形之，勢成之」的現象表現之道的統一的存在，所以說「聲音相和，相開」，「言善信」及「言有宗」。鄧析的無知無能之道，則只是「不知而中，無能而成」。這與老子「知不知，上；不知，知，病」的認識基本上是相反的。

但是鄧析在名辯的應用上，却是堅持「循名督實」或「守虛責實」的方法和原則的。他主張「見象，致形；循理，正名；得端，知情」（語亦見管子白心篇）的說法，把唯心論的「先定」思想，結合到社會實際生活方面去，從而採取觀念的樸素辯證方法，來論斷「忠言於不忠，義生於不義」和主觀先慮的能動作用。這是值得注意的邏輯方法問題。

選文一〇　夫言榮不若辱，非誠辭也；得不若失，非實談也。不進則退，不喜則憂，不得則亡。此世人之常，眞人危（疑誤）斯十者而爲一矣。

選文一一 所謂大辯者：別天地之行，具天下之物，選善退惡，時措其宜，而功立德至矣。小辯則不然：別言異道，以言相射，以行相伐，使民不知其要；無他故焉，知淺故也。君子並物而錯之，兼塗而用之。五味未嘗而辯於口；五行在身而布於人；故何方之道不從，面從之義不行，治亂之法不用；惔然寬裕，蕩然簡易，略而無失，精詳入纖微也。

選文一二 夫事有合不合者，知與未知也。合而不結者陽親而陰疏。故遠而親者，忘相應也。近而疏者，忘不合也（俞樾說兩忘字皆志字之誤）。就而不用者，策不得也。去而反求者無違行也。……

解釋 選文十提出了具有辯證因素的十個例證，說明正反、是非的判斷在形式上必須符合肯定或否定的不矛盾式。但是還必須更深刻地知道「誠辭」、「實談」的內容與形式，都應該有正反統一的聯系。

選文十一分別大辯與小辯。大辯包括自然、社會、倫理的認識方法。小辯則指膚淺的論爭或以異道相非的詭辭而言。鄧析認爲眞正的辯說，必須「並物兼塗」，「多方互用」，辯之於口，布之於行，正反統一，簡易無失。這種名辯的認識、確實具有精微入裏的辯證意識。

選文十二論「事之合與不合，知與不知」的辯證關係。原文與鬼谷子內揵篇略有相似，惟鬼谷子所言爲「事有所不合，有所未知」，只重在否定辭，與鄧析的正負對舉，顯然不同。

按以上關於無厚篇選錄十二條，次序與原文的先後稍有不同。其它沒有選的幾段，有的散見於淮南子、文子、管子及藝文類聚引韓非子。各書的詞句不一致，有的因爲脫誤過多，有的並不直接關係名辯，故不俱選。

五　轉辭篇選釋

題解　過去許多人認爲轉辭篇也只有篇名是鄧析的。因爲並沒有確證，我們仍然據今本鄧析子一書進行分析，不必因懷疑而全棄此歷史資料。「轉辭」應該是鄧析邏輯思想的中心問題。他著名的「兩可」、「兩然」的辯說，可能就是「轉辭」的主要內容。如果這一估計相隔不太遠，那就可以肯定地說：鄧析在名辯的邏輯論爭中，已初步發覺了並且運用了邏輯上概念與判斷的轉換形式，承認了概念與判斷的靈活性。

本來易象辭變、數爻、論位的配合法，已經帶來不少名言組成的變化形式。「兩可」、「兩然」之說並非鄧析一人獨創。據莊子天地篇載，孔子亦大談「可不可，然不然」及「離堅白若縣寓」的問題。論語里仁篇言「無適無莫」，微子篇說「隱居教言……我則異於是，無可無不可」等等，皆說明鄧析時代轉辭的表述方法不限於辯者的使用。鄧析既以辯術教人，當然對這些技術更爲熟練。可惜關於「兩可」、「兩然」的辯論形式沒有很多的直接資料，漢以前對鄧析的記載只限於下面的簡單詞句：

鄧析「不恤是非，然不然之情」。（荀子不苟篇）

「鄧析操兩可之說，設無窮之辭。」（列子力命篇）

「鄧析……以非爲是，以是爲非，是非無度，而可與不可日變。」（呂覽離謂篇）

「可與不可，無辯也。」（仝上）

「鄧析好刑名，操兩可之說。」（劉向別錄）

比較詳細的是莊子齊物論、秋水、則陽及寓言諸篇所講的「可與不可，然與不然」的問題。由於老子與鄧析的名辯思想有些相近，戰國時道家繼續發展了鄧析的「兩可」之說，這也是很自然的。因爲春秋末年至戰國時代，社會階級的變化和政治鬥爭日益加劇着，宗法禮制的統一已崩潰到名實無存的地步。齊物論所提出的「可不可」、「然不然」之辯，是鄧析說法的進一步擴大。或者說莊子的相對主義思想，把「兩可」、「兩然」的名辯形式組成了詭辯的理論體系。齊物論所謂：

「可乎可，不可乎不可；道行之而成，物謂之而然；惡乎然？然於然；惡乎不然？不然於不然。物固有所然，物固有所可；无物不然，无物不可。」

「方可方不可，方不可方可；因是因非，因非因是。」

這是莊周的一套反邏輯的理論。如果拿這樣的相對主義來看鄧析的兩反辯論，顯然是不合的。鄧析的辯訟方式，——原文見前引呂覽離謂篇三條——毋寧謂其限於古代二難論式的簡單運用，但是本質上，確實反映了卑視當時政治的一面，所以歷史上說他「巧辭亂法」。後來惠施、公孫龍都用過這種方法來議論政治，特別是公孫龍教平原君反駁秦王之約，——事見呂覽淫辭篇

——正是兩可法的運用。整個戰國縱橫察辯之士的辯說方式，都應該說是這種兩可說的發展。

有了這些了解，再看轉辭篇的理論觀點，可能會感到更有意義。下面選錄轉辭篇原文十四條。

選文一三 世間悲哀喜樂，嗔怒憂愁，久惑於此。今轉之：在己爲哀，在他爲悲；在己爲樂，在他爲喜；在己爲嗔，在他爲怒；在己爲愁，在他爲憂。在己若扶之與攜，謝之與議，故之與右，諾之與已，相去千里也。（若扶之與攜以下，原文有脫誤，不可解）

選文一四 夫言之術：與智者言，依於博；與博者言，依於辯；與辯者言，依於要；與貴者言，依於勢；與富者言，依於豪；與貧者言，依於利；與勇者言，依於敢；與愚者言，依於說。此言之術也。

選文一五 不困在早圖，不窮在早稼。——智日困而數日窮。

選文一六 非所宜言勿言，以避其愆（王校作以避其口）；非所宜爲勿爲，以避其危；非所宜取勿取，以避其咎；非所宜爭勿爭，以避其聲。一聲而非，駟馬勿追；一言而急，駟馬不及。故惡言不出口，苟語不留耳。

選文一七 怒出於不怒，爲出於不爲（語亦見莊子庚桑楚）。視於無有，則得其所見；聽於無聲，則得其所聞。故無形者有形之本，無名者有名之母。（二名字原作聲，依譚戒甫形名發微改）

選文一八 循名責實，實之極也。按實定名，名之極也。參以相平，轉而相成，故得之形名。

解釋 以上六條是前後關聯的。選文十八總結出「轉辭」的內容，就是研究「形名」的方術。循名責實的邏輯意義，主要是「参以相平，轉而相成」的辯證認識。玆將各條主要思想分述於下：

選文十三簡單提出相對概念有主觀客觀的區別，說明「辭」有轉成「兩可」的價値判斷，亦有「己他」兩然的事實存在。因此在名辯的論證過程中，就要發生表達這些相對概念的不同方式。原文「若扶之與攜」下有脫誤，暫缺。

選文十四論「言之術」。舉出多種多樣的類型，說明「依類辯故」，必須按客觀對象不同，分別對待。同哲學家（智者）辯論，就要靠科學（博）；同博物家（左傳晉侯聞子產之言曰，博物君子也。與今言專家同）辯論，就要靠廉辯（義見周禮，即分析明白）；同名學家辯論，就要靠體要（要言不煩）；如此等等一言以蔽之，辯說必須有靈活性，要考慮到不同對象的具體情況。因此：

選文十五指出正確思維，須有培養訓練工夫。

選文十六認爲儘管「辭」有兩可相轉的可能，言有主從不同的多種方式，但是辯說仍要按適當的方式以避免犯錯誤。所以愼重地指出口不能亂說，耳也不要輕聽。

選文十七從名辯的樸素辯證形式上，說明了矛盾相反與有無相成的認識。怒因不怒，爲因不爲，視聽皆須深入到無爲視而視，無爲聽而聽的本有，因爲形名的表現都是從形名的本質（無形、無名）得來的。這是與老子樸素辯證觀念相同的說法。

選文十八提出「形名」這門學問，是以研究名實「參以相平，轉而相成」的認識爲主的。什麽叫「參以相平，轉而相成」？即是以「己」、「他」的不同觀念相參照，以「智」、「博」的不同辯辭相參照，以「宜言」、「宜爲」的不同言行相參照，以「視」、「聽」的有無相參照。如能正反相參，則是非同異之辯，兩可各得其平實；如能使兩可得其平實，則辯之兩可轉爲相反相成。這與所謂兩端推論的解決方法頗爲相近。一般說兩端爭論，乃是由於各從其名實之極以循以責。鄧析的兩可參轉，似已承認兩個相互排斥的命題，都具有矛盾相反的同等意義的眞理的存在。所以他相信只要能掌握「言之術」：循名定名，按實責實，自然會得到矛盾的合理（平實）解決。這是他相信形名兩可的理由。轉辭篇申述這種「參相平」、「轉相成」的形名之處很多，例如：

選文一九　欲之與惡，善之與惡，四者變之失。恭之與儉，敬之與傲，四者失之修。（疑有脫誤）故善素樸任，惔憂而無失；未有修焉，此德之永也。言有信而不爲信，言有善而不爲善者，不可不察也。

選文二〇　緣身而責名，緣名而責形，緣形而責實，……於是不敢行其私矣。

選文二一　治世之禮，簡而易行；亂世之禮，煩而難遵；上古之樂，質而不悲；當今之樂，邪而爲淫。上古之民，質而敦樸；今世之民，詐而多行。……

選文二二　明君之御民，若御奔而無轡，履冰而負重。親而疏之，疏而親之，故畏儉則福生，驕奢則禍起。聖人逍遙，一世罕匹，萬物之形，寂然無鞭朴之罰，莫然無叱咤之聲，而家給人足，天下太平。視昭昭，知冥冥，推未運，覩未然，故神而不可見，幽而不可見，此之謂也。

選文二三　夫人情，發言欲勝，舉事欲成。故明者不以其短，疾人之長；不以其拙，疾人之工。言有善者，明而賞之；言有非者，顯而罰之。塞邪枉之路，蕩淫辭之端，臣下閉口，左右結舌，可謂明君。爲善者君與之賞，爲惡者君與之罰，因其所以來而報之，循其所以進而答之。聖人因之，故能用之；因之循理，故能長久。

選文二四　富必給貧，壯必給老，快情恣欲，必多侈侮。故曰尊貴無以高人，聰明無以籠人，資給無以先人，剛勇無以勝人。

解釋　按這六條例證，都是說明形名「參平」與「轉成」的理論。選文十九主要說明鄧析對舊的社會倫理概念的反駁，正是運用矛盾參平的轉化關係來揭露的。選文二十緣身責名，緣名責形，緣形責實，是他名辯的唯物論點。但是意識第一的世界觀，使他在緣身責名，緣形責實的認識上，始終是站在唯心論的基礎上進行推論的。所以選文二十一的政治倫理觀，仍以「禮數」爲治亂標準，傾向於厚古薄今的倒退思想。選文二十二的「參轉」理論，基本上是些空虛抽象說法，所謂「推未運」、「覩未然」，雖然多少有些「歸納」、「觀察」的思想認識，但是並沒有發覺到眞正結合客觀邏輯的思想根源。

選文二十三提出名辯的一個新範疇，即「因循」的推論方法。說「因其所以來而報之，循其所以進而答之」，也就是前條推未運，覩未然的活動；卽根據客觀情況發展，作出主觀判斷的解答，是謂「能因之，故能用之」。辯證的「參轉」，正表現在能實際運用「因之循理」的連續推論。

名辯上的因循，反映了主觀能動或思想行動的因循。老子「貴因」，所以講慈、儉，不敢爲天下先，這是種反對革命，反對進取的思想。選文二十四鄧析所謂富壯不可以快情恣欲，以及「無以先人」、「勝人」的論調，正與老子互相發明。這種「因之循理」的思想方法，到了宋鈃、尹文更進一步發揮成爲「別宥」的理論。但他們是主張摒除主觀成見而以「捨己法物」爲「因用」之理。因之與鄧析的消極「因循」又不相同了。

無疑，因之用之，並不是偶然可以作到的，轉辭篇有些例證，可以說明運用的條件。如：

選文二五 夫謀，莫難於必聽，事，莫難於必成；成必合於數（卽有一定的法則），聽必合於情。故抱薪加火，爍者必先燃；平地注水，濕者必先濡。故曰動之以其類，安有不應者，獨行之術也。

解釋 從名辯方法說，鄧析的「因循」之術主要在「動之以其類」。無厚篇選文六說的「別殊類，序異端」正與此相合。辯者能獨行此「因循」之術，則如火就燥，如水就濕，無有不應效的。這裏說明鄧析的形名思想，還有相當重視客觀論證方法的一面。

選文二六 智者察於是非，故善惡有別。明者審於去就，故進退無類（疵也）。若智不能察是非，明不能審去就，斯謂虛妄。

解釋　鄧析認爲人的思想活動，必須運用形名辯察的工具；是非去就，都要有明智審察的功夫；否則，虛僞妄誕的思想，將使是非參而不能平，轉而亦無成了。

總之，鄧析的轉辭作爲「兩可」的方法來說，反映了春秋末年鄭國社會政治的某些新的鬥爭手段，初期形名法術思想，正是適應這些手段而產生的方式。「兩可」思想與當時政治要求是不可分的，子產的政策顯然就是運用了「兩可」的理論。左襄三十年記「鄭人遊於鄉校以論執政。然明謂子產曰：『毀鄉校何如？』」子產的答覆就是用的兩可論。他說：

「何爲？夫人朝夕退而游焉，以議執政之善否。其所善者吾則行之；其所惡者，吾則改之。是吾師也。若之何毀之？」

這種思想形式，表現出名辯的兩可或兩端論，不必一定走入詭辯空談。子產在當時雖居執政的領導地位，但是對于名辯思想是給了許多鼓舞的。

最後我們應該這樣說：子產和鄧析一派的兩可論，在名辯思想方法上有其積極的辯證因素。它在邏輯上與當時儒派正名論的思想是對立的。論語上記載「子夏曰：可者與之（指交明友），其不可者拒之」，「子張曰：異乎吾所聞。君子尊賢而容衆，嘉善而矜不能。我之大賢歟？於人何所不容？我之不賢歟？人將拒我，如之何其拒人也？」這裏的思想實質，是破斥政治倫理上兩可思想的鬥爭，與子產對鄭人的「兩然」之說基本不同。直到荀子的正名篇還是把兩端論作爲政治鬥爭的論爭看。這是値得注意分別的一個古代邏輯思想問題。

按鄧析的名辯思想發展到戰國時代，有以宋鈃、尹文爲首的正形名與正名法的名學派，和以兒說、田巴爲首的離形言名與言堅白的又一派。前者兼取儒、道、墨的正名論，提出了部份科學論證方法；後者以戰國初年儒派（子思、孟子等）及稷下黃、老名辯爲主，發展成了唯心論的詭辯邏輯理論。下面先就宋鈃、尹文的名學史料加以分析。

伍非百 撰

鄧析子辯僞

一九八三年中國社會科學出版社排印《中國古名家言》本

中國古名家言附錄

鄧析子辯僞

目錄

序

鄧析子，僞書也。何爲辯之？以其爲名家之祖，恐後世轉相沿譌也。鄧析者，鄭人也。劉向稱其「好形名之學，操兩可之辭，設無窮之辯，數難子産法，子産無以應」。今鄧析子書中，有所謂設無窮之辭，操兩可之辯者乎？無有也。荀子非十二子篇曰：「不法先王，不是禮義，而好治怪説，玩琦辭，甚察而不惠，辯而無用，是惠施鄧析也。」不苟篇曰：「山淵平，天地比，入乎耳，出乎口，鉤有須，卵有毛，是説之難持者也。而惠施鄧析能之。」今鄧析子書具存，所謂治怪玩琦者安在？「平山淵」、「比天地」之語皆無有。是今所傳鄧析子者，僞也。不寧唯是。今本篇首有劉向校録敍，敍謂「鄧析子書其論『無厚』者，言之異同，與公孫龍子同類」。考公孫龍子，自隋以來，亡其八篇，其論「無厚」之義若何，已不得見。然以名家之説繹之，固顯然與今本鄧析子不同類也。何則？「無厚」者，名家之顯説也。與「堅白」並稱於世，爲名家辯論最烈之兩大問題。惠子曰：「無厚不可積也，其大千里。」墨經曰：「厚有所大也。」韓非子曰：「堅白無厚之辭章，而憲令之法息。」荀子曰：「夫堅白同異，有厚無厚之察，非不察也。然而君子不辯，止之也。」吕氏春秋曰：「堅白之察，無厚之辯，外矣。」魯勝墨辯注叙云：「名必有形，察形莫如别色，故有堅白之辯。名必有分，明分莫如有無，故有無厚之辯。」「堅白」爲辯質點之異同問題，「無厚」爲辯質點之有無問題，皆哲學科學上最重要之争論。有厚無厚，乃争論有無「極微」及「無窮大」「無窮小」諸問題也。此問題關係於有名之形與無形之名甚鉅。名家極重視之。公孫龍子論「無厚」，其言之異同，既與鄧析子爲同類，亦當然與惠施墨辯及其他名家所論者同類。劉向作敍録時，猶及見之，故其言云然。不幸公孫龍子亡其八篇，而其論「無厚」者，不見於世。僞造鄧析子者，聞其風而悦之，未究厥旨，望文生義，造爲刻薄寡恩之言。幸賴劉向之序尚存，得以轉正其僞，亦名鄧之幸也。唐李善注文選，於僞鄧析子，引用至十三條，寥寥不滿四千言之籍，而引用至於十三，不可謂非特好。以其書之顯晦觀之，其作僞之時代，大抵與隋不相遠者近是。今於其雜湊諸家之語，可推尋者，别註於篇。

無厚篇

鄧析子舊有無厚轉辭二篇，其書已佚，惟篇名尚存。作僞者因之，遂造爲「天於人無厚也」等語，以影射之，非復名家「無厚」本旨。

天於人無厚也，君於民無厚也，父於子無厚也，兄於弟無厚也。何以言之？天不能屏勃厲之氣，全夭折之人，使爲善之民必壽，文選安陸玉碑、李善注作「令夭折之人更生，使爲善之民必壽」。此於民無厚也。凡民有穿窬爲盜者，有詐僞相迷者，此皆生於不足，起於貧窮，而君必執法誅之，此於民無厚也。堯舜位爲天子，而丹朱商均爲布衣，此於子無厚也。周公誅管蔡，此於弟無厚也。推此言之，何厚之有？此節爲作僞者自造之文，依題作訓，望文生義，而不知與名家「無厚」之旨全悖。

循名責實，君之事也。奉法宣令，臣之職也。下不得自擅，上操其柄，而不理者，未之有也。君有三累，臣有四責。何謂三累？惟親所信，一累。御覽六二。引，累下有也字，下並同。以名取士，二累。近故親疏，御覽「親疏」倒作「疏親」三累。何謂四責？受重賞而無功，一責。居大位而不治，二責。爲理官而不平，舊脱爲字，意林作「爲理官而不平」，御覽「爲理而不平」按上下文句，當從意林。三責。御意林御作在。軍陣而奔北，四責。君無三累，臣無四責，可以安國。御覽作「可謂安國家也」。

勢者君之輿，威者君之策，臣者君之馬，民者君之輪。勢固則輿安，威定則策勁，臣順則馬良，民和則輪利。爲國意林作「治國者」。失此，必有覆車奔馬、折輪敗載之患，安得不危？意林作「必有覆車奔馬、折策敗輪之患，輪敗策折，馬奔輿覆，則載者亦傾矣」。又藝文類聚五十四引韓非子曰：「勢者，君之馬也。威者，君之輪也。勢固則輿安，威定則策勁臣從則馬良，民和則輪利。爲國有失於此，覆輿奔馬，折策敗輪矣。輿覆馬奔，策折輪敗，載者安得不危？」

異同之不可别，是非之不可定，白黑之不可分，清濁之不可理，久矣。誠聽能聞於無聲，視能見於無形，計能規於未兆，慮能防於未然，然，疑作朕。斯無他也。不以耳聽，則通於無聲矣。不以目視，則照於無形矣。不以心計，則達於無兆矣。不以知慮，則合於無朕朕，舊作然，形近而誤。矣。君者，意林作「爲君者」。藏形匿影，羣下無私。掩目塞耳，萬民恐震。

循名責實，察法立威，御覽六二〇引作「案法立成」。又原本「循名責實」提行分段，御覽接上不分。是明王也。夫明於形者，分不遇遇，疑作過。於事。察於動者，用不失於舊作則利。故明君審一，萬物自定。名不可以外務，智不可以從他，求諸己之謂也。

治世位不可越，職不可亂，百官有司，各務其刑。刑通形上循名以督實，下奉教而不違。

舊作達，各本皆作違，今據改。所美觀其所終，所惡計其所窮。按此二語，亦見管子版法篇，彼作「舉所美必觀其所終，廢所舉必計其所窮」。喜不以賞，怒不以罰。可謂治世。夫負重者患塗遠，據貴者憂民離。一本憂作患。負重塗遠者，身疲而無功。在上離民者，雖勞而不治。故智者量塗而後負，明君視民而出政。獵羆虎者，不於外圂。御覽九百三十八作「獵猛虎者不於後園」。釣鯨鯢者，不居清池。何則，圂非羆虎之窟也，池非鯨鯢之泉也。御覽作「園非虎處，池非鯨淵」。蓋約其文也。此淵作泉，則避唐諱。楚之不泝流陳之不束麾。長盧之不士，同仕呂子之蒙耻。夫游而不見敬，不恭也。居而不見愛，不仁也。言而不見用，不信也。求而不能得，無始始，疑作媒，與「理」對。媒理同義。離騷：「理弱而媒拙兮，恐導言之不固。」媒、理、皆居間介紹人。也。謀而不見喜，無理也。計而不見從，遺道也。因勢而發譽，則行等而名殊。人齊而得時，則力敵而功倍。其所以然者，乘勢之在外。推辯說，非所聽也。虛言向，向字疑當作問。非所應也。無益治亂，非所舉也。舊作「無益亂，非舉也」，文不成辭，據上文例，增「治所」二字。謂言之無益於治亂者，非所言也。尹文子曰：「有理而無益於治者，君子弗言。」莊子天下篇曰：「言之無益於治者，君子不言，以爲明之不如其已。」是其義。故談者，別殊類使不相害，序異端使不相亂。諭志通意，非務相乖也。若飾詞以相亂，匿詞以相移，移上舊有亂字，今刪。非古之辯也。此段文字，爲古代名家正名派反對詭辯派之常語。鄒衍對公孫龍，與韓詩外傳，皆有此文，不知始於何人。今作僞書者，忽鈔掇其語，以竄入鄧析子，而不知其與戰國時傳説之鄧析子恰相牴牾。何則？鄧爲荀卿所反對之人，而此段文字，則與荀子正名篇之説相類。疑本爲荀卿之説。韓嬰爲荀之再傳弟子，其所言殆本於卿。今作僞者，乃反以之竄入於鄧析子，謬誤顯然。又鄒衍常用此數語，以反對公孫龍，而劉向謂公孫龍之説，與鄧析同類。則是此數語者，亦可移作反對鄧析之用。今抄者不察，混合雜凑，而不知其宗派相反至於如此也。兹具録鄒衍及韓詩外傳之説如下：劉向別録曰：「齊使鄒衍過趙平原君，見公孫龍及其徒綦毋子之屬，論白馬非馬之辯，以問鄒子。鄒子曰：『不可，彼天下之辯有五勝三至，而辭至爲下。辯者，別殊類使不相害，序異端使不相亂。抒意通指，明其所謂，使人與知焉，不務相迷也。故勝者不失其所守，不勝者得其所求。若是，故辯可爲也。及至煩文以相假，飾辭以相悖，巧譬以相移，引人聲使不得及其意，如此，害大道。夫繳紛争言而競後息，不能無害君子。』坐皆稱善。」韓詩外傳曰：「天下之辯，有三至五勝，而辭至爲下。辯者，別殊類使不相害，序異端使不相悖，輸情通意，揚其所謂，使人預知焉，不務相迷也。是以辯勝者，不失所守，不勝者，得其所求，故辯可觀也。夫繁文以相假，飾辭以相悖，數譬以相移，外人之身，使不得反其意，口論便然後害生也。夫不疏其指而弗知 謂之隱，外身 謂之諱，幾廉倚跌謂之移，指緣謬辭謂之苟，四者所爲也。故理可同覩也。夫隱諱移苟，争言競爲而後息，不能無害 爲君子也，故君子不爲也。論語曰：『君子於其言，無所苟而已矣。』詩曰：『無易由，言無曰苟矣』。」

慮不先定，不可以應卒。兵不閑習，意林作「預整」。不可以當敵。廟算千里，帷幄之奇。百戰百勝，黄帝之師。

死生自命，貧富自時。怨夭折者，不知命也。怨貧賤者，不知時也。故臨難不懼，一本難作敵。知天命也。貧窮無懾，達時序也。凶饑之歲，父死於室，子死户外，而不相怨者，無所顧也。同舟渡海，意林作「同船涉海」。又書鈔百三十七、藝文七十一、御覽七百六十八，并作涉。惟文選王仲宣贈文叔良詩注，引作渡，與今本同。中流遇風，救患若一，所憂同也。一本憂作患。張羅而畋，唱和不差者，其利等也。意林等作同。故體痛者，口不能不呼。意林痛作病。心悦者，顔不能不笑。責疲者以舉千鈞，責兀者以及走兔，驅逸足於庭，求猨捷於檻，斯逆理而求之，猶倒裳而索領也。原本無「也」字，據御覽補。

事有遠而親，近而疏，就而不用，去而反求。凡此四行，明主大憂也。凡，一本作風。蓋風與凡，古音同。中庸「知風之自」，俞樾校作「知凡之目」，是其證。

夫水濁則無掉尾之魚，政苛則無逸樂之士。故令煩則民詐，政擾則民不定。不治其本，而務其末，譬如拯溺錘之以石，救火投之以薪。御覽五二〇、藝文八〇引作「拯溺而硾之以石，救火而投之以薪」。增兩而字。錘，作硾。

夫達道者，無知之道也，無能之道也。是知大道不知而中，不能而成，無有而足。守虛責實，而萬事畢。忠出出，舊作言，篆形近而誤。於不忠，義生於不義。音而不收謂之放。言出而不督謂之闇。故見其象，致其形。循其理，正其名。得其端，知其情。見象致形三句，語出管子白心篇。若此，何往不復？何事不成？有物者，意也。無外者，德也。有人者，行也。無人者，道也。故德非所履，處非所處，則失道。非其道不道，則諂。意無賢，慮無忠，行無道，言虛如受實，萬事畢。此段似古形名法術之言。

夫言榮不若辱，非誠辭也。得不若失，非實談也。不進則退，不喜則憂，不得則亡，此世人之常。真人危危字有誤斯十者而爲一矣。所謂大辯者，別天下之行，具天下之物，選善退惡，時措其宜，而功立德至矣。小辯則不然，別言異道，以言相射，以行相伐，使民不知其要，無他故焉，故知淺原作「淺知」，據別本改。也。君子并物而錯之，兼塗而用之，五味未嘗而辨原本脱辨字，據子彙本增。於口，五行在身而布於人。故何孫詒讓云：何疑作無。愚按：疑作回。方之道不從，面從之義不行，治亂之法不用。惔然寬裕，蕩然簡易，略而無失，精詳入纖微也。

夫舟浮於水，車轉於陸，此自然道也。故爲治者，「故爲」，舊作「有不」。知故故字據下文增。知故即智故，名家常語。不豫焉。夫木擊折轊，水戾破舟，不怨木石而罪巧拙者，智故不載焉。故道有知則惑，原作「有知則感」。子彙本感作惑。兩本俱脱道字。德有心則嶮，心原脱心字有目則眩。是以規矩一而不易，不爲秦楚緩緩當作變節，不爲胡越改容。常原脱常字。一而不邪，方行而不流。一日形之，萬世傳之，無爲爲之也。此節全抄淮南子主術訓。文子下德篇亦有此文，互有脫誤。今并校正。淮南主術訓云：「德無所立，怨無所長，是釋術而任人心者也。故爲治者，智不與焉。夫舟浮於水，車轉於陸，此勢之自然也。木擊折轊（意林作軸），水戾破舟，不怨木石而罪巧拙者，知故不載焉（意林作智有不周）。是故道有智則惑，德有心則險，心有目則眩。兵莫憯於志，莫邪爲下。寇莫大於陰陽，而枹鼓爲小。今夫權衡規矩，一定而不易，不爲秦楚變節，不爲胡越改容。常一而不邪，方行而不流。一日刑之，萬世傳之，而以無爲爲之。」文子下德篇云：「德無所立，怨無所長，是任道而合人心者也。故爲治者，智不與焉。水戾破舟，木擊折軸，不怨木石而罪巧拙者，何（據意林增何字）也？智不載也。故道有知則亂，德有心則險，心有目則眩。夫權衡規矩，一定而不易，常一而不衺，方行而不留，一日形之，萬世傳之，無爲之。爲人之言曰：國有亡主，世無亡道。人有窮而理無不通。故無爲者，道之宗也。得道之宗，並應無窮。」「道有知則惑」，文子作「道有知則亂」，鄧析子作「有知則惑」，脫一道字。感，當作惑，兩本并誤。「心有目則眩」，鄧析子脫心字。當依淮南子及文子補。

夫自見之明，意林之作則。下三句同。借人見之闇也。自聞之聰，聰，舊作聽，誤。各本皆作聰，據改。借人聞之聾也。明君知此，則去就之分定矣。爲君者，原脫者字，依文選褚淵碑注，御覽四，又六百二十，補。當若冬日之陽，夏日之陰，萬物自歸，御覽四，又六百二十，并作「歸之」。莫之使也。恬卧而功自成，御覽六百二十，恬作偃。優遊而政自治。豈在振目搤腕，手操鞭樸，操，原作摞，依御覽二十七改。而後爲治歟？

夫合事有不合者，知與未知也。合而不結者，陽親而陰疎。故遠而親者，志相應也。志，原作忘。依文選曹子建贈白馬王詩註改。近而疎者，志不合也。此志字，舊亦誤作忘，鬼谷子内揵篇作志，今據改。就而不用者，策不得也。去而反求者，無違行也。近而不御者，心相乖也。遠而相思者，合其謀也。此節抄襲鬼谷子内揵篇。今録鬼谷子原文如次：「君臣上下之事，有遠而親，近而疏，就之不用，去之反求，日近前而不御，遥聞聲而相思。事皆有内揵，素結本始。或結以道德，或結以黨友，或結以財貨，或結以采色。用其意，欲入則入，欲出則出，欲親則親，欲疏則疏，欲就則就，欲去則去，欲求則求，欲思則思，若蚨母之從其子也。出無間，入無朕，獨往獨來，莫之能止。内者進辭説，揵者揵所謀也。故遠而親者，有陰德也。近而疏者，志不合也。就而不用者，策不得也。去而反求者，事中來也。日進前而不御者，施不合也。遥聞聲而相思者，合於謀，待決事也。」故明君擇人，不可不審。士之進趣，亦不可不詳。

轉辭篇

世間悲哀喜樂，嗔怒憂愁，久惑於此，今轉之。在己爲哀，在他爲悲。在己爲樂，在他爲喜。在己爲嗔，在他爲怒。在己爲憂，在他爲愁。在己 二字疑衍 若扶之與携，謝之與讓，得之與失，諾之與已，相去千里也。此亦作僞者自造之文，依題作訓，雜引淮南、文子以湊之，而不知其與原意乖牾也。原本「謝之與讓，得之與失」，作「謝之與議，故之與右」，據淮南子、文子互校改正。淮南子說林篇曰：「扶之與提，謝之與讓，故之與先，諾之與已。也之與矣，相去千里。」文子上德篇曰：「扶之與提，諾之與讓，得之與失，諾之與已，相去千里。」俞樾諸子平議云：「故之與先，當作得之與失，草書得故相似，隸書先失相近，皆形近而誤。可據文子校正。」今從俞說。

夫言之術，與智者言依於博，與博者言依於辯，與辯者言依於要，要，原本作安。與貴者言依於勢，與富者言依於豪，與貧者言依於利，與勇者言依於敢，與愚者言依於說。說，與悅同。此言之術也。「與智者言」九句，抄鬼谷子之文。鬼谷子權篇曰：「故與智者言依於博，與拙者言依於辯，與辯者言依於要，與貴者言依於勢，與富者言依於高，與貧者言依於利，與賤者言依於謙，與勇者言依於敢，與過者言依於銳。此其術也。」按此文與今本鬼谷子各有脫誤，可以互證。「依於安」，當依鬼谷子作「依於要」。「依於高」

「依於鋭」，當依鄧析子作「依於豪」「依於説」。「與過者言」，過當作愚。不用在早圖，不窮在早稼。非所宜言勿言，下有脱句，疑當增「以避其愆」四字。非所宜爲勿爲，以避其危。非所宜取勿取，以避其咎。非所宜争勿争，以避其聲。一聲而非，駟馬勿追。一言而急，駟馬不及。四句意林作「一言而非，駟馬不能追，一言而急，駟馬不能及」。文選竟陵文宣王行狀注藝文一九、御覽三九〇引同。故惡言不出口，苟語不留耳。藝文作「苛聲不入耳」。此謂君子也。夫任臣之法，闇則不任也，慧則不從也，仁則不親也，勇則不近也，信則不信也。不以人用人，故謂之神。怒出於不怒，爲出於不爲。二語出莊子庚桑楚。視於無有，則得其所見。聽於無聲，則得其所聞。故無形者，有形之本。無聲者，有聲之母。

循名責實，實之極也。按實定名，名之極也。參以相平，轉而相成。故得之形名。此節舊不分段，今玩其語義，當另提行。「循名責實，按實定名」，語出管子人國篇。

夫川竭而谷虚，丘夷而淵實。聖人以死，大盗不起。天下平而無故也。原脱無字，依莊子胠篋篇補。聖人不死，大盗不止。何以知其然？爲之斗斛而量之，則并斗斛而竊之。爲之權衡以平之，則并與權衡而竊之。爲之符璽以信之，則并與符璽而竊之。竊，舊作切，蓋因簡寫而誤。爲之仁義以教之，則并仁義以竊之。何以知其然？彼竊財誅，竊國者爲諸侯。諸侯之門，仁義存焉。是非竊仁義耶？故逐舊作遂於大盗，揭舊作竊諸侯，此重利盗跖使不可禁者，舊作「此重利也，盗跖所不可桀者」。乃聖人之罪也。此節抄録莊子胠篋篇之文：「夫川竭而谷虚，丘夷而淵實，聖人已死，則大盗不起，天下平而無故矣。聖人不死，大盗不止。雖重聖人而治天下，則是重利盗跖也。爲之斗斛以量之，則并與斗斛而竊之。爲之權衡以稱之，則并與權衡而竊之。爲之符璽以信之，則并與符璽而竊之。爲之仁義以矯之，則并與仁義而竊之。何以知其然耶？彼竊鉤者誅，竊國者爲諸侯。諸侯之門，而仁義存焉。則是非竊仁義聖知邪，故逐於大盗，揭諸侯，竊仁義，并斗斛權衡符璽之利者，雖有軒冕之賞弗能勸，斧鉞之威弗能禁。此重利盗跖而使不可禁者，是乃聖人之過也。」今據莊子校正。欲之與惡，讀若好惡之惡。善之與惡，原作「善之與善」，一本作「喜之與喜」，子彙本作「善之與惡」，今從子彙本改。四者變之失。恭之與儉，敬之與傲，四者失之脩。上云「四者變之失」，此云「四者失之脩」，文例參差，必有一誤。故善素樸任惔憂而無失未有脩焉，此德之永也。句有脱誤。言有信而不爲信，言有善而不爲善者，不可不察也。

夫治之法，莫大於使舊本脱一使字私不行。君之功，舊脱「君之」二字，據藝文五十四，御覽六百三十八所引慎子補。莫大於使民不争。今也立法而行私，是私舊脱「是私」二字，今增。與法争。其亂也，甚於無法舊誤私。立君而尊賢，是賢原作「尊愚」，據慎子逸文改。與君争。其亂也，甚於無君。故有道之國，法立舊脱「法立」二字則私善不行。君立而賢原本賢誤作愚者不尊。民一於君，事斷於法。此國之道也。此節抄録慎子文。藝文五、四，御覽六三八，所引慎子云：「法之功莫大使私不行。君之功莫大使民不争。今立法而行私，是私與法争。其亂甚於無法。立君而尊賢，是賢與君争。其亂甚於無君。故有道之主，法立則私善不行，君立則賢者不争。事斷於法，國之大道也。」明君之督大臣，緣身而責名，緣名而責形，緣形而責實。臣懼其重誅之至，於是據另本增是字不敢行其私矣。心欲安静，慮欲深遠。心安静則神明榮，原作「神策生」，策、榮形近而誤，又倒誤。慮深遠則計謀成。心不欲躁，慮不欲淺。心躁則精神滑，慮淺則百事傾。語出鬼谷子本經篇：「實意法螣蛇。實意者，氣之慮也。心欲安静，慮欲深遠。心安静，則神明榮。慮深遠，則計謀成。神明榮，則志不可亂。計謀成，則功不可間。」

治世之禮，簡而易行。亂世之禮，煩而難遵。上古之樂，質而不悲。當今之樂，邪而爲淫。上古之民，質而敦樸。今世之民，詐而多行。上古象刑而民不犯，教疑當作今有墨劓不以爲耻，斯民所以亂多治少也。堯置敢諫之鼓，文選策秀才文注，及御覽七十七引，敢并作欲。舜立誹謗之木，湯有司直之人，武有戒慎之銘。此四君者，「四君」下原有子字，依御覽改。聖人也，而猶若此之勤。至於栗陸氏殺東里子，宿沙氏戮箕文御覽四百九十二，作「宿沙君」。桀誅龍逢，紂刳比干，四主者亂君，故其疾賢若仇。是以賢愚之相覺，御覽覺作狡，二字古通，即較也。若百丈之谿與萬仞之山，若九地之下與重天之顛。天原作山，依文選西征賦注、漢高祖功臣頌注、御覽七十七改。明君之御民，若御奔而無轡，履冰而負重。親而疏之，疏而親之。故畏儉則福生，驕奢則禍起。聖人逍遥一世之間，宰匠萬物之形。原本「一世」下脱「之間」二字。「宰匠」，誤作「罕匹」。據文選南州桓公九井詩注、宣德皇後令注、策秀才文注、三國名臣序贊注所引鄧析子并作「聖人逍遥一世之間，宰匠萬物之形」改正。寂然無鞭扑之罰，莫然無叱原本作咒，據劉本改。咤之聲，而家給人足，天下太平。視昭昭，知冥冥。推未運，覩未然。故神而不可見，幽而不可見，此之謂也。

君人者，不能自專而好任下，則智日困而數日窮。迫於下則不能申，迫上疑脱一字。行隨於國則不能持。知不足以爲治，威不足以行誅，則據劉本增則字。無以與下交矣。故喜而使賞，不必當功。怒而使誅，不必值罪。兩使字，意林引并作便。不慎喜怒，誅賞從其意，而欲委任臣下，故亡國相繼，殺君不絶。古人有言：「衆口鑠金，三人成虎。」不可不察也。「衆口鑠金，三人成虎」，乃戰國説士之談，鄧析以前疑無有，此則因抄襲諸子成語而來。

夫人情發言欲勝，舉事欲成。故明者不以其短，疾人之長。不以其拙，病人之工。言有善者，則疑當作明而賞之。言有非者，顯而罰之。塞邪枉之路，蕩浮辭之端。臣下閉口，「閉口」，舊作「閔之」。文選謝平原内史表注引慎子語「臣下閉口，左右結舌」，疑卽本此，今據改。左右結舌，可謂明君。爲善者，君與之賞。爲惡者，君與之罰。因其所以來而報之，循其所以進而答之。聖人因之，故能用之。因之循理，故能長久。今之爲君者，舊脱「君者」二字，一本有君字，今補。無堯舜之才，而慕堯舜之治，故終顛殞乎混冥之中，而事不覺於昭明之術，是以虛慕欲治之名，無益亂世之理也。

忠怠於宦成，原作「宦生於官成」，依意林改。病始於少瘳，禍生於懈慢，「懈慢」二字，疑當依文子作「憂解」。孝衰於妻子，意林引鄧析子「忠怠於官成，孝衰於妻子」，二句相連，似當依意林改正。又文子符言：「學敗於官茂，孝衰於妻子，患生於憂解，病甚於且瘉，愼終如始，則無敗事」。與此文相類，當是同一抄襲而來。此四者，愼終如始也。富必給貧，壯必給老。快情恣欲，必多侈悔。故曰：尊貴無以高人，聰明無以寵人，資給無以先人，剛勇無以勝人。能履行此，可以爲天下君。

夫謀莫難於必聽，事莫難於必成。成必合於數，聽必合於情。故抱薪加火，燥者必先燃。燥，原作鑠，依藝文八十改。又藝文加作爇，燃作著。平地注水，濕者必先濡。故曰：動之以其類，安有不應者？獨行之術也。

明君立法之後，中程者賞，缺繩者誅。晁公武讀書志曰：「鄧析二篇，文字訛缺，或以繩爲澠，以巧爲功。」按今本繩字不誤，或晁氏所見爲另一本，否則後人已據晁氏説而改正矣。非此之謂，此字上，舊脱非字。君曰亂君，國曰亡國。

智者寂於是非，故善惡有别。明者寂於去就，兩寂字，上當作察，下當作審。皆形近而誤。故進退無類。類字有誤，疑當作纇。纇，戾也。若智不能察是非，明不能審去就，斯謂虚妄。謂，原本作非，據另一本改。

目貴明，耳貴聰，心貴公。以天下之目視，則無不見。以天下之耳聽，則無不聞。以天下之智慮，則無不知。以上六句，出鬼谷子符言篇。得此三術，則存於不爲也。

按：鄧析子一書，乃雜湊諸家之語而成。其可推見者，各爲檢尋原書，附録於下。其不可推見者，原書久亡，姑存其舊。玩其文義，無厚轉辭二篇之首章，辭意淺鄙，不類諸子家言，依題作訓，望文生義，其爲僞作甚明。餘則雜湊古籍，雖不連犿，而碎義單辭，時有可觀。故不憚煩雜，爲之點校字句，俾好古者有所繹思。至其雜湊諸子之文，已檢尋者，計一百二十四句。録列如左：

出於管子者三條：

「見其象致其形」三句出管子白心篇。

「循名責實，按實定名」二句出管子入國篇。

「所美觀其所終」二句出管子版法篇。

出於鬼谷子者五條：

「與智者言，依於博」九句出鬼谷子權篇。

「心欲安静，慮欲深遠」八句出鬼谷子本經篇。

「有遠而親，近而疏」四句出鬼谷子内揵篇。

「遠而親者，志相應也」十二句出鬼谷子内揵篇。

「目貴明，耳貴聰，心貴智」六句出鬼谷子符言篇。

出於淮南子及文子者二條：

「舟浮於水，車轉於陸」二十句出淮南子主術訓。又見文子下德篇。

「扶之與携，謝之與讓」四句出淮南子説林訓。又見文子上德篇。

出於慎子者二條：

「夫治之法莫大於使私不行，君之功莫大於使民不争」十四句出慎子逸文。

「臣下閉口，左右結舌」出慎子逸文。

出於莊子者二條：

「怒出於不怒，爲出於不爲」二句出莊子庚桑楚篇。

「夫川竭而谷虚，丘夷而淵實」二十六句出莊子胠篋篇。

出韓非子佚文一條：

「勢者君之馬」十一句見藝文類聚五十四引韓非子。

出於韓詩外傳及劉向别録者一條：

「故談者别殊類使不相害，序異端使不相亂」七句出韓詩外傳，又見於劉向别録，鄒衍對公孫龍之語。孟荀列傳注引之。

又李善文選注引鄧析子十三條亦照録如左：

張平子東京賦：「常翹翹以危懼，若乘奔而無轡。」李善注：鄧析子曰：「明君之御民，若乘奔而無轡。」

潘岳西征賦：「貫三光而洞九泉，曾不足喻高下。」善注：鄧析子曰：「賢愚之相覺，若九地之下，重天之顛。」

殷仲文南州桓公九井作：「哲匠感晨。」善注：鄧析子曰：「聖人逍遥一世之間，宰匠萬物之形。」

曹子建贈白馬王彪詩：「在遠分日親。」善注：鄧析子曰：「遠而親者，志相應也。」

天監三年策秀才文：「民有家給之饒。」善注：鄧析子曰：「聖人逍遥一世之間，而家給人足，天下太平也。」又：「立諫鼓，設謗木。」善注：鄧析子曰：「堯置欲諫之鼓，舜立誹謗之木。此聖人也。」

王元長曲水詩序：「念負重於春冰，懷御奔於秋駕。」善注：鄧析子曰：「明君之御民，若乘奔而無轡，履冰而負重也。」

陸士衡高祖功臣頌：「重玄匪奥，九地匪沉」。善注：鄧析子曰：「九地之下，重天之顛。」

袁彦伯三國名臣序贊：「宗匠陶鈞。」善注：鄧析子曰：「聖人逍遥一世之間，宰匠萬物之形。」

王儉褚淵碑：「君垂冬日之温，臣盡秋霜之戒。」善注：鄧析子曰：「爲君者若冬日之陽，夏日之温。」

沈休文安陸昭王碑：「怨天德之無厚。」善注：鄧析子曰：「天之於人無厚也。何以言之？天不能令天折之人更生，爲善之民必壽，此於民無厚也。」

任彦升竟陵王行狀：「出言自口，騏驥勿追。」善注：鄧析子曰：「一言而非，駟馬不能追。一言而急，駟馬不能及。」

書録及史實

【劉向校敍】中，鄧析書四篇，臣敍書一篇。凡中外書五篇，以相校除復重，爲二（舊作一）篇。皆定殺青（舊脱青字）而書可繕寫也。鄧析者，鄭人也。好刑名。操兩可之説，設無窮之辭。當子產之世，數難子產之法。記或云：子產起而戮之。於春秋左氏傳昭公二十年，而子產卒，子太叔嗣爲政。定公八年太叔卒。駟歂嗣爲政。明年乃殺鄧析，而用其竹刑。君子謂子然於是乎不忠。（子然，舊作子歂，據左傳改。）苟有可以加於國家，棄其邪可也。靜女之三章，取彤管焉。竿旄何以告之？取其忠也。故用其道不棄其人。詩云：「蔽芾甘棠，勿剪勿伐，召伯所茇」。思其人猶愛其樹也，況用其道不恤其人乎？子然（舊脱子字，據左傳補。）無以勸能矣。竹刑，簡法也。久遠，世無其書。子產卒後二十年而鄧析死。傳説或稱子產誅鄧析，非也。其論「無厚」者言之異同，與公孫龍同類。謹第□上。

【漢書藝文志】名家：鄧析二篇（鄭人，與子產並時。師古曰：「列子及孫卿並云子產殺鄧析。據左傳昭公二十年子產卒，定公九年，駟歂殺鄧析，而用其竹刑，則非子產所殺也。」）

【隋書經籍志子部】名家：鄧析子一卷。（析，鄭大夫。）

【舊唐書經籍志丙部子録名家類】鄧析子一卷。鄧析撰。

【新唐書藝文志丙部子録名家類】鄧析子一卷。

【宋史藝文志子類名家類】鄧析子二卷。鄭人

【崇文總目】鄧析子，戰國時人。漢志二篇。初，析著書四篇，劉歆有目有一篇，凡五，歆復校爲二篇。

【通志藝文畧】名家：鄧析子一卷。戰國時鄭大夫。

【晁公武讀書志】鄧析二篇，文字訛缺。或以「繩」爲「澠」，以「巧」爲「功」，頗爲正是其謬。且撮其旨意而論之曰：先王之世，道德修明，以仁爲本，以義爲輔。誥命謨訓，則著之書。諷誦箴規，則寓之詩。禮樂以彰善，春秋以懲惡。其始雖若不同，而其歸則合。猶天地之位殊，而育物之化均。寒暑之氣異，而成歲之功一。豈非出於道德而然邪？自文武既没，王者不作，道德晦昧於天下，而仁義幾於熄。百家之説蜂起，各求自附於聖人，而不見夫道之大全。以其私知臆説，譁世而惑衆。故九流皆出於晚周，其書各有所長，而不能無所失。其長蓋或有見於聖人，而所失蓋各奮其私知，故明者審取舍之而已。然則析之書，豈可盡廢哉？左傳曰：「騆歂殺析而用其竹刑。」班固録析書於名家之首，則析之學蓋兼名法家也。今其大旨訐而刻。真其言，無可疑者。而其間時剿取他

書，頗駁雜不倫。豈後人之附益也歟？

【高氏子畧】劉向曰：非子産殺鄧析，推春秋驗之。按左氏魯定公八年，鄭駟歂嗣子太叔爲政，明年殺鄧析而用其竹刑。君子謂歂嗣於是爲不忠。考其行事，固莫能詳。觀其立言，其曰「天於人無厚，君於民無厚」。又曰「勢者君之輿，威者君之策」。其意義蓋有出於申韓之學者矣。班固藝文志，乃列之名家。列子固嘗言其「操兩可之説，設無窮之辭，數難子産之法，而子産誅之」。蓋其與左氏異矣。荀子又言其「不法先王，不是禮義，察而不惠，辯而無用」，則亦流於申韓矣。夫傳者乃曰歂殺鄧析，是爲不忠，鄭以衰弱。夫鄭之所以爲國者，有若禆諶草創之，世叔討論之，東里子産潤色之。庶幾於古矣。子産之告太叔曰：「有德者能以寛服人，其次莫如猛。」子産，惠人也。固已不純乎德，他何足論哉？不只竹刑之施，而民懼其骸。嗚呼！春秋以來，列國綦錯，不以利勝，則以威行，與其民揉轥於争抗侵凌之威，豈復知所謂仁漸義摩者！其民苦矣。固有惠而不知爲政者，豈不賢於以薄爲度，以威爲神乎！析之見殺，雖歂之過，亦鄭之福也。

【宋濂諸子辯】鄧析子二卷，鄭人鄧析撰。析操兩可之説，設無窮之辭，當子産之世，數難子産之法。子産卒後，二十一年，駟歂爲政，殺鄧析子而用其竹刑。夫析之學，兼名法家者也。其言「天於民無厚，君於民無厚，父於子無厚，兄於弟無厚」，刻矣。夫民非天弗生，非君弗養，非父弗親，非兄弗友，而謂之無厚，可乎？所謂不能屏勃厲全夭折，執穿窬詐僞誅之。堯舜位爲天子，而丹朱商均爲布衣，周公誅管蔡，豈誠得已哉？非常也，變也。析之所言如此，真不法先王，不是禮義，而好治恠説者哉？其被誅戮宜也，非不幸也。

【王世貞鄧子序】鄧析子五篇。鄧析子，鄭人也。或云數難子産之政，子産戮之。按左氏騶歂嗣子太叔爲政，始殺析。其人不足論，其文辭，戰國策士倪耳。循名責實，察法立威，先申韓而鳴者也。至謂天於人，父於子，兄於弟，俱無厚者，何哉？先王之用刑也，本於愛。析之用刑也，本於無厚。於乎！誅晚矣。轉辭篇「與智者言依於辯」數語，同鬼谷子，豈後人傳其旨益其辭也耶？要之，小人之言，往往出於機心之發，故不甚其遠耳。吕氏春秋記析嘗教獲溺屍者、購溺屍者交勝而不可窮，固市井舞之魁也。孰謂騶歂失刑哉！弇州人序。

【楊慎鄧子序】昔人謂東方曼倩學不純師，余于鄧析子亦云。從來虚無則老莊司化，刑名則商韓執契，經濟則敬仲持籢，飛箝捭闔則鬼谷導機。蓋悉有專門，各不相借，凜凜乎畫界而守也。今觀是書，則經緯相雜，玄黄互陳，宫商迭奏，初無定質。其言神不可見，幽不可見，智者寂於是非，明者寂於去就，則鬼谷子家言也。其言百官有司，各務其刑，循名責實，察法立威，則申韓氏意也。其言達道者，無知之道，無能之道。「聖人以死，大盜不起」，則漆園語也。其言「心欲安静，慮欲深遠，尊貴無以高人，聰明無以籠人，資給無以先人，剛勇無以勝人」，則柱下史知雄守雌、知白守黑之遺教也。至云「藏形匿影，羣下無私，明君視民而出政」。又云「民一于君，事斷於法，君人者不能自專而好任下，則智日困而數日窮」，則又皆管大夫不失政柄、君臣明法之旨也。然篇中多御轡勵臣之語，鄧析殆長於治國者與？雖其書合纂組以成文，然皆幾幾乎道，可謂列素黜絢，流潤發彩，言之成服者矣。成都楊慎撰。

【清四庫全書總目子部法家類】鄧析子一卷，少詹事陸費墀家藏本周鄧析撰。析，鄭人。列子力命篇曰：「鄧析操兩可之説，設無窮之辭。子産執政，作竹刑，鄭國用之。數難子産之治，子産屈之。子産執而戮之，俄而誅之。」劉歆奏上其書，則曰：「於春秋左氏傳，昭公二十年而子産卒，子太叔嗣爲政。定公八年太叔卒，駟歂嗣爲政，明年乃殺鄧析，而用其竹刑。」然則列子爲誤矣。其書漢志作二篇，今本仍分無厚轉辭二篇，而並爲一卷。然其文節次不相屬，似亦掇拾之本也。其言如「天於人無厚，君於民無厚，父於子無厚，兄於弟無厚」，「勢者君之輿，威者君之策」，則其旨同於申韓。如「令煩則民詐，政擾則民不定；心欲安静，慮欲深遠」，則其旨同於黄老。然其大旨主於勢統於尊，事覈於實，於法家爲近，故竹刑爲鄭所用也。至於「聖人不死，大盗不止」一條，其文與莊子同。析遠在莊子以前，不應預有剿説。而莊子所載，又不云鄧析之言。或篇章殘闕，後人摭拾莊子以足之歟？

【嚴可均鐵橋漫稿一則】崇文總目言，劉歆校爲二篇，今本二篇，卽歆所分，而前有劉向奏，稱「除復重，爲一篇」者，蓋欲冠以向奏，唐本相承如此也。知者，意林及楊倞注荀子，皆云向，不云歆也。因據各書引見，改補五十餘事，疑者闕之。舊三十三章，今合併爲三十一章，節次或不相屬，而詞指完具，各書徵用，鮮出此外。惟御覽八十，符子引鄧析言曰：「古詩云，堯舜至聖，身如脯脂；桀紂無道，肌膚二尺。」今本無之，當是佚脱。

以上鄧析子書録。

【列子仲尼篇】鄭之圃澤多賢，東里多才。圃澤之役，有伯豐子者，行過東里，遇鄧析。鄧析顧其徒而笑曰：「爲若舞，彼來者奚若？」其徒曰：「所願知也。」鄧析謂伯豐子曰：「汝知養養之義乎？受人養而不能自養者，犬豕之類也。養物而物爲我用者，人之力也。使汝之徒食而飽，衣而息，執政之功也。長幼羣聚，而爲牢籍庖厨之物，奚異犬豕之類乎？」伯豐子不應。伯豐子之從者，越次而進曰：「大夫不聞齊魯之多機乎？有善治土木者，有善治金革者，有善治聲樂者，有善治書教者，有善治軍旅者，有善治宗廟者，羣才備也。而無相位者，無能相使者。而位之者無知，使之者無能，而知之與能，爲之使焉。執政者，乃吾之所使，子奚矜焉？」鄧析無以應，目其徒而退。

【列子力命篇】鄧析操兩可之説，設無窮之辭，當子產執政，作竹刑，鄭國用之。數難子產之治，子產屈之。子產執而戮之，俄而誅之。然則子產非能用竹刑，不得不用。鄧析非能屈子產，不得不屈。子產非能誅鄧析，不得不誅也。可以生而生，天福也。可以死而死，天福也。可以生而不生，天罰也。可以死而不死，天罰也。可以生，可以死，得生得死有矣。不可以生，不可以死，或死或生有矣。然而生生死死，非物非我，皆命也。智之所無奈何。

【列子楊朱篇】子產相鄭，專國之政三年，善者服其化，惡者畏其禁，鄭國以治，諸侯憚之。而有兄曰公孫朝，有弟曰公孫穆。朝好酒，穆好色，子產日夜以爲戚，密造鄧析而謀之，曰：「僑聞治身以及家，治家以及國，此言自於近至於遠也。僑爲國則治矣。而家則亂矣。其道逆耶？將奚方以救二子？子其詔之。」鄧析曰：「吾怪之久矣，未敢先言。子奚不時其治也，喻以性命之重，誘以禮義之尊乎？」子產用鄧析之言，因間以謁其兄弟而告之。……朝穆曰：「吾知之久矣，擇之亦久矣，豈待若言而後識之哉？……」子產茫然，無以應之。他日以告鄧析。鄧析曰：「子與真人居而不知也。孰謂子智者乎？鄭國之治偶耳，非子之功也。」

【荀子不苟篇】山淵平，天地比，齊秦襲，入乎耳，出乎口，鈎有須，卵有毛，是説之難持者也，而惠施鄧析能之。然而君子不貴者，非禮義之中也。

【荀子不苟篇】不恤是非然不然之情，以相薦撙，以相恥怍，君子不若惠施鄧析。

【荀子非十二子篇】不法先王，不是禮義，而好治怪説，玩琦辭，甚察而不惠，辯而無用，多事而寡功，不可以爲治綱紀。然而其持之有故，其言之成理，足以欺惑愚衆，是惠施鄧析也。

【荀子宥生篇】子産誅鄧析史付。

【説苑指武篇】子産殺鄧析以威侈。

【吕氏春秋離謂】鄭國多相縣以書者，子産令無縣書，鄧析致之。子産令無致書，鄧析倚之。令無窮，則鄧析應之亦無窮矣。是可不可無辯也。可不可無辯，而以賞罰，其賞罰愈疾，其亂愈疾，此爲國之禁也。故辯而不當理，則僞。知而不當理，則詐。詐僞之民，先王之所誅也。理也者，是非之宗也。

【吕氏春秋離謂】洧水甚大，鄭之富人有溺者，人得其死者，富人請贖之，其人求金甚多，以告鄧析。鄧析曰：「安之，人必莫之賣矣。」得死者患之，以告鄧析。鄧又答之曰：「安之，此必無所更賣矣。」夫傷忠臣者，有似於此也。夫無功不得民，則以其無功不得民傷之。有功得民，則又以其有功得民傷之。人主之無度者，無以知此，豈不悲哉！比干萇弘以此死，箕子商容以此窮，周公召公以此疑，范蠡子胥以此流，死生存亡安危，從此生矣。

【呂氏春秋離謂】子產治鄭，鄧析務難之。與民之有獄者約：大獄一衣，小獄襦袴。民之獻衣襦袴而學訟者，不可勝數。以非爲是，以是爲非，是非無度，而可與不可日變。所欲勝因勝，所欲罪因罪。鄭國大亂，民口讙譁。子產患之，於是殺鄧析而戮之，民心乃服，是非乃定，法律乃行。今世之人，多欲治其國，而莫之誅鄧析之類，此所以欲治而愈亂也。

【說苑反質篇】衛有五丈夫俱負缶而入井，灌韭，終日一區。鄧析過，下車，爲教之曰：「爲機重其後，輕其前，命曰橋，終日灌韭百區，不倦。」五丈夫曰：「吾師言曰：『有機知之巧，必有機知之敗。』我非不知也，不欲爲也。子其往矣。我一心溉之，不知改已。」鄧析去行數十里，顏色不悅懌，自病。弟子曰：「是何人也，而恨我君？請爲君殺之。」鄧析曰：「釋之。是所謂真人者也，可令守國。」

以上鄧析子史實。

合上述鄧析子書録及史實二者觀之，今世所傳鄧析子乃僞品，而其人殆爲一好辯深思之士，與希臘所稱「辯士」同。生當法律公開之世，其所居鄭國，又有庶人議政之習。於是因「鑄刑書」一事，而教民興訟。因訟獄而致力於諍辯之術，情勢宜然。遭執政之忌，因以誅死。而其學流衍爲「形名」，遂開中國「名學」一派。鄧析書雖亡失，而自戰國以來，好異玩奇者多稱之。鄧析死後百餘年，墨翟作辯經以立名本，世或疑其太早。以好學而博不異之墨子，其必有取資於析者。形名之學興於鄭，百年而後大行於魯宋，又何疑乎？